PLATO
THE REPUBLIC

理想国

[古希腊] 柏拉图 著　丁 伟 译

SPM 南方传媒 | 广东人民出版社

·广州·

让我们永远坚持走向上的路，
追求正义和智慧。

***

PLATO

柏拉图

　　柏拉图（公元前427年—公元前347年），古希腊著名的哲学家，雅典人。柏拉图是苏格拉底的学生，是亚里士多德的老师，他们三人被广泛认为是西方哲学的奠基者，史称"西方三圣"或"希腊三贤"。柏拉图写作了大量对话，基本上都是以苏格拉底为主人公。值得注意的是，这些内容并不一定都是如实记录苏格拉底的言行，很多是柏拉图自己对各种哲学问题的思考。

柏拉图与亚里士多德

　　《雅典学院》是意大利文艺复兴时期艺术家拉斐尔创作的一幅湿壁画，拉斐尔把不同时期的人全都集中在一个空间，古希腊、古罗马和当代意大利五十多位哲学家、艺术家、科学家汇聚一堂，画作中间的即为柏拉图和他的学生亚里士多德。柏拉图手指向天，象征他认为品德来自于智慧的"形式"世界。而亚里士多德则手指向地，象征他认为知识是透过经验观察所获得的概念。

苏格拉底之死

　　《理想国》以苏格拉底为主角,采用对话体的形式,主要谈及了正义、秩序和哲人政治家在城邦所扮演的角色。柏拉图在《斐多篇》中记录了苏格拉底之死。油画《苏格拉底之死》中,一位较为年长的人同样身穿白袍坐在床头,躬身看着自己的膝盖,研究者认为这是柏拉图。但实际上柏拉图当时病了,并不在场,且当时柏拉图还是个青年。

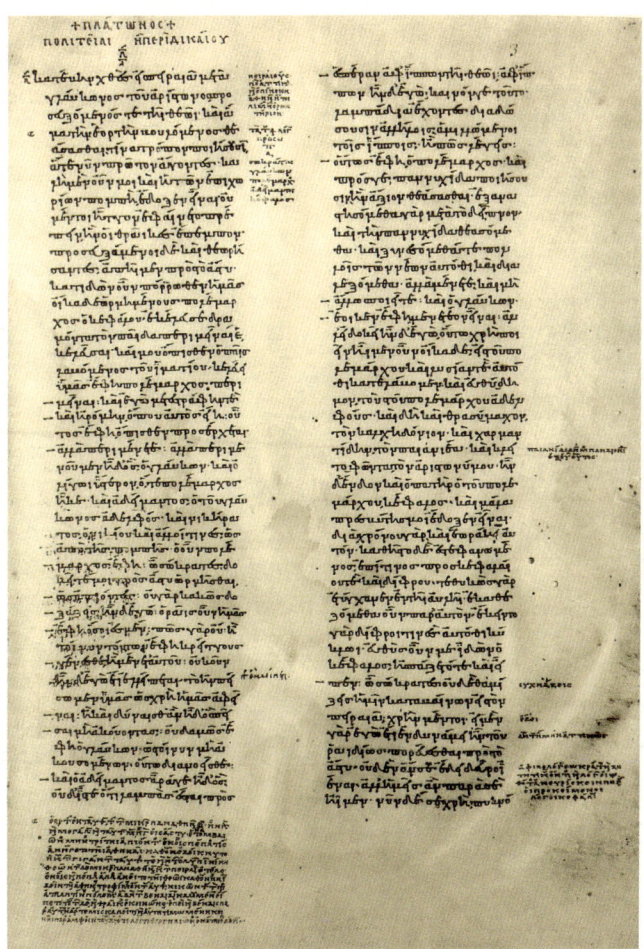

《理想国》抄本

　　《理想国》被认为是最杰出、最流行的哲学著作,是任何国家的哲学课程必读的作品,被看作乌托邦文学的奠基之作,也是人类历史上最有影响力的哲学和政治理论著作之一。《理想国》主要是探讨政治哲学,成为政治学领域的基本经典,对后来的学者有巨大的影响。本篇对话录关心到底什么是"世事的道理",并且探讨的领域包括了经济学、政治社会学、政治哲学、伦理学、正义及知识。在对话中,柏拉图借苏格拉底之口讨论了正义的含义以及正义的人是否比非正义的人生活得更快乐。

地穴寓言

  地穴寓言是古典哲学最著名的寓言故事之一。柏拉图在《理想国》第七卷的开篇,通过他的老师苏格拉底叙述了这个故事,旨在阐明哲学教育是思想解放的必由之路,也是其意义所在。哲学的目的是实现从物质世界到理念世界的升华。物质世界是感官认知的、可逝的世界,柏拉图将其比作地下的洞穴,而理念世界则是不变的本体(存在)世界。虽然每个人实现这种升华的道路不同,但都需要外界的帮助,所以它势必也是一种集体的共同努力。

柏拉图学院

柏拉图学院是柏拉图在约公元前 387 年创立于雅典城北方的学校,许多古希腊哲学名士曾受教于此。该学院的希腊文名称据称源自古希腊时期雅典一位名叫阿卡德摩斯的英雄,柏拉图在其墓地建立了欧洲历史上第一所综合性学校。学院在整个希腊化时期都坚持怀疑论主义,直到公元前 83 年,拉里萨的斐洛逝世为止。学院里的哲学家教师在柏拉图死后仍继续教授他的哲学,410 年时一度成为新柏拉图主义的学术中心。529 年,罗马帝国皇帝查士丁尼一世下令关闭学院,柏拉图学院的教学结束。

哲学家皇帝马可·奥勒留

　　马可·奥勒留是罗马帝国五贤帝时代最后一个皇帝,有"哲学家皇帝"的美誉。马可·奥勒留是罗马帝国最伟大的皇帝之一,同时也是著名的斯多葛派哲学家,其统治时期被认为是罗马黄金时代。他不但是一个很有智慧的君主,同时也是一个很有成就的思想家,有以希腊文写成的关于斯多葛哲学的著作《沉思录》传世。马克·奥勒留正是柏拉图在《理想国》中提到的"哲人王"的真实体现。

雅典与古希腊哲学

　　雅典在古希腊政治、历史、经济、文化等方面,扮演重要的角色,许多闻名后世的学者、文学作品、建筑物等,都出现于此,从而奠定了西方文明的基础。尽管自公元前6世纪的米利都学派至公元前4世纪的柏拉图学院为止,古希腊哲学已经发展出了多个学派与思想,然而柏拉图笔下描画的苏格拉底对"哲学"的定义近乎影响了之后所有的学派。柏拉图与他笔下的苏格拉底对整个西方哲学史的影响可见怀特海的名言:欧洲哲学传统最稳定的一般特征,是由对柏拉图的一系列注释组成的。

导 读

柏拉图的《理想国》是他除《法律篇》之外最长的一部作品，当然也是其中最伟大的一部。

在《菲力帕斯篇》和《智者篇》中，有更接近现代形而上学的内容。《政治家篇》更加理想，《法律篇》中对国家的形式和制度有更清晰的描述。作为技艺作品，《会饮篇》和《普罗泰戈拉篇》更加出色。

但是，在柏拉图的其他对话作品中，没有任何一部具有与《理想国》同样宽广的视野和同样完美的风格。没有任何一部对话显示出对世界的同等了解，或者包含更多的新旧思想，这不仅仅是一个时代的，更是所有时代的。在柏拉图的作品中，没有哪部作品比《理想国》有更深刻的讽刺，或有更丰富的幽默和想象，或有更多的戏剧性力量。在他的任何其他著作中，也没有试图把生活和猜测交织在一起，或把政治和哲学联系起来。

《理想国》是其他对话录的中心。在这里，哲学达到了古代思想家所能达到的最高点（参见第五卷、第六卷、第七卷）。希腊人中的柏拉图，就像现代人中的培根，是第一个构想出知识方法的人，尽管他们都没有把赤裸裸的轮廓或形式与真理的实质区分开来。而且他们都不得不满足于尚未实现的科学的抽象。他是世界上最伟大的形而上学天才。他比其他任何古代思想家都更能蕴含未来知识的萌芽。为后世提供了许多思想工具的逻辑学和心理学，都是基于苏格拉底和柏拉图的分析。

定义的原则、矛盾法则、循环论证的谬误、事物或概念的本质和映像的区别、手段和目的的区别、原因和条件的区别，还有把头脑分为理性的、沉着的和易怒的因素，或者把快乐和欲望分为必要的和不必要的——这些和其他伟大的思想形式都可以在《理想国》中找到，而且可能是柏拉图首先发明的。所有逻辑真理中最伟大的，也是研究哲学的作家最容易忽视的，即词语和事物之间的区别，一直是他最极力坚持的。尽管他在自己的著作中并不总是避免将它们混淆，但他并没有把真理捆绑在逻辑公式中——逻辑仍然被掩盖在形而上学中。而他想象中的"思考所有真理和所有存在"的科学，与亚里士多德声称已经发现的三段论非常不同。

我们也不能忘记，《理想国》只不过是一个更大的设计的第三部分，其中包括一部理想的雅典历史，以及政治和物理哲学。《克里底亚篇》的片段产生了一个举世闻名的传说，其重要性仅次于《特洛伊》和《亚瑟王》的传说。据说，作为一个事实，它启发了十六世纪的一些早期航海家。这个传说故事的主题是雅典人对亚特兰蒂斯的战争史，据说是建立在索伦的一首未完成的诗上，它与索伦的关系就像航海家的作品与荷马的诗一样。它讲述了一场为自由而战的斗争，旨在代表波斯和希腊的冲突。

我们可以从《蒂迈欧篇》的高尚开头，从《克里底亚篇》本身的片段，以及《法律篇》第三卷中判断，柏拉图会以何种方式对待这一高尚的设计。我们只能猜测为什么柏拉图放弃了这个伟大的设计。也许是因为柏拉图意识到了虚构历史中的某些不协调之处，也许是因为他对它失去了兴趣，也许是因为年岁的增长使它无法被完成。我们可以用这样的幻想来取悦自己，如果这个想象中的设计曾经被完成，我们应该发现柏拉图本人对希腊独立的斗争表示同情，唱着对马拉松和萨拉米的胜利赞歌，也许会像希罗多德那样思考雅典帝国的发展——"言论自由是多么勇敢的一件事，它使雅典人的伟大程度远远超过希腊的其他国家！"或者，更可能的是，把胜利归功于雅典古老的良好秩序和阿波罗对雅典的青睐。

同样，柏拉图可以被视为"领航员"或一群追随者的领袖。因为在《理想国》中可以找到西塞罗的《论共和国》、圣奥古斯丁的《上帝之城》、托马斯·莫尔爵士的《乌托邦》以及在同一模式上构建的无数其他想象的国家的原型。亚里士多德或亚里士多德学派在《政治学》中对他的亏欠很少被承认，但这种承认更有必要，因为它不是由亚里士多德本人提出的。这两位哲学家的共同点比他们意识到的要多。可能柏拉图的一些元素在亚里士多德身上仍未被发现。

在英国哲学中，不仅在剑桥大学柏拉图主义者的作品中，而且在伯克利或柯勒律治等伟大的原创作家中，都可以找到许多与柏拉图及其思想的亲缘关系。有一种比经验更高的真理，心灵为自己作证，这种信念在我们这一代人中被热情地宣扬，而且也许正在得到支持。在文艺复兴时期给世界带来新生命的希腊作家中，柏拉图的影响最大。

柏拉图的《理想国》也是第一部关于教育的论文，弥尔顿、洛克、卢梭、让·保罗和歌德的著作都是其合法的后代。像但丁或班扬一样，柏拉图揭示了另一种生活；像培根一样，他对知识的统一性有深刻的印象。在早期教会中，他对神学产生了真正的影响，在文艺复兴时期，他对政治产生了影响。即使是他的话语片段，也被"多重转述"，在各个时代都让人心醉神迷，因为他们在其中看到了自己的更高的本质。他是哲学、政治、文学中的理想主义之父。现代思想家和政治家的许多最新概念，如知识的统一、法律的统治和两性平等，都是他在梦中预见的。

《理想国》的论点是对正义的追求，其性质首先由正义无私的老人克法勒斯暗示，然后由苏格拉底和玻勒马霍斯在美德谚语的基础上进行讨论，然后由色拉叙马霍斯夸张描述，并由苏格拉底进行部分解释，最后由格劳孔和阿德曼托斯简化为抽象的东西，在个人身上变得不可见，最后在苏格拉底构建的理想国中重新出现。

统治者的首要任务是教育，其轮廓是按照古希腊的模式绘制的，只规定改进宗教和美德，在音乐和体操方面更加简单，诗歌更有男子气概，以及个人和国家更加和谐。因此，我们被引向一个更高的国家的概念，在这个国家里，"没有人称任何东西是自己的"，在这个国家里，没有"婚姻和嫁娶""国王是哲学家""哲学家是国王"。

还有另一种更高的教育，无论是智力还是美德和宗教，无论是科学还是技艺，不仅仅是青年，而是整个生命的教育。这样的国家在这个世界上很难实现，很快就会堕落。继完美的理想之后，士兵和热爱荣誉的人的政府，又会衰落成民主，而民主又会变成暴政，在一个想象的但有规律的秩序中，与实际情况没有什么相似之处。当"重回命运的起点"时，我们并没有重新开始人类生活的新时期，但我们已经从最好的时期进入最坏的时期，并在那里结束。

这时，主题发生了变化，在《理想国》之前的几部书中，被轻描淡写地处理过的诗歌和哲学的旧争论现在重新开始，并争论出一个结论。诗歌被发现是与真理相去甚远的模仿，荷马以及戏剧诗人被谴责为模仿者，与他们一起被放逐。国家的概念通过对未来生活的启示得到了补充。

像所有类似的划分一样，这种划分可能晚于柏拉图的时代。第一部分包括第一卷和第二卷的前半部分,直到"我一直很欣赏格劳孔和阿德曼托斯的天赋才能"这一段,这是介绍性的。第一部分包含对流行的和诡辩的正义观念的驳斥,并像早期的一些对话一样,没有得出任何明确的结果。在此基础上,又根据一般的观点重述了正义的本质,并要求回答一个问题——什么是正义,如何剥去表象?第二部分包括第二卷的剩余部分以及第三卷和第四卷的全部内容,主要涉及第一个国家和第一个教育的建设。第三部分包括第五卷、第六卷和第七卷,在这一部分中,哲学而不是正义是探究的主题,第二个国家是根据共产的原则建造的,由哲学家统治,对善的理念的思考取代了社会和政治美德的位置。第四部分包括第八卷和第九卷,相继回顾了"一个非常理想的"国家和与之对应的个人的变态行为,并在个人身上进一步分析了快乐的本质和暴政的原则。第十卷是全书的结论,其中最终确定了哲学与诗歌的关系,公民们今生的幸福已经得到保证,并以另一个愿景为其加冕。

或者可以采用一种更笼统的划分,将其分为两部分。第一部分(第一卷至第四卷)包含对一般按照希腊的宗教和美德观念建立的国家的描述。而在第二部分(第五卷至第十卷)中,希腊国家被转化为一个理想的哲学王国,所有其他政府都是对它的歪曲。这两种观点实际上是对立的,而这种对立只是被柏拉图的天才所掩盖。

《理想国》和《费德鲁斯篇》一样,是一个不完美的整体。哲学的更耀眼光芒突破了希腊神庙的规则性,最后消逝在天际。这种结构上的不完美是否来自计划的扩大,或来自作者本人对现在首次由他汇集起来的思想元素的不完美调和,或者,也许来自作品在不同时期的创作——这些问题,就像关于《伊利亚特》和《奥德赛》的类似问题一样,值得一问,但无法得到明确的答案。在柏拉图时代,没有固定的出版模式,一个作者在修改或增加一部只有少数朋友知道的作品时,会有更多的顾虑。他可能将自己的工作搁置一段时间，或者从一部作品转向另一部作品，这并不荒谬，而且这种中断在长篇作品中比在短篇作品中更有可能发生。在所有根据内部证据确定柏拉图著作的时间顺序的尝试中，关于任何一次对话是否在同一时间创作的这种不确定性是一个令人不安的因素，必须承认它对《理想国》和《法律篇》等较长作品的影响要大于较短作品。

但是，另一方面，《理想国》中看似不一致的地方，可能只是因为哲学家试图将不和谐的因素统一到一个整体中，也许他自己都没有意识到对我们来说有很明显的不一致。因为有一种后世的判断，很少有伟大的作家能够为自己预测到。他们没有意识到自己的著作中缺乏联系，也没有意识到他们的体系中存在的差距，而这些差距对于他们之后的人来说是显而易见的。在文学和哲学的开端，在思想和语言的最初努力中，比起现在，当推测的道路已经走得很好，词语已经被精确定义时，会出现更多的不一致之处，因为一致性也是时间的延长，而人类思想的一些最伟大的创造是缺乏一致性的。通过这种测试，根据我们的现代观念，柏拉图对话中的一些对话似乎是有缺陷的，但这种缺陷并不能证明它们是在不同的时间或由不同的人创作的。《理想国》是通过不间断的、持续的努力写成的假设，在某种程度上被作品的一个部分对另一个部分的大量引用所证实。

第二个主题，"关于正义"，无论是亚里士多德还是一般的古代人，都没有引用过《理想国》的标题。因此，和柏拉图对话的其他第二个主题一样，可以认为是后来才有的。摩根斯坦和其他一些人问道，正义的定义（这是宣称的目标）还是国家的建设是这部作品的主要论点。答案是，这两者融为一体，是同一真理的两面。因为正义是国家的秩序，而国家是正义在人类社会条件下的明显体现。一个是灵魂，另一个是身体，希腊人对国家的理想，就像对个人的理想一样，是一个公平的身体里的公平的心灵。用黑格尔的说法，国家是现实，正义是理念。或者，用基督教的语言描述，上帝的国度在内部，但却发展成一个教会或外部的国度。"非人手所造之屋，永在天上"，被缩小到地上建筑的比例。或者，用柏拉图式的形象来说，正义和国家是贯穿整个纹理的经线和纬线。

当国家的构建完成后，正义的概念并没有被摒弃，而是以相同或不同的名称重新出现在整部作品中，既作为个人灵魂的内在法则，又作为另一种生活的奖惩原则。美德的基础是正义，普通的诚实买卖是其影子，而正义的基础是善的理念，它是世界的和谐，并反映在国家的制度和天体的运动中。《蒂迈欧篇》涉及理想国的政治而非伦理方面，主要是关于外在世界的假设，但其中有许多迹象表明，同一法则被认为统治着国家、自然和人类。

然而，无论在古代还是现代，这个问题都被过分强调了。在批评的一个阶段，所有的作品，无论是自然的还是技艺的，都被提到设计上。现在，在古代著作中，甚至在一般的文学作品中，往往还存在着原始设计中没有考虑到的大量因素，因为计划是在作者的手下成长起来的。他在写作过程中出现了新的想法。他在开始之前并没有把论证进行到底。读者要想找到一个可以构思整体的想法，就必须抓住最模糊、最笼统的东西。因此，对《理想国》论证的普通解释不满意的斯塔尔鲍姆，想象自己已经找到了真正的论证，"在一个因正义而完善，并根据善的观念进行治理的国家中表现人类生活。"这种笼统的描述可能有些用处，但很难说它表达了作者的意图。

事实是，我们既可以说许多设计，也可以说一个设计。也不需要把任何东西排除在一项伟大作品的计划之外，因为思想的联想会自然而然地引导人们去做，而且不会干扰总体目标。在建筑中，在造型技艺中，在诗歌中，在散文中，应该追求何种类型或程度的统一，这是一个必须相对于主题内容来解决的问题。对柏拉图本人来说，"作者的意图是什么"或"《理想国》的主要论点是什么"这样的询问是难以回答的，因此最好立即予以否定。

《理想国》难道不是三四个伟大真理的载体？在柏拉图自己看来，这些真理难道不是最自然地体现在国家的形式中吗？正如在犹太先知中，弥赛亚的统治，或"安息日"，或受苦的仆人或上帝的子民，或"公义的日头，其光线有医治之能"，至少对我们来说，只是传达了他们伟大的精神理想，所以通过希腊国家，柏拉图向我们揭示了他自己对神圣的完美的想法，这就是善的想法，就像可见世界的太阳。关于人类的完美，也就是正义——关于从青年时期开始并持续到晚年的教育——关于诗人、诡辩家和暴君，他们是人类的假教师和邪恶的统治者——关于"世界"，它是他们的化身——关于一个不存在于地球上的王国，它被安置在天上，成为人类生活的模式和规则。没有任何这样的灵感创造是与自身统一的，就像天上的云彩在太阳穿透它们时一样。在哲学想象力的作品中，每一种明暗、真理和作为真理面纱的虚构的影子都是被允许的。它并不都在同一个平面上。它很容易从思想变成神话和幻想，从事实变成言语的数字。它不是散文，而是诗歌，至少它的很大一部分，不应该由逻辑规则或历史概率来评判。作者不是在把他的思想塑造成一个技艺的整体。这些思想占据了他，对他来说太多。因此，我们没有必要讨论柏拉图所构想的国家是否可行，也没有必要讨论作家的脑海中首先出现的是外在的形式还是内在的生活。因为他的思想的实用性与它们的真实性毫无关系。而且他所达到的最高思想可以真正说是带有最大的"设计痕迹"——正义比国家的外部框架更重要，善的思想比正义更重要。辩证法或思想组织的伟大科学没有真正的内容，只是一种方法或精神的类型，在这种方法或精神中，所有时间和所有存在的观察者都将追求更高的知识。正是在第五卷、第六卷和第七卷中，柏拉图达到了"推测的顶峰"，而这些书虽然未能满足现代思想家的要求，但因此可以被视为作品中最重要的部分，因为它们也是最有创意的部分。

我们没有必要详细讨论伯克提出的一个小问题，即关于举行谈话的假想日期（他提出的公元前411年和其他年份一样）。因为一个小说家，特别是像柏拉图这样对年表漫不经心的作家，只想达到一般的可能性。《理想国》中提到的所有人物是否曾在任何时候相遇，对于40年后阅读这部作品的雅典人来说，或者对于写作时的柏拉图本人来说，都不是一个难题（就像莎士比亚对自己的一部戏剧的看法一样）。现在也不会给我们带来很大的麻烦。而且，这可能是一个没有答案的问题，"但仍然值得一问"，因为调查表明，我们无法从柏拉图的日期中进行历史论证。因此，为了避免时间上的困难而浪费时间发明牵强附会的调和，例如，C.F.赫尔曼的猜想，格劳孔和阿德曼托斯不是柏拉图的兄弟，而是他的叔叔；或者斯塔尔鲍姆的幻想，即柏拉图故意留下不合时宜的东西，表明他的一些对话录的写作日期。

《理想国》中的主要人物是克法洛斯、玻勒马霍斯、色拉叙马霍斯、苏格拉底、格劳孔和阿德曼托斯。克法洛斯只出现在导言中，玻勒马霍斯在第一次论证结束后就放弃了，而色拉叙马霍斯在第一卷结束后就陷入了沉默。主要的讨论是由苏格拉底、格劳孔和阿德曼托斯进行的。一旁的听众中，有吕西阿斯（演说家）和欧若得摩，他们是克法洛斯的儿子和玻勒马霍斯的兄弟，还有一个不作声的查曼提斯——他是哑巴听众。还有克勒托丰，他曾经插话，在以他名字命名的对话中，他作为色拉叙马霍斯的朋友和盟友出现。

这家的族长克法洛斯一直在适当地从事祭祀活动。他是一个生命将近结束的老人，对自己和全人类都很平和。他觉得自己离下面的世界越来越近了，但对过去的记忆流连忘返。他渴望苏格拉底来探望他，喜欢上一代人的诗歌，为意识到生命的美好而高兴，为摆脱了年轻时欲望的肆虐而高兴。他对谈话的热爱，他的感情，他对财富的漠不关心，甚至他的粗鲁，都是有趣的性格特征。他不是那种无话可说的人，因为他的全部心思都用在了赚钱上。但他承认，财富的好处是使人不受不诚实或虚假的诱惑。

苏格拉底对他表现出的尊敬也应该被注意到，他对谈话的热爱，不亚于神谕强加给他的使命，导致他对所有的人——不管是年轻人还是老年人，都会提出问题。无人比克法洛斯更适合提出正义的问题，他的生活似乎就是正义的体现。克法洛斯把老年描绘成存在的一个非常可容忍的部分，这不仅是他的特点，也是希腊人普遍的感觉，并与西塞罗在《论老年》中的夸张形成对比。柏拉图以最富表现力的方式描述了生命的夜晚，但却以尽可能少的篇幅进行描述。正如西塞罗所说，年迈的克法洛斯在接下来的讨论中会显得格格不入，而他既不可能理解也不可能参与其中，否则就会违反戏剧性的惯例。

他的"儿子和继承人"玻勒马霍斯具有年轻人的坦率和急躁。他在开场时赞成用武力扣留苏格拉底，在妇女和儿童的问题上不会"放过他"。和克法洛斯一样，他的观点也是有限的，他代表的是传说中的美德阶段，有生活规则而不是原则。他引用西蒙尼德的话，就像他父亲引用品达的话一样。但在这之后他就没有什么可说的了。他所做的回答只是通过苏格拉底的辩证法从他那里引出。他还没有经历过像格劳孔和阿德曼托斯这样的诡辩家的影响，也没有意识到反驳他们的必要性。他属于前苏格拉底或前辩证法时代。他没有能力争辩，被苏格拉底迷惑到不

10

知道他在说什么的程度。他被逼着承认正义是个贼，美德是按照技艺的类比来的。从他的兄弟吕西阿斯那里，我们得知他成了三十僭主的牺牲品，但这里没有提到他的命运，也没有提到克法洛斯和他的家人是锡拉库扎人，从图利迁移到雅典的情况。

我们在《费德鲁斯篇》中已经听说过的"迦克顿巨人"色拉叙马霍斯，按照柏拉图对他的概念，是诡辩家的化身，具有一些最糟糕的特征。他虚荣心强，喜欢虚张声势，除非得到报酬，否则拒绝讨论，喜欢发表演说，并希望以此来逃避不可避免的苏格拉底的提问。但在争论方面只是个孩子，无法预见到下一步"行动"（用柏拉图的说法）会"使他闭嘴"。他已经达到了提出一般概念的阶段，在这方面，他领先于克法洛斯和玻勒马霍斯。但他没有能力在讨论中为自己提出的概念辩护，并徒劳地试图用戏谑和无礼来掩盖他的慌张。柏拉图关于色拉叙马霍斯的这些学说是否真的被他或其他任何一个思辨者所持有，这一点是不确定的。

在哲学的初级阶段，关于美德的严重错误可能很容易滋生——它们肯定会被放到修昔底德的演讲者嘴里。但我们目前关注的是柏拉图对他的描述，而不是历史的真实情况。比赛的不平等大大增加了这一场景的幽默感。在伟大的辩证法大师的手中，华而不实的苏格拉底完全无能为力，他知道如何触及他身上所有的虚荣和软弱的根源。他被苏格拉底的讽刺激怒了，但他的喧闹和低能的愤怒只会让他越来越容易受到攻击者的攻击。他决心把自己的话硬塞进他们的喉咙，或者说"直接灌输到他们的灵魂中"，这引起了苏格拉底的惊呼。他的脾气和争论的过程一样值得一说。没有什么比他在被彻底打败后完全屈服更有趣的了。起初，他似乎很不情愿地继续讨论，但很快就有了明显的善意，他甚至在后来的阶段通过一两句偶尔的评论来证明自己的兴趣。当他受到格劳孔的攻击时，他被苏格拉底幽默地保护起来，"作为一个从未与他为敌的人，现在是他的朋友"。从西塞罗和昆提利安以及亚里士多德的《修辞学》中我们了解到，被柏拉图说得如此可笑的苏格拉底是一个有名望的人，他的著作在后世被保存下来。与他同时代的赫拉底克斯对他的名字进行了调侃，"你在战斗中一直很勇敢"，这似乎表明对他的描述并不缺乏真实性。

当色拉叙马霍斯被压制后，两个主要的答辩人格劳孔和阿德曼托斯出现在现场：在这里，如同希腊悲剧一样，三个演员被引入。乍一看，阿里斯顿的两个儿子可能会像《斐多篇》中的两个朋友西米亚斯和西贝斯一样，有一种家族式的相似性。但仔细观察他们，这种相似性就消失了，他们被看作是不同的人物。

格劳孔是个急躁的年轻人，他"永远都玩不够"，是个熟悉爱情奥秘的享乐者，是个"喜欢狗的少年人"，他改善了动物的品种，是个热爱技艺和音乐的人，拥有年轻时的所有经历。他充满了敏捷和洞察力，能轻易看穿色拉叙马霍斯笨拙的陈词滥调，直达真正的困难。他把人类生活中肮脏的一面暴露出来，但又不失对正义和真实的信仰。格劳孔抓住了哲学家与世界的可笑关系，对他来说，简单的状态就是"猪的城市"，当争论为他提供机会时，他总是准备好开玩笑，并随时准备附和苏格拉底的幽默。他欣赏荒谬的东西，无论是在音乐鉴赏家，还是在戏剧爱好者，或是在民主公民的奇妙行为中。苏格拉底多次提到他的弱点，然而，他不允许他被他的兄弟阿德曼托斯攻击。他是个军人，和阿德曼托斯一样，在麦加拉战役（公元前456年）中表现突出。阿德曼托斯的性格更深沉、更严肃，更深刻的反对意见通常会被放到他嘴里。格劳孔更具有示范性，一般来说，他能打开局面。阿德曼托斯则进一步追求论证。格劳孔更有年轻人的活泼和同情心。阿德曼托斯则有成熟的判断力，是个成熟的人。

在第二卷中，当格劳孔坚持认为在考虑正义和不正义时应不考虑其后果时，阿德曼托斯说，一般人考虑它们只是为了其后果。在第四卷的开头，他以类似的思考方式强调苏格拉底未能使其公民幸福，并得到回答说，幸福不是第一件事，而是第二件事，不是一个国家良好治理的直接目标，而是间接后果。在关于宗教和神话的讨论中，阿德曼托斯是回答者，但格劳孔以轻微的玩笑闯入，并以轻松的语气继续关于音乐和体操的对话，直到本书结束。又是阿德曼托斯主动对苏格拉底的论证方法提出了常识性的批评，并拒绝让苏格拉底在妇女和儿童问题上轻言放弃。在对话中，阿德曼托斯是更多争论的回答者，就像格劳孔在对话中更轻松和更有想象力的部分一样。例如，在第六卷的大部分内容里，与阿德曼托斯讨论了哲学腐败的原因和善的概念，格劳孔重新成为主要的回答者，但他在理解苏格拉底的高等教育方面有困难，并在讨论过程中提出了一些错误的意见。阿德曼托斯再次回到他的兄弟格劳孔的典故，他把格劳孔比作有争议的国家。在下一本书中，他又被取代了，而格劳孔则继续到最后。

柏拉图用一连串的人物表现了美德的连续阶段，从旧时代的雅典绅士开始，接着是当时的实用主义者用谚语和规则来规范自己的生活。在他之后是诡辩家的疯狂概括，最后是伟大老师的年轻弟子，他们知道诡辩的论点，但不会被它们说服，他们希望更深入地了解事物的本质。这些人也是如此，像克法洛斯、玻勒马霍斯、色拉叙马霍斯一样，彼此之间有明确的区别。无论是在《理想国》中，还是在柏拉图的任何其他对话中，都没有重复一个人物。

《理想国》中对苏格拉底的刻画并不完全一致。在第一卷中，我们有更多真实的苏格拉底，如色诺芬的《回忆苏格拉底》、柏拉图最早的对话录《申辩篇》中对他的描述一样。他是讽刺的、挑衅的、质疑的，是诡辩家的老对手，准备戴上西莱努斯的面具，也准备认真辩论。但在第六卷中，他对诡辩家的敌意减弱了。他承认他们是世界的代表，而不是堕落者。他也变得更加武断，超越了真正的苏格拉底的政治或投机思想的范围。在一个段落中，柏拉图本人似乎暗示，现在是苏格拉底的时候了，他在哲学中度过了他的一生，他应该发表自己的意见，而不是总是重复其他人的观念。

没有证据表明，苏格拉底的教学中包含了善的概念或完美状态的概念，尽管他肯定讨论了普遍和最终原因的性质，像他这样一位深刻的思想家，在他三十或四十年的公开教学中，几乎不可能不触及家庭关系的性质，这在《回忆苏格拉底》中也有一些直接的证据。苏格拉底的方法在名义上被保留了下来。每一个推论要么被放到回答者的口中，要么被表述为他和苏格拉底的共同发现。但任何人都可以看出，这只是一种形式，随着作品的推进，这种形式的影响越来越令人厌烦。探究的方法已经变成了一种教学方法，在这种方法中，通过对话者的帮助，同一论题会从不同的角度被审视。格劳孔真实地描述了这一过程的性质，他把自己描述为一个同伴，在调查中没有什么用处，但可以看到别人给他看的东西，也许可以比别人更流畅地回答一个问题。

我们也不能绝对肯定苏格拉底本人教导了灵魂的不朽，这是他的弟子格劳孔在《理想国》中所不知道的。也没有任何理由认为他用另一个世界的神话或启示作为教导的载体，或者他将驱逐诗歌或谴责希腊的神话故事。他最喜欢的誓言被保留了下来，并略微提到了恶魔，或内部标志，这被苏格拉底暗指为自己特有的现象。苏格拉底教学的一个真正要素，在《理想国》中比在柏拉图的其他对话录中更为突出，就是使用实例和说明"让我们运用普通实例的检验"。阿德曼托斯在第六卷中讽刺地说："这是一种你根本不习惯的说话方式。"这种对例子或形象的使用，虽然真正源于苏格拉底，但被柏拉图的天才扩大为寓言或比喻的形式，在具体中体现了已经描述过的，或即将描述的抽象内容。因此，第七卷中的洞穴形象是对第六卷中知识划分的复述。第九卷中的综合动物是灵魂各部分的寓言。第六卷中的高贵的船长和船以及真正的领航员，是已描述过的国家中人民与哲学家的关系的一个形象。其他形象，如狗，或被遗弃的适婚少女，或第八卷和第九卷中的雄蜂，也构成了长篇文章中的联系纽带，或用来回忆以前的讨论。

当柏拉图把他的主人描述为"不属于这个世界"时，他是最忠实于他主人的性格的。而理想状态和《理想国》中的其他悖论与他的这种描述是完全一致的，尽管它们不能被证明是苏格拉底的猜测。对他来说，正如对其他伟大的哲学和宗教导师一样，当他们向上看时，世界似乎是错误和邪恶的化身。

人类的常识反感这种观点，或者只是部分地承认它。甚至在苏格拉底本人身上，众人的严酷判断有时也会变成一种讽刺性的怜悯或爱。人们普遍不懂哲学，因此与哲学家为敌。但他们对哲学家的误解是不可避免的：因为他们从来没有看到过他在自己的形象中的真实面目。他们只知道那些不具备真理的本源力量的人造系统——那些允许有许多应用的词语。他们的领袖没有任何东西可以衡量，因此对自己的地位一无所知。

但是，我们应该同情或嘲笑他们，而不是与他们争吵。如果他们能知道他们是在砍掉一个九头蛇的头，那么他们的药方是好的。这种对犯错者的温和态度是苏格拉底在《理想国》中最典型的特征之一。在所有对苏格拉底的不同描述中，无论是色诺芬还是柏拉图，以及在早期或后期的对话录中，他始终保持着对真理的不遗余力和无私追求，如果没有这一点，他就不再是苏格拉底了。

——［英］本杰明·乔伊特

目　录

导读

第一卷	财富、正义、节制及其对立面	003
第二卷	个人、国家和教育	041
第三卷	宗教与文化	074
第四卷	财富、贫穷和美德	115
第五卷	论婚姻与哲学	150
第六卷	政治哲学	193
第七卷	论教育的影响与现实	229
第八卷	四种政体形式	262
第九卷	关于错误或正确的政体，以及每个的乐趣	297
第十卷	生活的补偿	326

理想国

THE REPUBLIC

对话的人：

苏格拉底，他是叙述者。

格劳孔。　　　　阿德曼托斯。

玻勒马霍斯。　　克法洛斯。

色拉叙马霍斯。　克勒托丰。

还有一些人是哑巴审计师。

地点是位于比雷埃夫斯的克法洛斯家。整个对话是苏格拉底在实际发生的第二天向蒂迈欧、赫莫克拉提斯、克里特阿斯和一个无名氏讲述的，这些人在《蒂迈欧篇》中都有介绍。

第一卷　财富、正义、节制及其对立面

〔苏格拉底：我昨天和阿里斯顿的儿子格劳孔一起去了比雷埃夫斯港，以便向女神祈祷。还因为我想看看他们会以什么方式庆祝节日，这是一件新鲜事。我对居民的游行感到很高兴，但色雷斯人的游行也同样漂亮，甚至更漂亮。当我们完成了祈祷并观看了这一景象后，我们转向城市的方向。

就在这时，克法洛斯的儿子玻勒马霍斯偶然从远处看到了我们，当时我们正要回家，他叫他的仆人跑来，让我们等他。仆人拉住我身后的披风，说："我的主人玻勒马霍斯希望您能等一等。"

我转过身，问他："你的主人在哪里？"

仆人说："他在后面，正在追赶你，您只需要等一下。"

格劳孔说："我们当然会这样做。"几分钟后，玻勒马霍斯赶到了，和他一起出现的还有格劳孔的兄弟阿德曼托斯，尼克阿斯的儿子尼克拉托斯，以及其他几个观看过游行的人。〕

玻：苏格拉底，看样子你和你的同伴已经在前往城市的路上了。

苏：是这样的。

玻：但你看到了吗，我们有多少人？

苏：当然了。

玻：你是否比这里所有人都强壮？如果不是，你就不得不留下来。

苏：难道就没有别的办法吗？我们可以说服你放我们走。

玻：但如果我们拒绝听你的话，你能说服我们吗？

格：当然不能。

玻：那么我们就不会听你的，这一点你可以放心。

阿：难道没有人告诉你晚上将举行的纪念女神的火炬赛马吗？

苏：骑在马上？那是一种新奇的东西。骑士们会不会拿着火把，在比赛中互相传递？

玻：是的。不仅如此，晚上还将举行庆典，你当然应该去看看。我们吃完晚饭就一起来看这个庆典吧。那里会有一群年轻人聚集，我们会有一次很好的谈话。那就留下来吧，就这样了。

格：既然你坚持，就只能这样了。

苏：好吧。

〔因此，我们和玻勒马霍斯一起去了他家。在那里，我们找到了他的兄弟吕西阿斯和欧若得摩，以及和他们在一起的卡尔西多尼亚人色拉叙马霍斯、帕亚尼亚人查曼提斯和阿里斯托纽摩斯的儿子克勒托丰。还有玻勒马霍斯的父亲克法洛斯，我已经很久没有见到他了，他看上去苍老了不少。他坐在一张有垫子的椅子上，头上戴着花环，他已经在神庙里祭祀过了。房间里还有一些其他的椅子，摆成一个半圆形，我们就坐在他的身边，他急切地对我行礼。〕

克：苏格拉底，你没有经常来见我，这不应该啊。如果我还能去看你，我就不会要求你来找我了，但我这把年纪了，很难到城里去，所以你应该多到比雷埃夫斯来。我告诉你，肉体的享受越是减退，谈话的快乐和魅力对我来说就越浓厚。不要拒绝我的请求，把我们的房子作为你的度假地，与这些年轻人为伴。我们是老朋友，你和我们在一起会很自在。

苏：就我而言，我最喜欢的是与老年人交谈。因为我把他们看作是漫长人生旅途的旅行者，我也可能要走他们走过的旅程，我应该向他们询问，这条道路是平坦而容易，还是崎岖而艰难？这是一个我想问你们的问题，你们已经到了诗人所说的"老年之门"的时候，到最后生活是否更艰难，或者你们对它有什么看法？

克：苏格拉底，我将告诉你，我的感觉是什么。我与同龄的人聚集在一起，正如古老的谚语所说：同声相应，同气相求，物以类聚，人以群分。在我们的聚会中，我认识的人的故事通常是：我不能吃，我不能喝。年轻时的快乐和爱情都消失了。曾经有一段美好的时光，但现在已经过去了，生活不再是生活了。有些人抱怨亲属对他们的轻视，他们会悲伤地告诉你，他们的老年是多少罪恶的根源。但在我看来，苏格拉底，这些抱怨者似乎是在指责那些没有真正过错的人。因为如果年龄是原因的话，我和其他所有的老人都会有他们那样的感觉。但这不是我自己的经历，也不是我所认识的其他人的经历。我多么清楚地记得年老的诗人索福克勒斯曾遇到这样一个问题："索福克勒斯，爱情是如何适应年龄的，你还是原来的那个人吗？"他回答说："别提啦！我非常高兴地摆脱了你所说的事情，我觉得我好像从一个疯狂和愤怒的主人那里逃脱了。"此后，他的话经常在我脑海中浮现，现在看来，这些话和他说的时候一样正确。因为老年当然有一种巨大的平静和自由的感觉。当激情放松它们的控制时，就像索福克勒斯所说，我们不是从一个疯狂的主人那里，而是从许多疯狂的主人那里得到了自由。事实是，苏格拉底，这些遗憾，还有对亲朋的抱怨，都应归咎于同一个原因，这不是老年，而是人的性格和脾气。因为天性平静和快乐的人很难感受到年龄的压力，但对那些性格相反的人来说，年轻照样少不了烦恼。

〔我钦佩地听着，想吸引他继续说下去。〕

苏：是的，克法洛斯，但我相当怀疑，当你这样说的时候，一般人都不相信你。他们认为你年老变得很轻松,不是因为你快乐的性格,而是因为你很富有,众所周知,财富是一个很大的安慰剂。"

克:你是对的,他们不相信,他们说的是有道理的。不过,没有他们想象的那么多道理。我可以像色弥斯托克勒那样回答他们,塞里福斯人曾辱骂他,说他出名不是因为他自己的功绩,而是因为他是雅典人。"如果你是我们国家的人,或者我是你们国家的人,我们两个都不会出名。"对于那些不富裕而且对年老不耐烦的人,也可以作出同样的回答,"因为对善良的穷人来说,年老不可能是一个轻巧的负担,坏的富人也不可能得到内心的满足和宁静。"

苏:请允许我问一下,克法洛斯,你的财富大部分是继承的,还是后天自己赚取的?

克:我自己赚来的!苏格拉底,你想知道我赚了多少钱吗?在赚钱的技艺方面,我一直介于我父亲和祖父之间。因为我那和我同名的祖父,把他的财产价值增加了一到两倍,而他所继承的财产只和我现在拥有的差不多。但是我的父亲吕萨略斯把财产减少到现在的程度。如果我给我的这些儿子留下的财产不是比我继承的少而是多一点,我就满意了。

苏:这就是我问你这个问题的原因,因为我看到你对金钱漠不关心,这是那些继承财富的人的特点,而不是那些创造财富的人的特点。财富的创造者对金钱有第二种爱,就像诗人对自己诗文的爱,或者父母对子女的爱,不只是为了利用它,这是他们和所有的人都有的自然的爱。因此,他们是非常糟糕的伙伴,他们除了对财富赞美外,什么都不会赞美。

克:一点也不错。

苏:是的,这是非常正确的,但我可以问另一个问题吗?你认为你从财富中获得的最大好处是什么?

克：我不望轻易说服别人。苏格拉底，让我告诉你，当一个人认为自己接近死亡的时候，恐惧和忧虑就会进入他的脑海，而这是他以前从来没有过的。关于地狱的传说和因在这里所做的事情受到的惩罚，对他来说曾经是一件可笑的事情，但现在却因为想到这些事情可能是真的，他反而受到折磨。或者是由于年龄的增长，或者是由于他现在离那个地方越来越近，他对这些事情有了更清楚的认识。怀疑和惊恐密集地涌向他，他开始反思，考虑他对别人做了什么错事。当他意识到自己的过错之多时，他很多时候会像孩子一样在睡梦中惊醒，并充满了不祥的预感。但对那些没有意识到犯罪的人来说，正如品达说过的那样：

爱抚正直之人的灵魂，与他共度余生，

尘世凡人不定的心，被希望随意驱使。

他的话说得多好啊。我不是说财富对每个人都有好处，但对一个好人来说，最大的好处是，他用不着有意或无意地欺骗或诈骗他人。当他离开下层世界时，他不会为应付给神的供品或他欠人的债务而感到忧虑。现在，拥有财富对这种心灵的平静大有裨益。因此，把一件事与另一件事相比较，在财富所带来的许多好处中，在我看来，这对一个有理智的人来说是最大的。

苏：说得好，克法洛斯，但关于"正义"，它是什么呢？有话实说，有债照还，仅此而已？即使是这样，难道没有例外吗？假设一个朋友在精神正常的时候把武器存放在我这里，而他在精神不正常的时候要求得到这些武器，我应该把它们还给他吗？没有人会说我应该这样做，也没有人会说我这样做是正确的，就像他们不会说我应该永远对处于这种状况的人说实话一样。

克：你说得很对。

苏：但是，有话实说，有债照还并不是正义的正确定义。

玻勒马霍斯插话说：这是非常正确的，苏格拉底，如果西蒙尼德是可信的。

克：我恐怕现在必须走了，因为我得照看祭品，我把话题交给玻勒马霍斯和你。

苏：玻勒马霍斯不就是你的继承人吗？

克：当然，必须是。〔然后克法洛斯笑着去安排祭祀了。〕

苏：那么，你这个论证的继承人，告诉我，西蒙尼德是怎么说的，而且按照你的说法，是真正说的正义？

玻：欠债还债是正义的，在我看来，他这样说是对的。

苏：我很遗憾去怀疑这样一位睿智和有灵感的人说的话，但他的意思，虽然对你来说可能很清楚，但对我来说却正好相反。因为他的意思当然不是像我们刚才说的那样——我应该把武器或其他东西的押金退给一个在他头脑不清醒时要求得到它的人。然而，不能否认押金是一种债务。

玻：确实如此。

苏：那么，当问我的人精神不正常时，我就不可能进行偿还？

玻：当然不能。

苏：当西蒙尼德说欠债还债就是正义时，他的意思并不包括这种情况？

玻：当然不包括。因为他认为，朋友应该总是对朋友好，而不是对朋友坏。

苏：你的意思是说，如果双方是朋友，归还对接受者不利的黄金存款，就不是偿还债务——这就是你想象中他所说的意思？

玻：是的。

苏：敌人是否也要收回我们对他们的欠款呢？

玻：肯定是的，他们要接受我们欠他们的东西。而一个敌人，正如我认为的那样，欠一个敌人的是他应得的或适当的东西——无非是恶。

苏：那么，按照诗人的方式，西蒙尼德似乎对正义的本质说得很隐晦。因为他真正想说的是，正义是把每个人应得的东西给他，而这被他称为债务。

玻：这一定是他的意思。

苏：天哪！如果我们问他什么是医学上应有的或适当的东西，以及对谁来说，你认为他会对我们作出什么回答？

玻：他肯定会回答说，医学给人的身体提供药物、肉食与饮料。

苏：那么，通过烹饪给予什么应有的或适当的东西，又是为了谁呢？

玻：把滋味赋予食物。

苏：那么，正义所赐的是什么，又是给谁的呢？

玻：苏格拉底，如果我们要以前面的例子的类比为指导，那么，正义就是"以善报友，以恶报敌"的技艺。

苏：这就是他的意思吧？

玻：我想是的。

苏：谁最能在生病的时候对朋友行善，对敌人行恶？

玻：医生。

苏：或者当他们在航行中，在海上的危险中？

玻：领航员。

苏：那么，在什么样的行动中，或者为了什么样的结果，正义的人最能对他的敌人造成伤害，对他的朋友带来好处？

玻：与一方开战，与另一方结盟。

苏：但是当一个人身体好的时候，我亲爱的玻勒马霍斯，就不需要医生了？

玻：不错。

苏：不出远门的人就不需要领航员了？

009

玻：是的。

苏：那么在和平时期，正义就没有用了吗？

玻：我绝没有这么想。

苏：你认为正义在和平时期和战争时期都是有用的？

玻：是的。

苏：就像为获得玉米而进行的耕种？

玻：是的。

苏：或者像为获得鞋子而制鞋——这就是你的意思？

玻：没错。

苏：而在和平时期，正义有什么类似的作用或者权力呢？

玻：苏格拉底，在合同契约中，正义是有作用的。

苏：你说的合同是指伙伴关系？

玻：正是如此。

苏：但是，在跳棋游戏中，正义的人是娴熟的玩家还是更有用和更好的伙伴呢？

玻：熟练的棋手。

苏：在铺设砖石的过程中，正义的人是比建筑工更有用或更好的伙伴吗？

玻：恰恰相反。

苏：那么，在什么样的伙伴关系中，正义的人比竖琴琴师是更好的伙伴呢？因为在弹竖琴时，竖琴琴师肯定比正义的人是更好的伙伴。

玻：在金钱的伙伴关系中。

苏：是的，玻勒马霍斯，但肯定不是在使用金钱方面。因为你不想让一个正义的人成为你买卖马匹的顾问，一个了解马匹的人在这方面会更好，不是吗？

玻：当然。

苏：而当你想买一艘船时，船工或领航员会更好？

玻：确实如此。

苏：那么，什么时候合伙用钱，正义的人才是一个更好的伙伴呢？

玻：当你希望钱款被安全保存时。

苏：你的意思是，当金钱不被需要，只是把它摆在那里的时候？

玻：正是如此。

苏：也就是说，当金钱无用时，正义是有用的？

玻：这只是推论。

苏：当你想保证修枝刀的安全时，那么正义对个人和国家都是有用的，但当你想使用它时，那么就要依靠葡萄种植者的技艺了？

玻：显然如此。

苏：当你想保管一面盾牌或一把琴，而不使用它们时，你会说正义是有用的，但当你想使用它们时，那么士兵的技艺或音乐家的技艺更有用？

玻：当然。

苏：所有其他事物也是如此吗？——当它们无用时，正义是有用的，当它们有用时，正义是无用的？

玻：推论是这样的。

苏：那么正义就没有什么好处了。但让我们进一步考虑这一点：在拳击比赛或任何形式的战斗中，谁能最好地进攻，谁就能最好地抵御打击？

玻：当然。

苏：谁最善于预防或逃避疾病，谁就最有能力创造疾病？

玻：确实如此。

苏：是不是一样东西的好看守，也就善于偷钱喽？

玻：当然。

苏：那么，善于保管东西的人也是善于偷窃的人吗？

玻：我想，这一点是可以推断的。

苏：那么，如果正义的人善于保管钱财，他就善于偷盗钱财？

玻：论证中好像暗示了这一点。

苏：那么这个正义的人终究变成了一个小偷。我怀疑，这一定是你从荷马那里学到的理论。因为他在谈到奥德修斯的外祖父奥托吕科斯时，说他在盗窃和作伪证方面比所有人都出色。所以，你和荷马以及西蒙尼德都同意，正义是一门偷窃的技艺——无论如何都要为"以善报友，以恶报敌"而实践，你说的不是这个意思？

玻：不，当然不是这样。虽然我不清楚刚才我说了什么，但我仍然坚持后面的话。

苏：嗯，还有一个问题。我们所说的朋友和敌人是指那些真正友好或作恶的人，还是只在表面上如此？

玻：那还用说吗？人们总可以期望一个人爱他认为好的人，恨他认为坏的人。

苏：是的，但人们不是经常在善与恶的问题上犯错误吗，许多不善的人似乎是善的，反之亦然？

玻：这倒是真的。

苏：那么对他们来说，善良的人将是敌人，邪恶的人将是他们的朋友？

玻：是的。

苏：在这种情况下，他们对恶人行善，对善人行恶，会是正确的吗？

玻：显然是的。

苏：但善良的人是正义的，不会做不正义的事？

玻：确实如此。

苏：那么根据你的论点，伤害那些不做不正义的事的人就是正义的？

玻：不，苏格拉底，这种学说是不美德的。

苏：那么我想，我们应该对正义的人做好事，对不正义的人做坏事？

玻：我更喜欢这样。

苏：但请看，许多不了解人性的人会有一些坏朋友，在这种情况下，他应该伤害他们。他也会有一些好敌人，他应该使他们受益。但是，如果这样，我们就会说与我们确认的西蒙尼德的意思完全相反的话。

玻：非常正确，我认为我们最好纠正下，我们在使用"朋友"和"敌人"这两个词时似乎陷入了错误之中。

苏：错在哪里，玻勒马霍斯？

玻：我们把似乎可靠的人，假定为朋友。

苏：那么如何纠正这个错误呢？

玻：我们更应该说，真正的朋友，不仅是一个看起来很好的朋友。那些看起来是而不是真正好的人，只是看起来的朋友而不是真正的朋友。对于一个敌人，也可以这么说。

苏：你会认为好人是我们的朋友，坏人是我们的敌人？

玻：是的。

苏：我们不应该像一开始那样简单地说"以善报友，以恶报敌"是正义的，而应该进一步说，当我们的朋友是好人时，对他们行善是正义的，当我们的敌人是坏人时，对他们进行伤害是正义的？

玻：是的，在我看来，这就是真理。

苏：但正义的人是否可以伤害任何一个人？

玻：毫无疑问，他应该伤害那些既邪恶又与他为敌的人。

苏：当马匹受伤时，它们是变好还是变坏呢？

玻：后者。

苏：也就是说，属于马的良好品质变坏了，而不是狗的？

玻：是的，马的。

苏：如果狗受伤了，是狗的良好品质变坏了，而不是马的？

玻：当然了。

苏：那么，如果人受到伤害了，也会在专属于人应有的美德上变坏了？

玻：当然。

苏：而人类的美德就是正义？

玻：的确是。

苏：那么受到伤害的人就必然成为不正义的人？

玻：这就是结果。

苏：但是，音乐家可以通过他的技艺使人变得不懂音乐吗？

玻：当然不能。

苏：骑手能通过他的骑术使他们不会骑马吗？

玻：不可能的。

苏：而正义的人能否因正义而使人变得不正义，或者笼统地说，善良的人能否因美德而使人变坏？

玻：当然不能。

苏：就像热能产生冷的东西？

玻：它不能。

苏：还是干旱不能产生水分？

玻：显然不能。

苏：善良的人也不能伤害任何人？

玻：不能。

苏：正义的人就是好人？

玻：当然。

苏：那么伤害朋友或其他任何人就不是正义者的行为，但相反地，也就是不正义的人了？

玻：我认为你所说的非常正确，苏格拉底。

苏：如果一个人说，正义就是偿还债务，所谓"还债"，就是伤害他的敌人，帮助他的朋友——这样说是不明智的。因为这不是真的，如果像已经清楚表明的那样，对他人的伤害在任何情况下都是不正义的。

玻：我同意你的观点。

苏：那么你和我都准备拿起武器，反对任何把这种说法归于西蒙尼德或比亚斯或皮塔库斯，以及任何其他智者或先知的人？

玻：我已经准备好在你身边进行战斗。

苏：要我告诉你我认为这主张是谁的吗？

玻：谁的？

苏：我相信佩里安德罗，或佩狄卡，或泽尔泽斯，或忒拜人伊斯梅尼亚斯，或其他一些对自己的权力有很大看法的富人和强人，是第一个说正义是"以善报友，以恶报敌"的人。

玻：一点也不错。

苏：好吧。既然现在这个正义的定义也不能成立，那我们还能提供什么其他的定义呢？

〔在讨论过程中，色拉叙马霍斯曾几次试图将争论掌握在自己手中，但都被其他想听个究竟的人制止了。但当玻勒马霍斯和我讲完后，停顿了一下，他就再也按捺不住了。他振作起来，像一只野兽一样向我们走来，想要吞噬我们，吓得我们惊慌失措。他向所有人大吼。〕

色：苏格拉底，你们都犯了什么傻？傻子们，你们为什么要互相吹捧？我说，如果你们真的想知道什么是正义，那你们就不仅要问，而且

015

要答,你们不应该从对手的反驳中为自己寻求荣誉,而应该有自己的答案。因为有许多人只能提问却不会回答。现在我不会让你说正义是责任、利益、利润、收益或权益,因为这种废话对我来说是不能接受的,我必须要有清晰和准确的答案。

〔我被他的话吓坏了,看着他不由得浑身发抖。事实上,我相信如果我没有瞪着他看,就会被吓得目瞪口呆了。但当我看到他的怒火上升时,就先看了他一眼,颤抖着勉强回答他。〕

苏:色拉叙马霍斯,不要为难我们。玻勒马霍斯和我在争论中可能犯了一点错误,但我可以向你保证,这个错误不是故意的。如果我们在寻找一块金子,你不会想象我们是在"互相吹捧",从而失去找到它的机会。而当我们在寻求比许多金子更珍贵的正义时,为什么你会说我们是在软弱地相互吹捧,而不是尽最大努力去获得真理呢?不,我的好朋友,我们最愿意也最急于这样做,但事实是我们不能这样做。如果是这样,你们这些了解一切的人应该同情我们,而不是对我们生气。

色拉叙马霍斯带着苦笑回答说:苏格拉底的特点是什么?!这就是你的讽刺风格!我难道没有预见到——我不是已经告诉你了吗?无论别人问他什么,他都会拒绝回答,并试图用讽刺或其他方式来掩饰、避免回答。

苏:你是个聪明人,色拉叙马霍斯,而且很清楚地知道,如果你问一个人"十二是怎么得来的?"并禁止你问的人回答二乘六、三乘四、六乘二,或者四乘三,因为这种废话对我来说是行不通的。那么显然,如果这是你提出问题的方式,没有人可以回答你。但假设有人反驳说:"色拉叙马霍斯,你是什么意思?如果你说的这些数字中的一个是问题的真正答案,那么我是不是要捏造出另一个并不正确的数字呢?"这是你的意思吗?

色:你说的就像这两种情况完全一样相似吗?

苏：为什么不相同呢？即使不尽相同，只是在被问的人看来是一样的，他也应该说出他的想法，不管你和我是否禁止他。

色：那么我想你是要提出一个被禁止的答案吧？

苏：我敢说，尽管有这样的危险，如果经过思考，只要我赞成其中任何一项，我还是会这样做。

色：但如果我给你一个关于正义的答案，而且比这些都要高明，怎么办？你该如何受罚呢？

苏：除了接受无知之罚外还能有什么别的吗？无知的人就会这样，我必须向聪明人学习。这是我应得的结果。

色：什么，想不交钱?！你倒是想得美。

苏：等我有钱了再付。

格：但你有钱啊，苏格拉底。而你，色拉叙马霍斯，不需要为钱焦虑，因为我们都会为苏格拉底分担。

色：是的，然后苏格拉底就会像他一贯的做法——拒绝回答自己的问题，而是把别人的答案胡乱分析得支离破碎。

苏：为什么，我的好朋友，如果一个人不知道并且承认他什么都不知道，即使他自己有一些微弱的想法，也被一个有权威的人告知不要说出来，他怎么能回答？自然是说话的人应该是像你这样自称知道并能说出他所知道的东西的人。那么，请你回答一下，让我们都能得到启发。

〔格劳孔和其余的人都赞同我的请求，任何人都可以看到，色拉叙马霍斯实际上是很想说话的。因为他认为他有了一个很好的答案，会让自己与众不同。但起初他坚持要我回答，直到最后他才同意开始。〕

色：看啊，苏格拉底的智慧。他自己拒绝教别人，却到处去向别人学习，他甚至从不对人说谢谢。

苏：我向别人学习，这是事实。但我完全否认我是忘恩负义的人。我没钱，因此我用赞美来支付，这是我所有的东西。当你回答时，你很快就会发现，我多么愿意赞美任何一个在我看来说得有理的人，因为我希望你能回答得好。

色：听着，我宣布，正义无非是强者的利益。——现在你为什么不赞美我呢？但你当然不会夸我了。

苏：让我先理解你的意思。正如你所说，正义是强者的利益。色拉叙马霍斯，这话是什么意思呢？你的意思不会是说，因为浦吕达玛斯这个大胃王比我们强壮，觉得吃牛肉有利于他的身体强壮，所以吃牛肉对我们这些比他弱的人同样有利，那对我们也是正确和正义的吧？

色：你真可恶，苏格拉底，你从最有损于论证的理解上解释了这句话。

苏：一点也不，我的好先生，我正在努力理解它们，也希望你能说得更清楚一点。

色：你难道没有听说过政府的形式是不同的吗？有专制主义，有民主主义，也有贵族政治。

苏：是的，我知道。

色：而政府是每个城邦的统治者？

苏：当然。

色：不同形式的政府为了各自的利益制定民主的、贵族的、专制的法律。这些法律是他们为了自己的利益而制定的，是他们传递给人民的正义，谁违反了这些法律，他们就把谁当作违法者和不正义者来惩罚。这就是我所说的，在所有的国家都有相同的正义原则，也就是政府的利益。由于政府必须被认为有权力，唯一合理的结论是，在任何地方都有一个正义原则，也就是强者的利益。

苏：现在我理解你的意思了。至于你是否正确，我将努力去研究。但我必须指出，你在定义正义时，使用了你禁止我使用的"利益"这个词。然而，在你的定义中，确实添加了"强者"的字样。

色：一个小小的补充，你必须允许。

苏：不管补充多少，不要在意这个问题。我们必须首先询问你所说的是否是事实。现在我们都同意，正义是某种利益，但你接着说"强者的"，关于这一点我不太确定，因此必须进一步考虑。

色：尽情考虑吧。

苏：我会的。首先告诉我，你是否承认人民服从统治者是理所应当的吗？

色：我承认。

苏：但是，这些国家的统治者是绝对正确的，还是有时容易犯错呢？

色：确实，他们有时候难免犯错。

苏：那么在制定他们的法律时，他们有时会是正确的，有时则是不正确的？

色：确实如此。

苏：当他们做出正确的决定时，制定的法律就会顺应他们的利益。当他们犯错时，就会违背他们的利益。你承认这一点吗？

色：承认。

苏：他们制定的法律必须得到人民的服从，这就是你所说的正义？

色：无疑是的。

苏：那么，根据你的论点，正义不仅是对强者利益的服从，也服从其利益的反面？

色：你说什么？

苏：我只是在重复你所说的。但让我们考虑一下。难道我们不承认统治者在他们的命令中可能误解了自己的利益吗，也不承认服从他们就是正义吗？你不是承认这些了吗？

色：是的。

苏：那么你也一定承认，当统治者无意中命令做一些对他们自己不利的事情时，正义就不是为了强者的利益了。因为如果像你说的那样，正义是人民对他们的命令的服从，那么，最聪明的人啊，在这种情况下，你又如何逃避这个结论呢，即弱者被命令去做的不仅不符合强者的利益，反而伤害了强者？

玻：没有什么比这更清楚了，苏格拉底。

克勒托丰插嘴说：如果你被允许做他的证人，他就会插话。

玻：但不需要任何证人，因为色拉叙马霍斯自己也承认，统治者有时可能会发出不符合他们自身利益的命令，而人民服从他们就是正义。

克勒：是的，玻勒马霍斯。对于人民来说，服从他们统治者的命令是正义的。

玻：是的，克勒托丰。但他也说过，正义是强者的利益。在承认这两个命题的同时，他还承认，强者可以命令作为他的人民的弱者做不符合他自己利益的事情。由此可见，正义也是一种伤害，与强者的利益同样重要。

克勒：但是，他指的是强者的利益，即强者认为是他的利益，这就是弱者必须做的事，而且色拉叙马霍斯肯定这就是正义。

玻：这不是他说的。

苏：不要紧，如果他现在这么说，我们就接受他的说法。告诉我，色拉叙马霍斯，你所说的正义是指强者认为是他的利益，不管是否真的如此？

色：当然不是，你认为我会把犯错的人称为强者吗，尤其是在他犯错的时候？

苏：是的。在我的印象中你是这个意思，当你承认统治者不是无懈可击的，有时也可能会出错，这就包含了这个意思。

色：苏格拉底，你的争论像一个诡辩者。照你的意思，比如说，医生在治病时犯错，就他犯错的时刻而言，他还是一个医生吗？或者说，在算术或语法中出错的人，在他出错的时候，就错误而言，他还算是一个会计或语法学家吗？的确，我们说医生、会计或语法学家犯了错误，但这只是一种说法。因为事实上，无论是语法学家还是其他任何有技能的人，依据他的名称的含义而言，就不会犯错。他们都不会犯错，除非他们的技艺出了问题，那他们就不再是有技艺的人了。没有艺术家或圣人或统治者会在和他的称号相符的时候犯错，虽然他通常被说成是出错。我也采用了常见的说话方式。但是，既然你如此喜欢明确，为了完全准确起见，我们应该说，统治者，就其作为统治者的身份而言，是不会出错的，而且，由于无误，他的命令必然是为了自己的利益，而人民则必须执行他的命令。因此，正如我起初所说的，现在重复一遍，正义是强者的利益。

苏：的确。色拉叙马霍斯，在你看来，我真的像一个诡辩者一样在争论吗？

色：当然。

苏：你认为我问这些问题的目的是在争论中伤害你吗？

色：我非常明白，但这样对你没好处。你的阴谋会被发现的，而且单凭论证，你永远不会得逞。

苏：我不会做这种尝试，亲爱的先生。但为了避免我们之间今后发生任何误解，请让我问一下，你是在什么意义上谈论一个统治者或更强大的人呢？正如你所说的，他是上级，下级应该维护他的利益，他是一般意义上的还是严格意义上的统治者？

色：在最严格的意义上。现在，如果你想扮演诡辩者，就尽情施展你那欺骗的力量吧。我不要求你再留任何情面，但你永远也休想让我留情面，永远。

苏：你认为我是这样的一个想骗人的疯子吗，色拉叙马霍斯？我还不如给狮子刮胡子呢。

色：为什么，你一分钟前做了尝试，但你失败了。

苏：这些客套话已经够多了。我还是问你一个问题吧。从你所说的严格意义上讲，医生是治病的还是赚钱的？请记住，我现在说的是真正的医生。

色：他是治病救人的。

苏：而领航员，我是说真正的领航员，他是水手的领袖还是单纯的水手？

色：水手的领袖。

苏：他在船上航行的情况先不用考虑，他也不应该被称为水手。他被称为领航员与航行无关，只意味着他的技艺和他管理水手的权力。

色：非常正确。

苏：现在，每种技艺都各有其权益？

色：当然。

苏：对于这一点，每种技艺必须考虑和促成这种权益？

色：是的，这就是技艺的目的。

苏：而任何技艺的权益都是使其完美。除了这一点，再没有别的了？

色：你这是什么意思？

苏：我的意思是，我可以通过身体的例子来说明问题。假设你问我，身体是自给自足还是有求于外部。我应该回答，身体当然是有求于外部，因为身体可能生病，需要被治疗，因此有医学技艺为之服务的利益。这就是医学的起源和目的，你一定会承认的。我说得不对吗？

色：很对。

苏：但是，医学技艺或任何其他技艺是否在任何质量上有缺陷或不足，就像眼睛可能在视觉上有缺陷或耳朵在听觉上有缺陷一样，因此需要另一种技艺来满足视觉和听觉的利益?换句话说,技艺本身是否有任何类似的缺陷或瑕疵的可能,是否每一种技艺都需要另一种补充技艺来满足其利益,然后如此没完没了地类推下去?还是说,技艺只需要照顾自己的利益,它们既不需要自己,也不需要别人?既然没有缺陷或不足,它们就不需要通过行使自己的技艺或任何其他技艺来纠正它们。它们只需要考虑其本身主体的利益。因为每一种技艺在保持真实的同时,也就是在保持完美和无损的情况下,仍然是纯粹的和无缺陷的。在你严格的意义上接受这些话,然后告诉我,我是不是对的。

色:是的,很明显。

苏:那么医学追求的不是医学的利益,而是身体的利益了?

色:的确。

苏:马术也不考虑马术的利益,只考虑马的利益。其他技艺也不关心自己,因为它们没有需要,它们只关心作为其技艺主体的东西?

色:的确。

苏:但是,色拉叙马霍斯,技艺是支配它的对象,统治它的对象的。

〔对此,色拉叙马霍斯很不情愿地同意了。〕

苏:那么,任何科学或技艺都不考虑或强制要求强者或上级的利益,而只考虑国民和弱者的利益?

〔色拉叙马霍斯也曾试图对这一提议提出异议,但最后还是默许了。〕

苏:那么,就医生而言,没有一个医生在开处方时考虑自己的利益,而是考虑病人的利益。因为真正的医生也是一个以人体为主体的统治者,而不是一个单纯的赚钱者。这一点已被承认?

色:是的。

苏:而领航员同样,从严格意义上讲,是水手的统治者,而不是单纯的水手？

色：这已经被承认了。

苏：这样的领航员和统治者将为他手下的水手的利益提供规定，而不是为他自己或统治者的利益？

〔色拉叙马霍斯不情愿地表示了同意。〕

苏：那么，色拉叙马霍斯，在任何政府里，只要他是统治者，就没有人考虑或规定什么是为了自己的利益，而总是为了他的人民的利益或适合他的技艺。他着眼于此，而且在他所说和所做的一切中只考虑这个。

〔当我们争论到这一步时，每个人都看到正义的定义已经完全被打乱了，色拉叙马霍斯没有回答我，反而问道。〕

色：我不知道。告诉我，苏格拉底，你有奶妈吗？

苏：你为什么要问这样的问题？你更应该回答。

色：因为她让你哭哭啼啼，却从不给你擦鼻涕，她甚至没有教你认识牧羊人和羊群。

苏：你为什么这么说？

色：因为你们幻想牧羊人或收割者养活或照料牛羊是为了牛羊的利益，而不是为了自己或主人的利益。你们还幻想国家的统治者，如果他们是真正的统治者，从来没有把他们的人民当作羊，他们不是在日夜研究自己的利益。哦，不是的。你对正义和非正义的想法完全误入歧途，甚至不知道正义和非正义实际上是另一个人的利益。也就是说，统治者和强者的利益，人民和仆人的损失。而非正义则相反，因为非正义者是真正简单和正义者的主宰：他是强者，他的人民做符合他利益的事，为他的幸福服务，而这离他们自己的幸福很遥远。最愚蠢的苏格拉底，请再好好想想，正义的人与不正义的人相比，总是一个失败者。首先，在私人合同中：只要不正义的人是正义的人的伙伴，你就会发现，当伙伴关系被解除时，不正义的人总是拥有更多，而正义的人则更少。其次，在他们与国家的交往中：当有收入税时，正义的人要为同样的收入支付更多的钱，而不正义的人则要支付更少的钱。当有任何收入时，一个人一无所获，而另一个人则获得很多。还可以观察一下他们担任职务时的情况。正义的人忽视了自己的事务，也许还遭受了其他损失，从公众那里什么也得不到，因为他是正义的。此外，他还因为拒绝以非法的方式为亲朋服务而被他们讨厌，但这一切在不正义的人那里被颠覆了。和以前一样，我说的是大规模的不正义，在这种不正义中，不正义者的好处是最明显的。如果我们转向那种最高形式的不正义，就会最清楚地明白我的意思，在这种不正义中，罪犯是最幸福的人，而受苦者或那些拒绝不正义的人是最悲惨的，也就是说，暴政，它通过欺诈和武力夺走别人的财产，不是一点一点的，而是全盘的。在一个人身上，既包括神圣的东西，也包括世俗的东西，既包括私人的东西，也包括公共的东西。因为这些错误的行为，如果他被发现单独犯下其中的任何一个，他将受到惩罚并招致极大的耻辱——那些在特定情况下做这种错误的人被称为寺庙的强盗、绑架犯、夜盗、骗子和扒手。但是，当一个人除了拿走公民的钱之外，还让他们成为奴隶，那么，他就不会被这些名称所责备，而是被称为快乐和祝福，不仅是公民，而且是所有听说他完成了不正义的人。因为人类谴责不正义，是担心他们会成为不正义的受害者，而不是因为他们不敢犯不正义。因此，正如我所表明的那样，苏格拉底，不正义，如果有足够的规模，就会比正义有更多的力量和自由以及主宰权。而且，正如我一开始所说的，正义是强者的利益，而不正义是人自己的利益。

〔色拉叙马霍斯这样一说，就像洗澡的人一样，把我们的耳朵灌得满满的，说完他就想走了。但大家都不让他走。他们坚持要他留下来捍卫自己的地位。而我也谦卑地请求他不要离开我们。〕

025

苏：色拉叙马霍斯，优秀的人，你的言论是多么有启发性啊！你是怎么想的？在你还没有公平地教导或了解这些话是否属实之前，你就打算逃跑吗？难道在你眼里，决定人的一生道路的事情——究竟做哪种人更为有利？

色：在调查的重要性方面，我和你的看法不同吗？

苏：你似乎并不关心或考虑我们，色拉叙马霍斯——我们因为不知道你说的、你所知道的东西而活得更好或更差，对你来说是无所谓的事。朋友，不要把你的知识留给自己，我们是一个大团体，你给我们的任何好处都会得到充分的回报。就我自己而言，我公开宣布我不相信，我不认为不正义比正义更有好处，即使不受控制，允许自由发挥。因为，尽管可能有一个不正义的人能够通过欺诈或武力来实施不正义，但这并不能使我相信不正义的优势，而且可能还有其他人与我处于同样的困境。也许我们是错的，如果是这样，你应该以你的智慧说服我们，我们在宁要正义不要非正义方面是错误的。

色：如果你们还没有被我刚才所说的说服，我怎么能说服你们呢？我还能为你们做什么？你们想让我把证据直接输入你们的灵魂吗？

苏：但愿如此！我只要求你保持一致。或者，如果你改变，就公开地改变，不要有任何欺瞒。因为我必须指出，色拉叙马霍斯，如果你还记得以前说过的话，虽然你一开始就在最严格的意义上定义了真正的医生，但你在谈到牧羊人时却没有遵守同样的严格性。你认为牧羊人作为一个牧羊人照顾羊群不是为了羊群的利益，而是像一个单纯的食客或宴会者，为了餐桌上的快乐。或者，再者，作为一个在市场上做销售的商人，而不是作为一个牧羊人。然而，牧羊人的技艺肯定只关心他的人民的利益。他只需要为他们提供最好的东西，因为只要满足了所有的要求，技艺的完美性就得到了保证。而这正是我刚才所说的关于统治者的内容。我认为，作为统治者，无论是在国家还是在私人生活中，统治者的技艺只能考虑他的人民的利益。而你似乎认为，国家的统治者，也就是说，真正的统治者，喜欢掌权。

色：想一想！不，我很确定。

苏：那么，为什么在较小的职位上，人们从来都是心甘情愿地不计报酬地接受这些职位，除非是在他们为了自己而不是他人的利益而治理的想法下？让我问你一个问题，难道这几种技艺不因其各自具有独立的功能而有所不同吗？而且，我亲爱的杰出的朋友，请说出你的想法，以便我们能取得一点进展。

色：是的，这就是区别。

苏：每种技艺都给我们带来一种特殊的好处，而不仅仅是一种普遍的好处，例如，医学给我们带来健康，航海能保证海上安全等等？

色：是的。

苏：而支付的技艺具有给予报酬的特殊功能，但我们不会把它与其他技艺混为一谈，就像把领航员的技艺与医学的技艺混为一谈一样，因为领航员的健康状况可能会通过海上航行得到改善。你不会倾向于说，航海是医学的技艺吧，至少如果我们采用你的准确用词的话？

色：当然不是。

苏：或者因为一个人在收到报酬时身体健康，你就不会说报酬的技艺是医学？

色：我不应该。

苏：你也不会说医学是收钱的技艺，因为一个人在从事治疗的时候要收钱？

色：当然不是。

苏：我们已经承认，每一种技艺的好处都特别局限于该技艺？

色：是的。

苏：那么，如果有所有艺术家共同拥有的好处，那就应该归功于他们都共同使用的东西？

色：的确。

苏：而当艺术家因接受报酬而受益时，其好处是通过额外使用报酬的技艺而获得的，而这并不是他所宣称的技艺？

〔色拉叙马霍斯不情愿地同意了这一点。〕

苏：那么报酬就不是由几个艺术家从他们各自的技艺中获得的。但事实是，虽然医学的技艺带来了健康，建筑工人的技艺建造了房子，但另一种技艺却伴随着他们，这就是报酬的技艺。每种技艺各尽本能，并使受照管的对象受益，但除非匠人也得到报酬，否则他能从他的技艺中得到任何好处吗？

色：我想不会。

苏：但是，当他不劳而获时，他是否因此而不被授予任何利益？

色：当然，他赋予了一个好处。

苏：那么现在，色拉叙马霍斯，毫无疑问，技艺和政府都不为自己的利益服务。但是，正如我们之前所说的，他们的统治和服务是为了他们的人民的利益，他们是弱者而不是强者——他们的利益而不是上级的利益。亲爱的色拉叙马霍斯，这就是我刚才所说的没有人愿意执政的原因。因为没有人喜欢在没有报酬的情况下动手改造那些与他无关的罪恶。因为，真正的艺术家在执行他的工作和向他人下达命令时，不考虑自己的利益，而总是考虑他的人民的利益。因此，为了使统治者愿意统治，他们必须得到三种支付方式之一，金钱，或荣誉，或拒绝的惩罚。

格：苏格拉底，你的意思是什么？前两种支付方式是可以理解的，但惩罚是什么，我不明白，也不明白惩罚怎么会是一种支付。

苏：你是说，你不了解这种报酬的性质，而这种报酬对最好的人来说是统治的最大诱因？你当然知道，野心和贪婪被认为是一种耻辱，事实上也是如此。

格：非常正确。

苏：由于这个原因，金钱和荣誉对他们没有吸引力。好人不希望公开要求支付治理费用，从而得到雇佣者的名声，也不希望通过暗中帮助自己从公共收入中得到盗贼的名声。他们没有野心，也不关心荣誉。因此，必须把必要性放在他们身上，必须促使他们因害怕惩罚而服务。我想，这就是为什么提前上任而不是等待被强迫被认为是不光彩的。现在，惩罚的最糟糕的部分是，拒绝统治的人有可能被一个比他自己更坏的人统治。我认为，对这种情况的恐惧促使好人上任，不是因为他们愿意，而是因为他们不能不上任——不是因为他们自己会有任何好处或享受，而是因为他们必须这样做，因为他们不能把统治的任务交给任何比自己好的人，或者确实是一样好的人。因为我们有理由认为，如果一个城市完全由好人组成，那么避免职务就会像现在获得职务一样成为争论的对象，那么我们就会有明显的证据表明，真正的统治者从本质上讲不是为了自己的利益，而是为了他的人民的利益。每一个知道这一点的人都会选择宁愿从别人那里得到好处，也不愿意麻烦地给予好处。因此，我不同意色拉叙马霍斯的观点，即正义是强者的利益。这后一个问题目前不需要进一步讨论。但当色拉叙马霍斯说不正义的人的生活比正义的人的生活更有利时，他的新说法在我看来具有更严重的性质。我们谁说得真切？格劳孔，你喜欢哪种生活呢？

格：就我而言，我认为正义者的生活更有好处。

苏：你有没有听到色拉叙马霍斯所说的不义之人的种种好处？

格：是的，我听到了，但他并没有说服我。

苏：那么，我们是否应该想办法说服他，让他相信他说的不是真的？

格：当然。

苏：如果他做了一套演讲，而我们又做了另一套演讲，叙述了所有正义的好处,他回答,我们再回答,就必须对双方要求的物品进行编号和测量,最后我们将需要法官来裁决。但如果我们像最近那样进行调查,向对方作出承认,我们将把法官和律师的职务统一在我们自己身上。

格:非常好。

苏:那你更喜欢哪种方法呢?

格:你所提议的。

苏:那么,色拉叙马霍斯,请你从头开始,回答我。你说完全的不正义比完全的正义更有好处?

色:是的,我就是这么说的,而且我已经给了你我的理由。

苏:你对它们的看法是什么?你会把它们中的一个称为美德,另一个称为恶习吗?

色:当然。

苏:我想,你会把正义称为美德,把不正义称为恶习?

色:多么迷人的想法啊!这也很有可能,因为我认为不正义是有利的,而正义是无利的。

苏:那你还会说什么呢?

色:相反。

苏:那你会称正义为罪恶吗?

色:不,我宁愿说是天性纯良。

苏:那么你认为不正义就是邪恶吗?

色:不,我宁愿说是谨慎。

苏:不正义的人在你们看来是聪明的、善良的吗?

色:是的,无论如何,他们中那些能够完全不正义的人,以及有能力征服国家和民族的人是这样的。但也许你认为我说的是小偷,即使是这种职业,如果不被发现,也有好处,尽管它们不能与我刚才所说的那些相比。

苏：我不认为我误解了你的意思，色拉叙马霍斯，但我仍然不能不惊讶，听到你把不正义与智慧和美德相提并论，而把正义与之相反。

色：当然，我是这样评价他们的。

苏：现在，你的理由更加充实，几乎无法回答。因为如果你坚持认为有利的不正义被你和其他人一样承认是罪恶和畸形，那么就可以根据公认的原则给你答复。但现在我发现，你会把不正义称为光荣和强大，对于不正义，你会把我们以前归于正义的所有品质都归于它，因为你毫不犹豫地把不正义与智慧和美德放在一起。

色：你已经猜到了最无误的情况。

苏：那么，只要我有理由认为你，色拉叙马霍斯，是在说你的真实想法，我当然就不应该在争论中退缩。因为我相信你现在是认真的，并不是在用我们的代价来消遣自己。

色：我可能是认真的或不认真的，但这对你来说是什么呢？反驳论点是你的事。

苏：非常正确，这是我必须做的。但你能不能再回答一个问题呢——正义的人是否试图在其他正义的人身上获得任何好处？

色：如果他这样做，他就不会是那种简单有趣的生物了。

苏：那么他是否会尝试超越单纯的行动？

色：他不愿意。

苏：而他会如何看待试图在不正义的人身上获得优势的行为，这被他认为是正义还是不正义？

色：他将认为这是正义的，并将试图获得优势，但他将无法做到。

苏：他是否能做到，这不是问题的关键。我的问题只是，正义的人在拒绝拥有比另一个正义的人更多的东西的同时，是否会希望并声称拥有比不正义的人更多的东西？

031

色：是的，他会的。

苏：那么，不正义的人呢——他是否声称比正义的人拥有更多，做得更多？

色：当然，因为他自称比所有的人都多。

苏：不正义的人要努力奋斗，争取获得比其他不正义的人或行动更多的东西，以便他能拥有比所有人更多的东西？

色：确实如此。

苏：我们可以这样说，正义的人不比他的同类多，但比他的不同类多，而不正义的人则比他的同类和不同类都多？

色：没有什么能比这句话更正确。

苏：不正义的人是好的，是有智慧的，而正义的人不是？

色：说得对。

苏：不正义的人像贤人和善人，而正义的人不像他们吗？

色：当然，具有某种性质的人，就像那些具有某种性质的人。不具有某种性质的人，就不像。

苏：他们每个人都像他一样？

色：当然。

苏：很好，色拉叙马霍斯，现在以技艺为例：你会承认一个人是音乐家，另一个人不是音乐家？

色：是的。

苏：哪一个是聪明的，哪一个是愚昧的？

色：显然，音乐家是有智慧的，而不是音乐家的人是愚蠢的。

苏：他在智慧的范围内是好的，在愚蠢的范围内是坏的？

色：是的。

苏：你也会对医生说同样的话吗？

色：是的。

苏：我优秀的朋友，你认为一个音乐家在调整琴弦时，会希望或声称在收紧和放松琴弦方面超过或超越另一个音乐家吗？

色：我不认为他会这样做。

苏：但他会声称超过非音乐家吗？

色：当然了。

苏：那么你对医生会怎么说呢？在规定饮食的时候，他是否希望超越另一位医生或超越医学的实践？

色：他不愿意。

苏：但他希望能超越非医生的范畴？

色：是的。

苏：关于一般的知识和无知。看看你是否认为任何有知识的人都希望有选择地比另一个有知识的人说得多或做得多。难道他不愿意在同样的情况下说或做与他相同的事吗？

色：我想，这一点很难被否认。

苏：那无知的人呢？他难道不希望比有知识的人或无知的人拥有更多吗？

色：我敢说。

苏：而知道的人是有智慧的？

色：是的。

苏：智慧的人也是好的？

色：确实如此。

苏：那么，聪明和善良的人不会渴望获得比他的同类更多的东西，而是比他的非同类和相反的更多的东西？

色：我想是的。

苏：而坏的和无知的人则会渴望获得比两者更多的东西？

色：是的。

033

苏：但我们不是说过吗，色拉叙马霍斯，不正义的人超越了他的同类和非同类，这些不是你说的吗？

色：是的。

苏：你还说，正义的人不会超越他的同类，而会超越他的非同类？

色：是的。

苏：那么，正义的人就像聪明善良的人，而不正义的人就像邪恶无知的人？

色：这就是推论。

苏：他们每一个人都像他一样？

色：这是被承认的。

苏：那么，正义的人已经变成了智慧和善良，不正义的人变成了邪恶和无知。

〔色拉叙马霍斯承认了这些，但很勉强，因为我重复了一遍，还是极不情愿。那是一个炎热的夏天，他汗如雨下。然后我看到了我以前从未见过的场景，色拉叙马霍斯脸红了。由于我们现在一致认为正义是美德和智慧，而不正义是恶习和无知，所以我继续谈另一个问题。〕

苏：好吧，色拉叙马霍斯，这件事现在已经解决了。但我们不是也在说，不正义有力量吗，你还记得吗？

色：是的，我记得，但不要以为我赞成你说的话，或者没有答案。然而如果我回答，你肯定会指责我是在唠叨。因此，要么允许我说出来，要么如果你愿意问，就问吧，我会回答"很好"，就像他们对讲故事的老太太说的那样，并会点头"是"和"不是"。

苏：当然不是，如果与你的真实意见相反。

色：是的，我会的，为了取悦你，因为你不会让我说话。你还会有什么？

苏：什么也没有。如果你有这样的意愿，我就问，你就回答。

色：继续。

苏：那么，我将重复我之前提出的问题，以便我们对正义和非正义的相对性质的研究可以定期进行。有一种说法是，非正义比正义更强大、更有力量，但现在正义在被确定为智慧和美德之后，很容易被证明比非正义更强大，如果非正义是无知的话。这一点已经不能被任何人质疑了，但我想从另一个角度来看待这个问题，色拉叙马霍斯。你不会否认一个国家可能是不正义的，可能不正义地试图奴役其他国家，或者已经奴役了他们，并可能使他们中的许多人受到奴役？

色：诚然，我还要说，最好的和最完美的不正义的国家将最有可能这样做。

苏：我知道，这就是你的立场。但我要进一步考虑的是，这种由上级国家拥有的权力是否可以在没有正义的情况下存在或行使，或者只能在正义的情况下行使。

色：如果你的观点是正确的，正义就是智慧，那么正义是需要的。但如果我是正确的，那么不正义是需要的。

苏：色拉叙马霍斯，我很高兴看到你不光是点头同意或者反对，而且做出了相当出色的回答。

色：那是出于对你的礼貌。

苏：你真好，你能不能也告诉我，你是否认为一个国家、一支军队、一伙盗贼，或者其他任何一伙恶棍，如果他们互相伤害，就可以采取行动？

色：确实没有，他们不可能。

苏：但如果他们放弃互相伤害，那么他们可能会更好地一起行动？

色：是的。

苏：这是因为不正义会造成分裂、仇恨和争斗，而正义会带来和谐和友谊。这难道不是真的吗，色拉叙马霍斯？

色：我同意，因为我不想和你争吵。

苏：你真好。但我也想知道，不正义，有这种引起仇恨的倾向，无论在哪里存在，在奴隶或自由人之间，是否会使他们互相仇恨，使他们产生分歧，使他们不能共同行动？

色：当然。

苏：即使只在两个人身上发现不公，他们也不会争吵打架，彼此为敌，与正义为敌？

色：他们会。

苏：假设不正义存在于一个人身上，你的智慧会说他失去了还是保留了他的天生能力？

色：让我们假设他保留了他的权力。

苏：然而，不正义所行使的权力不是具有这样的性质吗，即无论他在哪里栖身，无论是在城市、军队、家庭，还是在任何其他机构中，该机构一开始就因为煽动和分心而无法团结行动？它不是成为自己的敌人，与所有反对它的人和正义的人发生冲突吗？难道情况不是这样的吗？

色：是的，当然。

苏：当不正义存在于一个人身上时，不也是同样致命的吗？首先是使他无法行动，因为他没有与自己合一，其次是使他成为自己和正义的敌人。这难道不是真的吗，色拉叙马霍斯？

色：是的。

苏：我的朋友啊，诸神肯定是正义的？

色：承认他们是。

苏：但如果是这样，不正义的人将成为众神的敌人，而正义的人将成为他们的朋友？

色：在胜利中大吃大喝，在争论中饱餐一顿。我不会反对你，免得让大家不高兴。

苏：那么，请你继续回答，让我吃完剩下的饭。因为我们已经表明，正义的人显然比不正义的人更聪明、更优秀、更有能力，而不正义的人是不可能共同行动的。更有甚者，像我们所说的那些不正义的人在任何时候都在一起积极行动，严格来说是不正确的，因为如果他们是完全不正义的，他们就会互相动手。但很明显，他们身上一定有一些正义的残余，使他们能够联合起来。如果没有正义，他们就会互相伤害，也会伤害他们的受害者。在他们的行动中，他们只是半个恶棍。因为如果他们是完全的恶棍，完全的不正义，他们就会完全没有行动能力。我相信，这就是事情的真相，而不是你一开始说的那样。但是，正义的人是否比不正义的人有更好、更幸福的生活，这是我们还想考虑的另一个问题。我认为他们有，而且是出于我已经给出的理由。但我仍想进一步研究，因为这事关系重大，不亚于人类生活的规则。

色：请继续吧。

苏：我将继续问一个问题。你会不会说，一匹马有一些目的？

色：我应该会说有。

苏：而马或任何东西的目的或用途是任何其他东西所不能完成的，或不能很好地完成的？

色：我不明白。

苏：让我解释一下。除了用眼睛，你能看到吗？

色：当然不能。

苏：或除了用耳朵，你能听到吗？

色：不能。

苏：那么这些可以说是这些器官的真正目的？

色：他们可能是。

苏：但你可以用匕首或凿子砍断葡萄枝，也可以用许多其他方法？

色：当然了。

苏：但却不如用专门的修枝刀好？

色：确实如此。

苏：我们是不是可以说这是一个修枝刀的目的？

色：可以。

苏：那么现在我想你就不难理解我的意思了，当我问及任何事物的目的是否会是任何其他事物所不能完成的，或不能很好完成的？

色：我明白你的意思了。

苏：那被指定为目的的东西也有其优秀之处？我还需要再问一次，眼睛是否有目的？

色：它有。

苏：眼睛不是很好吗？

色：是的。

苏：耳朵也有目的，也有优点？

色：确实如此。

苏：所有其他事物也是如此，它们各自都有一个目的和一个特殊的优点？

色：是这样的。

苏：那么，如果眼睛本身缺乏应有的优秀，而有缺陷，它们能实现自己的目的吗？

色：如果他们是瞎子，看不见，他们怎么能？

苏：你的意思是说，它们失去了应有的优秀，也就是视力？但我还没有达到这个地步。我宁可更广泛地问这个问题：实现其目的的东西是否因其本身的适当的优秀而实现了它们，而因其本身的缺陷而未能实现它们？

色：当然。

苏：我可以对耳朵说同样的话。当它们被剥夺了自己应有的优点时，它们就不能实现它们的目的？

色：确实如此。

苏：而同样的观察将适用于所有其他事物？

色：我同意。

苏：那么，灵魂不是有一个其他东西都无法实现的目的吗？例如，监督、指挥和审议等。这些功能难道不是灵魂所特有的吗，它们能正确地分配给任何其他东西吗？

色：没有其他。

苏：难道生命不应该被算作灵魂的目的之一吗？

色：是的。

苏：灵魂不也有优秀吗？

色：是的。

苏：当它被剥夺了这一优点时，它能否实现自己的目的呢？

色：它不能。

苏：那么邪恶的灵魂必然是邪恶的统治者和监督者，而善良的灵魂是善良的统治者？

色：是的，必然的。

苏：我们已经承认，正义是灵魂的优秀，而不正义是灵魂的缺陷？

色：这已经被承认了。

苏：那么，正义的灵魂和正义的人将活得很好，不正义的人将活得很差？

色：这就是你的论点所证明的。

苏：活得好的人是有福的，是幸福的，活得不好的人是幸福的反面？

色：当然。

苏：那么，正义的人是幸福的，不正义的人是悲惨的？

色：那就这样吧。

苏：而有利的是幸福，不是痛苦。

色：当然了。

苏：那么，我亲爱的色拉叙马霍斯，不正义永远不会比正义更有利。

色：苏格拉底，让这个成为你在庆典的娱乐。

苏：这要感谢你，现在你对我越来越温和，不再责骂我了。不过，我没有得到很好的招待，但这是我自己的错，不是你的错。就像一个贪婪的人在每一道菜上都抢着品尝，他没有时间享受之前的那道菜，所以我从一个话题到另一个话题，没有发现我最初寻求的东西，即正义的本质。我离开了这个问题，转而考虑正义是美德和智慧还是邪恶和愚蠢。当出现了"不正义比正义更有利"问题时，我不能不继续讨论这个问题。而整个讨论的结果是，我根本不知道。因为我不知道正义是什么，所以我不可能知道它是或不是一种美德，我也不能说正义的人是幸福还是不幸福。

第二卷　个人、国家和教育

〔苏：通过这些话，我以为我们已经结束了讨论。但事实证明，结束只是一个开始。因为格劳孔总是最好斗的人，他对色拉叙马霍斯的退出感到不满。他想把辩论进行到底。〕

格：苏格拉底，你是真的想说服我们，还是仅仅想让我们觉得已经说服了我们，即正义总是比不正义好？

苏：如果可以的话，我真的希望能说服你。

格：那么你肯定没有成功。现在让我问你：你将如何安排各种东西呢？难道没有一些我们为其本身而欢迎的善，并且不考虑其后果，例如，无害的快乐和享受，它们当时让我们高兴，尽管它们没有任何结果？

苏：我同意有这样一种类别。

格：难道不还有第二类善吗，如知识、视力、健康，它们不仅本身令人向往，而且其结果也令人向往？

苏：当然。

格：你难道不承认第三类，如体育锻炼、照顾病人、医生的技艺，还有各种赚钱的方法？这些对我们有好处，但我们认为它们令人不快。没有人会为了它们本身而选择它们，而只是为了从它们那里得到一些回报或结果。

苏：我承认，还有这个第三类。但你为什么要问？

格：因为我想知道，你会把正义放在三个类别中的哪一个？

苏：这是最好的一种，属于那些想获得幸福的人，既喜欢其本身又喜欢其带来的结果。

格：然后，许多人有另一种想法。他们认为正义应该被算作麻烦的一类，属于为了奖励和名誉而追求的货物，但其本身是令人不快的，应该避免的。

苏：我知道这是他们的思维方式，这也是刚才色拉叙马霍斯在谴责正义、赞美不正义时所坚持的论点。但我太笨了，无法被他说服。

格：我希望你能像听他说话一样听我说话，然后我再看看你和我的想法是否一致。因为在我看来，色拉叙马霍斯就像一条蛇一样，还没有等到应当的时候，就被你的声音迷惑了。但在我看来，正义和不正义的本质都还没有弄清楚。撇开它们的回报和结果不谈，我想知道它们本身是什么，以及它们是如何在灵魂深处发挥作用的。那么，如果你愿意，我将重提色拉叙马霍斯的论点。第一，我将根据人们对正义的普遍看法，谈及正义的本质和起源。第二，我将表明，所有实行正义的人都是违背他们的意愿的，是必然的，但不是作为一种善。第三，我将论证这种观点是有道理的，因为不正义的人的生活毕竟比正义的人的生活好得多。如果他们说的是真的，苏格拉底，虽然我不赞成他们的观点，但我仍然承认，当我听到色拉叙马霍斯和无数人的声音在我耳边响起时，我感到很困惑。另外，我还从未听到有人以令人满意的方式坚持正义比非正义更优越。能听到对正义本身的赞美，那么我就会感到满意了，而你是我认为最有可能让我如愿的人。因此，我将尽我所能地赞美不正义的生活，而我说话的方式将表明我希望听到你赞美正义和谴责不正义的方式。你是否赞成我的提议呢？

苏：确实如此。我也想象不出有什么主题是一个有理智的人更愿意谈论的。

格：我很高兴听到你这么说，并将按照我的建议，从正义的本质和起源开始讲起。

他们说，从本质上说，做不义之事是利，受不义之苦是害，遭受不正义所得的害超过于不正义所得的利。因此，当人们既做了不正义的事，又遭受了不正义的苦头，并且有了这两方面的经验后，那些无能为力的人认为他们最好在彼此之间达成协议，既不因不正义受惠，也不因不正义吃亏。因此出现了法律和契约。法律规定的事情被他们称为合法和正义。他们认为这就是正义的起源和本质。它是一种中庸或妥协，介于最好的和最坏的之间，最好的是做了不正义的事而不被惩罚，最坏的是遭受不正义的待遇而没有报复的能力。正义处于两者的中间点，不是作为一种善，而是作为较小的恶被容忍，并因人们不能做不正义的事而受到尊敬。因为一个真正的人，如果他能够反抗，就不会服从这样的协议。如果他这样做，他就会疯掉。苏格拉底，这就是关于正义的本质和起源的公认说法。

现在，如果我们设想一下这样的情况，就会发现那些实行正义的人是不由自主地这样做的，因为他们没有权力去做不正义的事：在赋予正义者和不正义者做他们想做的事的权力之后，让我们观察一下，看看欲望会把他们引向何方。然后我们会发现，在正义者和不正义者的行为中，他们是沿着同一条道路前进的，遵循他们的利益，而所有天性都认为这是他们的利益，他们只是被法律的力量引向正义的道路。我们所设想的自由以最完美的方式给予他们，那种方式据说是吕底亚人克罗伊斯的祖先古阿斯所拥有的魔力。根据传说，古阿斯是一个为吕底亚国王服务的牧羊人。在一场大风暴后，他喂养羊群的地方发生了地震，地上出现了一个缺口。他对这一景象感到惊奇，就下到缺口中，在那里，他看到一匹空心的铜马，身上有门。他弯腰往里看，看到一具尸体，在他看来，身体比人还高，尸体身上除了一个金戒指，什么都没有。他从死者的手指上取下这个戒指，就转头走了。当时，牧羊人按照惯例聚集在一起，以便向国王提交关于羊群的月度报告。他戴着戒指坐在他们中间时，偶然将戒指的戒面转到他的手心，这时，其他人立刻就看不见他了，他们开始谈论他，好像他已经不在了。他对此感到很惊讶，并再次触摸戒指，将戒面向外转动，然后重新出现。他对戒指进行了几次试验，结果总是一样。当他将戒面向内转动时，他就隐身了，当向外转动时，他又出现了。于是，他设法被选为派往宫廷的使者之一。而他一到宫廷就引诱了王后，在她的帮助下密谋反对国王，杀死了国王，并夺取了王位。假设现在有两个这样的魔戒，正义的人戴上其中一个，不正义的人戴上另一个。可以想象，没有人具有这样坚如磐石的天性，还会坚守正义。当他可以安全地从市场上拿走他喜欢的东西，或进入房屋随心所欲地对他人做不轨之事，或从监狱中释放或杀死犯人，并且在各方面都像全能的神时，没有人会忍住不把他的手放在不属于自己的东西上。那么，正义者的行为就会像不正义者的行为一样。他们最后都会到达同一个点。这一点我们确实可以肯定，这是一个伟大的证据，证明一个人是正义的，不是自愿的，也不是因为他认为正义对他个人有任何好处，而是必然的，因为只要有人认为他可以安全地不正义，他就是不正义的。因为所有的人都从心里相信，不正义对个人来说远比正义更有利，而像我一直假设的那样争论的人，会说他们是对的。如果你能想象任何一个人获得了这种隐身的能力，而且从不做错事，也不碰别人的东西，那么旁人就会认为他是一个最可悲的白痴，尽管他们会当面称赞他，并且因为担心自己也会受到不正义的待遇而彼此保持联系。这就够了。

现在，如果我们要对正义和非正义的生活形成一个真正的判断，我们必须把他们隔离开来，没有其他办法。那么如何实现隔离呢？我回答，让不正义的人完全不正义，让正义的人完全正义。他们中的任何一个人都不能被剥夺，都要为他们各自的生活、工作做好准备。首先，让不正义的人像其他杰出的工艺大师一样，像熟练的领航员或医生一样，直观地了解自己的能力，并保持在其限度内，如果他在任何一点上失败，他也能够纠正自己。因此，让不正义的人以正确的方式进行他的不正义的尝试，如果他想在他的不正义中表现得很好，就要隐藏起来（被发现的人不是大师）。因为不正义的最高境界是，在你不正义的时候被视为正义。因此我说，在完全不正义的人身上，我们必须假定他是最完美的不正义。不能有任何推论，但我们必须允许他在做最不正义的行为时，获得最大的正义声誉。如果他迈出了错误的一步，他必须能够恢复自己。如果他的任何行为被曝光，他必须是一个能够有效发言的人，他能够凭借自己的勇气和力量，以及对金钱和朋友的掌控，在需要武力的地方强行事。在他身边，让我们把正义的人放在他的高贵和简单中，正如埃斯库罗斯所说，希望成为真的好而不是看起来好。不能有假象，因为如果他看起来是正义的，他就会得到荣誉和奖励，那么我们就不知道他是为了正义而正义，还是为了荣誉和奖励而正义。因此，让他只穿上正义的衣服，没有其他的遮掩。而且他必须被想象成与前者相反的生活状态。让他成为最好的人，让他被认为是最坏的人。那么他就会受到考验。我们将看到他是否会受到对耻辱及其后果的恐惧的影响。让他这样继续下去，直到死亡的时刻。他是正义的，也似乎是不正义的。当两个人都达到最极端的时候，一个是正义的，另一个是不正义的，让我们来判断他们中的哪一个是更幸福的。

苏：天哪！我亲爱的格劳孔，你多么努力地塑造琢磨出这一对人像呀，它们简直像参加比赛的一对雕塑艺术品一样啦。

格：我是尽力而为。现在我们知道了他们的情况，就不难勾勒出等待他们中任何一个的生活了。我将继续描述这一点。但是，苏格拉底，由于你可能认为这种描述有点太粗俗，我请你假设下面的话不是我说的——让我把它们放到不正义的颂扬者的嘴里。他们会告诉你，被认为不正义的正义者会被鞭打、拷打、捆绑，甚至会被烧掉眼睛。最后，在遭受各种邪恶之后，他将被木棍刺穿。然后他就会明白，他只应该看起来是正义的，而不应该是正义的。埃斯库罗斯的话对不正义的人来说可能比对正义的人来说更真实，因为不正义的人追求的是一种现实。他不是为了表象而生活，他想成为真正的不正义，而不是仅仅看起来如此：

他的心中有一片土壤，深邃而肥沃，

从中长出他谨慎的建议。

首先，他被认为是正义的，因此在城市中拥有统治权。他可以娶他想娶的世家女，也可以把女儿嫁给他中意的家族。他还可以在他喜欢的地方进行交易，而且总是对自己有利，因为他对不正义没有疑虑。在每一场比赛中，无论是公开的还是私下的，他都能胜过他的对手，并以他们为代价获得收益，而且很富有，他可以使他的朋友受益，并打垮他的敌人。此外，他可以献上祭品，并将礼物丰富而华丽地献给神灵，他可以以远胜于正义者的方式来纪念神灵或任何他想纪念的人，因此，他很可能比他们对神灵更亲切。因此，苏格拉底，据说神和人联合起来，会使不正义者的生活比正义者的生活更好。

〔我正想回答格劳孔的话，他的兄弟阿德曼托斯插话了。〕

阿：苏格拉底，当然你不会认为已经没有什么可说的了吧。

苏：为什么？还有什么呢？

阿：最强的一点甚至没有被提及。

苏：那么，俗话说"兄弟同心，其利断金"。如果他在任何方面失败了，你就帮助他。尽管我必须承认，格劳孔已经说得够多了，足以让我陷入尘埃，并从我身上夺走帮助正义的力量。

阿：也是，但让我再补充一点。格劳孔关于正义和不正义的褒贬的论点还有另一面，为了阐明我认为他的意思，同样需要这样做。父母和护卫者总是告诉他们的儿子和被护卫者要正义。但为什么呢？不是为了正义，而是为了品格和声誉。希望拥有正义的人获得一些职务、婚姻和其他的东西，这些东西是格劳孔列举的不正义的人从正义的声誉中获得的好处。然而，这类人比其他的人更喜欢做表面文章。因为他们喜欢投其所好，会告诉你上天会给虔诚的人带来好处。这与高贵的赫西俄德和荷马的证词是一致的，赫西俄德说，诸神使橡树为正义的人开花结实：

顶上结橡子，中间绕蜜蜂，

树下有绵羊，羊群如白云。

以及许多其他类似的祝福都是恩赐他们的。荷马也有一个非常类似的说法，他说到一个人的名声是：

当一个无可指责的国王，在他的虔诚中，

维护正义，黑色的大地每年生产，五谷丰登，

给他小麦和大麦，树上结满了果实，

他的羊繁盛不已，大海把鱼让给他。

穆赛俄斯和他的儿子为正义者提供的祝福更是伟大。诸神把正式的人带到下面的世界，让他们躺在宴会的沙发上，永远地喝醉，戴着花环。他们的想法似乎是，不朽的醉酒是美德的最高回报。有些人将诸神的奖赏进一步扩大。正如诸神所说，忠诚和正义的人的后代将存活到第三代和第四代。这就是他们赞美正义的风格。但关于恶人，还有另一种风格。诸神把他们埋在冥府的泥沼中，让他们用筛子运水。当不正义的人还活着的时候，就得到恶名，并如格劳孔所说的对被称为不正义的正义者施加惩罚。这就是上苍赞美一个人和指责另一个人的方式。

苏格拉底，我再一次请你考虑另一种谈论正义和非正义的方式，这种方式并不局限于诗人，在散文作家中也有。人类的普遍声音总是在宣称，正义和美德是光荣的，但也是痛苦的和辛苦的。而罪恶和不正义的

快乐是容易达到的，只是受到法律和舆论的谴责。他们还说，在大多数情况下，诚实比不诚实更无利可图。他们很愿意称不正义比正义有利，当他们富有或在任何其他方面有影响力时，他们在公开场合和私下里都很尊敬这些有钱有势的坏人，而他们却鄙视和忽视那些弱者和穷人，即使承认他们比其他人好。但最特别的是他们谈论美德和神灵的方式：他们说，神灵把灾难和痛苦分配给许多好人，而把美好和幸福分配给坏人。以乞讨为生的先知们走到有钱人的门前说，他们有神灵赋予的权力，可以通过祭品或符咒为一个人自己或祖先赎罪，并举行欢庆和宴会。他们承诺以很小的代价伤害敌人，无论是正义还是不正义。用魔法和咒语约束天堂，正如他们所说，执行他们的意愿。诗人是他们呼吁的权威，现在他们用赫西俄德的话来抚平罪恶的道路，

名利多作恶，

道路平坦，从你身边开始，

在德行的前面，众神却安排下辛苦。

以及一条乏味的上坡路，然后引用荷马的话作为证据，证明神灵可能会受到人的影响。因为荷马说过：

众神也可使之改变初衷，人们向他们祈祷，

用献祭和款款地求告，以祭品和脂肪的气味，

在人们犯罪悖逆的时候，换取诸神的笑逐颜开。

他们写了一大堆穆塞俄斯和奥菲斯的书，他们是月亮和缪斯的孩子——他们是这么说的。根据这些书，他们举行仪式，不仅说服个人，而且说服整个城市，认为可以通过牺牲和娱乐来赎罪，这些牺牲和娱乐填补了一个空闲的时间，并且同样为活人和死人服务。后者被称为奥秘，它们使我们免受地狱之苦，但如果我们忽视了它们，没有人知道等待我们的是什么。

我亲爱的苏格拉底，当年轻人听到所有这些关于美德和恶习以及神

和人看待他们的方式的说法时，他们的思想会受到什么影响呢？也许年轻人会用品达的话对自己说："我可以靠正义或靠欺骗的歪门邪道登上更高的塔，这塔可以成为我一生的堡垒。"

因为人们所说的是，如果我真的是正义的，而不被认为是正义的，就是自找苦吃，痛苦和损失是无法避免的。但是，如果我不正义，却获得了正义的名声，那么就会有天堂般的生活应许给我。既然如此，正如哲学家们所证明的那样，外表暴虐于真理，是幸福的主宰，那么我必须为外表献身。我将在我周围描绘出一幅幅美德的图画和影子，作为我房子的前庭和外墙。我将在后面跟踪狡猾的狐狸，正如最伟大的圣人阿尔基罗库斯建议的那样。但我听到有人感叹说，掩盖邪恶往往很困难。对此我回答说，没有什么大事是容易的。然而，论证表明，如果我们想获得幸福，这就是我们应该走的路。为了隐蔽，我们会建立秘密的兄弟会和政治俱乐部；还有一些修辞学教授，他们教授说服法庭和集会的技艺。因此，部分通过说服，部分通过武力，我将取得非法的收益而不会受到惩罚。我仍然听到一个声音说，神是不能欺骗的，也不能强迫他们。但是，如果没有神灵，或者，假设他们不关心人类的事情——在这两种情况下，我们为什么要介意隐瞒呢？即使有神，而且他们确实关心我们，我们也只是从传统和诗人的家谱中知道他们。而正是这些人说他们可以被"祭品、恳求、许愿"所影响和改变。那么，让我们保持一致，相信两者或两者都不相信。如果诗人说的是真的，那么为什么我们最好是不正义的，献上不正义的果实？因为如果我们是正义的，虽然我们可能逃脱诸神的惩罚，但我们将失去不正义的收益。如果我们是不正义的，我们保持收益，犯罪后祈祷，祈祷后再犯罪，神灵将被取悦，而我们将不会受到惩罚。有人说：但在下面的世界里，我们或我们的子孙将为我们的不义之举受苦。但是精明会算计的先生会这样说：是的，我的朋友，会有这样的反映，但有神秘和赎罪的神灵，而且这些神灵有很大的力量。这就是强大的城市所宣称的,众神的孩子们,是诗人和先知的代言人,也有类似的见证。

那么,根据什么原则,我们还要选择正义而不是最严重的不正义呢?如果我们只是把后者与对外表的欺骗结合起来,我们就会像最多的和最高的权威人士告诉我们的那样,在生前和死后都与神灵和人相处。苏格拉底,知道了这一切,一个在思想、人格、等级或财富方面有优势的人,怎么可能愿意尊重正义?或者说,当他听到对正义的赞扬时,怎么可能不笑?即使有一些人能够反驳我的话的真实性,并且确信正义是最好的,他仍然不会对不正义的人生气,而是非常愿意原谅他们,因为他也知道,人的正义不是出于他们自己的意愿。除非,可能有一些人,他内心的神性可能激发了对不正义的憎恨,或者他已经获得了对真理的认识,换成别人是不行的。他只指责那些由于胆怯、年老或某些弱点而没有能力做到不正义的人。而这一点可以从以下事实中得到证明:当他获得这种能力时,他立即变得不正义,因为他可以做到。

这一切的原因,苏格拉底,我们在争论开始时就已经指出了,当时我的兄弟和我告诉你,我们是多么惊讶地发现,在所有自称是正义的赞美者中——从我们载入史册的英雄开始,到我们这个时代的人为止,没有人责备过不正义或赞美过正义,除非是为了从他们那里得到荣耀、荣誉和好处。没有人用诗歌或散文充分描述过它们中的任何一种存在于灵魂中的真正的基本性质,而且是任何人类或神的眼睛都看不到的。也没有人表明,在一个人的灵魂中,正义是最大的善,而不正义是最大的恶。如果这是普遍的趋势,如果你从年轻时就试图说服我们这样做,我们就不应该守望相助,防止做错事,而是每个人都会成为自己的守望者,因为如果他做错事,就会害怕自己身上藏着最大的邪恶。我敢说,色拉叙马霍斯和其他人会非常赞同我所重复的语言,以及比这些更强烈的关于正义和非正义的语言,正如我所设想的那样,严重地歪曲了它们的真实性质。我以这种激烈的方式说话，因为我必须坦率地向你承认，因为我想从你那里听到相反的一面。我想请你不仅说明正义比不正义更优越，而且说明它们对拥有它们的人有什么影响，使一个人成为善，一个人成为恶。请你像格劳孔所要求的那样，把名誉排除在外。因为除非你从每个人身上拿走他的真实名誉，再加上虚假的，否则我们会说你不是在赞美正义，而是在赞美它的外表。我们会认为你只是在劝说我们把不正义保持在黑暗中，而且你真的同意色拉叙马霍斯的观点，认为正义是他人的利益和强者的利益，而不正义是人自己的利益和弱者的利益，尽管对弱者有损害。现在你已经承认，正义是最高等级的善，这些东西受追捧不仅因其带来的结果好，更是因为它们本身就好，就像视觉或听觉或知识或健康，或任何其他真实的、自然的而不仅仅是传统的好，我想请你在赞美正义时只考虑一点，我是指正义和不正义在它们的拥有者身上产生的基本善和恶。让别人赞美正义，指责非正义，放大一个人的奖赏和荣誉，滥用另一个人的奖赏和荣誉。这是一种争论的方式，从他们那里，我愿意容忍，但从你这个用一生来考虑这个问题的人那里，除非我从你的嘴里听到相反的话，否则我期待更好的东西。因此，我说，你不仅要向我们证明正义比不正义好，而且要说明它们中的任何一种对拥有它们的人有什么作用，从而使一个人成为善，另一个人成为恶，不管是神还是人看得到的还是看不到的。

〔我一直很欣赏格劳孔和阿德曼托斯的天赋才能，听到这些话后，我非常高兴。〕

苏：不愧为杰出的父亲的儿子。这是格劳孔的崇拜者为歌颂你们在麦加拉战役中表现出色而写的诗篇开头：

"阿里斯顿的儿子，"他唱道，"杰出英雄的神圣后代。"

这句话非常恰当，因为能够像你那样为不正义的优越性进行论证，而又不被自己的论证所说服，这的确是一种神圣的东西。我确实相信你没有被说服——这是我从你的一般性格中推断出来的,因为如果我只从你的演讲中判断,我应该对你不信任。但是现在,我对你的信心越大,我就越难知道该说什么。因为我正处于两难境地。一方面,我觉得自己无法胜任这项工作。而我的无能为力则是因为你不满意我对色拉叙马霍斯的回答,正如我所认为的那样,证明了正义比不正义更优越。然而只要我还有一口气,还能张口说话,我就不能拒绝提供帮助。我担心,当正义被恶语相向时,我在现场却不举手为它辩护,这将是一种不虔诚。因此,我最好给予我力所能及的帮助。

〔格劳孔和其他人千方百计地恳求我不要放弃这个问题,而是要继续调查。他们想弄清真相,首先是关于正义和不正义的本质,其次是关于它们的相对优势。我告诉他们,我的真实想法。〕

苏:这个调查将是严肃的,需要非常好的眼光。既然我们没有什么大智慧,我想我们最好采用一种方法。我可以这样说明,假设一个近视的人被某个人要求从远处读小字。而另一个人想到可能会在另一个地方找到这些小字,这个地方比较大,里面的字也比较大——如果它们是一样的,他可以先读大字,然后再读小字,这将被认为是一种罕见的好运气。

阿:非常正确,但这个例子如何适用于我们的探讨?

苏:我会告诉你,正义,也就是我们探讨的主题,如你所知,有时被说成是个人的美德,有时被说成是国家的美德。

阿:的确。

苏:而国家难道不比个人大吗?

阿:大得多。

苏:那么,在更大的范围内,正义的数量可能会更多,更容易被辨别。因此,我建议我们调查正义和不正义的本质,首先是它们在国家中的表现,其次是在个人中的表现,从大到小,并对它们进行比较。

阿：这是个很好的建议。

苏：如果我们想象国家在创造过程中，我们也将看到国家在创造过程中的正义和不正义。

阿：大约是。

苏：当国家完成后，可能会有一个希望，即我们寻找的对象会更容易被发现。

阿：是的，要容易得多。

苏：但我们是否应该尝试建造一个？因为我倾向于认为，这样做将是一项非常严肃的任务。因此，请仔细想一想。

阿：我已经考虑过了，我急切地希望你能继续下去。

苏：正如我所设想的那样，一个国家产生于人类的需求。没有人是自给自足的，但我们所有人都有许多需求。还能想象出国家的其他起源吗？

阿：不可能有别的。

苏：然后，由于我们有许多需求，需要许多人供应这些需求，一个人为了一个目的而找一个帮手，另一个人为了另一个目的而找一个帮手。当这些伙伴和帮手聚集在一个居住地时，这些居民的整体就可以被称为国家了。

阿：的确。

苏：他们彼此交换，一个人给予，另一个人接受，而且都觉得这种交换将为他们带来好处。

阿：非常正确。

苏：那就让我们从头设想，来建立一个城邦。而真正创建城市的是人们的需求，需求是一切发明创造的动力。

阿：当然。

苏：现在，第一和最大的必需品是食物，它是生命和生存的条件。

053

阿：当然。

苏：第二个是住所，第三个是衣服之类的。

阿：确实如此。

苏：现在让我们看看我们的城市如何满足这一巨大的需求。我们可以假设一个人是农夫，另一个人是建筑工人，还有一个人是织布工——我们是否应该在他们之外再加上一个鞋匠，或者其他一些满足我们身体需求的供应者？

阿：很对。

苏：最小的城邦必须包括四或五个人。

阿：很明显。

苏：他们将如何进行呢？每个人都会把他的劳动成果带到一个共同的库存中吗？比如说，单个的农夫为四个人准备食物，劳动时间和工作量比只为自己提供食物时多四倍。或者他不与别人打交道，不为他们的生产制造麻烦，而是在四分之一的时间里为自己单独提供四分之一的食物，并在剩下的四分之三的时间里从事制造房子、外套或一双鞋，不与别人合作，而是为自己提供所有的需求？

阿：他应该只以生产食物为目标，而不是生产一切。

苏：这可能是更好的办法。当我听到你这样说时，我自己也想到，我们并不都是一样的。我们有不同的天性，适合不同的职业。

阿：非常正确。

苏：那么，当工人有很多职业时，还是只有一种职业时，他的工作会做得更好？

阿：当他只做一种工作的时候。

苏：此外，毫无疑问，一项工作如果不在正确的时间完成就会被破坏。

阿：毋庸置疑。

苏：生意不是等商人闲下来了再慢慢去谈的；相反，商人应该把生意发展当成第一目标，不能随随便便的。

阿：他必须这样做。

苏：如果是这样，我们必须推断，当一个人做一件对他来说很自然的事，并在适当的时候做这件事，而不做其他事时，所有的东西都会生产得更充实、更容易，质量也更好。

阿：无疑是的。

苏：那么就需要四个以上的公民。因为农夫不会自己做犁、锄头，或其他需要使用的农具。建筑工人也不会制造他的工具——他需要的工具更多。同样，织布工和鞋匠也是如此。

阿：确实如此。

苏：那么，木匠、铁匠和许多其他工匠，将成为我们这个已经开始成长的小国的成员？

阿：确实如此。

苏：然而，即使我们再加上放牛人、牧羊人和其他牧民，以便我们的农夫可以有牛来耕作，建筑工人和农夫可以有牲口拉车，以及织布工和鞋匠需要的羊毛和皮革，我们的国家仍然不会很大。

阿：这是事实。但拥有所有这些的国家也不会是一个非常小的国家。

苏：然后，还有城市的情况——找到一个不需要进口货物的地方几乎是不可能的。

阿：本就是不可能的。

苏：那么一定有另一类公民会从另一个城市带来所需的东西？

阿：必须有。

苏：但如果商人空手而去，没有他们所需要的货物，他也会空手而归。

阿：这一点是肯定的。

苏：因此，他们在家里生产的东西不仅要够自己用，而且在数量和质量上都要满足那些为他们提供东西的外邦人需求的东西。

阿：非常正确。

苏：那么就需要更多的农夫和更多的工匠？

阿：是的。

苏：更不用说被称为商人的做进口、出口工作的人士了？

阿：是的。

苏：那么，我们是否需要商人？

阿：需要。

苏：如果要把商品运到海上，也需要熟练的水手，而且还要有相当多的数量？

阿：是的，数量相当多。

苏：那么，在城市内部，他们将如何交换他们的产品呢？你们应该记得，确保这种交换是我们将他们组成社会并建立国家的主要目标之一。

阿：很明显，他们会进行买入和卖出。

苏：然后他们将需要一个市场，和一种用于交换的货币。

阿：当然。

苏：假设一个农夫或一个工匠把一些商品带到市场上，而他来的时候没有人和他交换，难道他要离开他的工作，在市场上闲坐吗？

阿：根本不是。他将发现那里的人看到了需求，承担了推销员的工作。在秩序良好的国家，他们通常是那些身体最虚弱的人，在其他方面没有什么用处。他们的职责是在市场上，给那些想卖东西的人以金钱作为交换，然后从想买东西的人那里收钱。

苏：因此，这种需求在我们国家创造了一个零售商的阶层。"零售商"这个词不就是适用于那些坐在市场上从事买卖的人吗,而那些从一个城市往来于另一个城市的人则被称为行商吗?

阿:是的。

苏:还有一类服务人员,他们在智力上很难与其他人相提并论,但他们仍有足够的体力从事劳动,因此,他们将体力出售,如果我没有搞错的话,他们被称为雇工,雇工是对其劳动价格的称呼。

阿:确实如此。

苏:那么雇工将组成我们的人口?

阿:是的。

苏:现在,阿德曼托斯,我们的城邦是否成熟和完善了?

阿:我想是的。

苏:那么,正义在哪里?不正义在哪里?它们是在城邦的哪个地方产生的?

阿:可能是在这些公民彼此之间的交往中。我无法想象他们在其他地方更有可能被发现。

苏:我敢说,你的建议是对的,我们最好把事情想清楚,不要畏缩不前。

那么,让我们首先考虑一下,既然我们已经这样安排了他们,他们的生活方式将是什么?他们难道不生产玉米、酒、衣服和鞋子,并为自己建造房屋吗?当他们有了房子,他们将在夏天工作,通常是赤膊和赤脚,在冬天则是穿上衣服和鞋子。他们将以大麦粉和小麦粉为食,烘烤和揉捏它们,制作高贵的蛋糕和面包。他们将这些食物放在芦苇席或干净的树叶上,自己则躺在铺着紫杉或桃金娘叶子的床上。他们和他们的孩子们将大吃大喝,喝着他们自己酿的酒,头上戴着花环,赞美神灵,彼此愉快地交谈着。一家数口儿女不多免受贫穷和战争。

格劳孔插话说:但是,你没有让他们吃得津津有味。

苏：是的，我忘了。当然，他们必须有调味品——盐、橄榄和奶酪，他们要煮乡下人准备的野菜和药草。作为甜点，我们要给他们无花果、豌豆和豆荚。他们要在火上烤桃金娘浆果和橡子，适量地饮酒。有了这样的饮食，他们可望安然健康地活到老年，并给他们的孩子留下类似的生活。

格：是的，苏格拉底，如果你要为一座猪城提供食物，你还打算怎样喂养它们呢？

苏：但你要怎么办，格劳孔？

格：你应该给他们提供日常生活的便利。要舒适的人都习惯于躺在沙发上，在桌子上吃饭，他们应该有时下的调味酱和甜品。

苏：好啦，现在我明白了。你要我考虑的问题，不仅是如何建立一个城邦的成长，而且是如何建立一个繁华的城邦。这可能没有什么坏处，因为在这样一个国家里，我们将更有可能看到正义和不正义是如何产生的。在我看来，真正的、健康的国家是我所描述的那种。但是，如果你也希望看到一个发烧的国家，我也不反对。因为我猜想，许多人不会对简单的生活方式感到满意。他们会要求增加沙发、桌子和其他家具。还有美食、香水、熏香、歌伎和蛋糕，所有这些都不是只有一种，而是各种各样的。我们必须超越我最初所说的必需品，如房屋、衣服和鞋子，画家和刺绣工人的技艺必须加以动员，黄金和象牙以及各种材料都必须采购到。

格：不错。

苏：那么我们必须扩大我们的边界。因为原来的健康国家已经不够用了。

现在，城市将不得不补充众多的职业，而这些职业并不是任何自然需求所要求的。例如大群猎人和演员的部落，其中有一大类人需要处理形式和颜色。另一个是音乐的选民和他们随行的诗人、演奏家、舞蹈家、管理人员。还有各种物品的制造商，包括制作妇女衣服的人。我们将需要更多的服务人员，也需要牧师、奶妈、护士、丫鬟和理发师，以及糖果师傅和厨师。还有猪倌，他们在我们以前版本的国家中不需要，因此没有地位，但现在却需要，他们不能被遗忘。而且还会有许多其他种类的动物作为食品。

格：当然。

苏：以这种方式生活，我们对医生的需求将比以前大得多？

格：要大得多。

苏：而原本足以养活原始居民的土地，现在会不会太小，不够用？

格：不错。

苏：那么，我们将需要邻居的一片土地作为牧场和耕地，而他们也将需要我们的一片土地，如果他们像我们一样，超出了需要的限度，沉溺于无限的财富积累？

格：苏格拉底，这将是不可避免的。

苏：所以我们要开战了，格劳孔。我们不应该吗？

格：应该。

苏：那么，在尚未确定战争造成好的或坏的结果的情况下，我们可以这样肯定，现在我们已经发现战争爆发的原因，这些原因也是国家中几乎所有罪恶的原因，无论是私人还是公共的。

格：无疑是的。

苏：我们的国家必须再次扩大。这一次扩张，将包罗不少于一支完整的军队，为了我们所拥有的一切，以及我们上面所描述的事物和人，他们将不得不与侵略者战斗。

格：难道他们没有能力保护自己吗？

苏：不，如果我们的原则是正确的，而这一原则是我们所有人在制定国家框架时都承认的。你应当记得，这一原则是，一个人不能成功地从事多种技艺。

格：不错。

苏：但战争难道不是一种技艺吗？

格：当然是。

苏：而一门技艺需要像制鞋一样专注？

格：相当正确。

苏：我们不允许鞋匠成为农夫、织布工或建筑工，以便我们的鞋可以做得很好。但他和其他工人都被分配了一项他天生适合的工作，而且他要终身从事这项工作，而不是其他工作。他不能让机会溜走，然后他就会成为一个好工人。现在，没有什么比士兵的工作应该做得更好更重要的了。但是，战争是一门如此容易掌握的技艺，以至于一个人可以成为一个战士，同时也是一个农夫，或鞋匠，或其他工匠吗？尽管世界上没有人可以成为一个精于下棋或掷骰子的人，只是把游戏作为一种娱乐，而不是从他儿时就致力于这个而不是其他？任何工具都不能使一个人成为熟练的工人，或护卫者，对没有学会如何处理它们的人也没有任何用处，而且从未对它们给予过任何关注。那么，拿起盾牌或其他战争工具的人，无论是在全副武装或其他类型的军队中，如何在一天之内成为一名优秀的战士？

格：是的，能教人怎样使用它的工具将是无价之宝。

苏：护卫者的职责越重，他就越需要时间、技巧、技艺和应用？

格：毫无疑问。

苏：他不也需要天资才能胜任他的职业吗？

格：当然。

苏：那么我们的责任是，如果可以的话，选择适合于执行守卫城市任务的资质？

格：是的。

苏：选拔也不是件容易的事。但我们必须勇敢，尽我们最大的努力。

格：我们必须这样。

苏：高贵的青年在守卫和监视方面不是很像一只品种优良的狗吗？

格：你是什么意思？

苏：我的意思是说，他们两个都应该迅速地发现敌人，并在看到敌人时迅速地追赶他。如果他们抓住了他，必须和他搏斗，那么他们也应该很强壮。

格：所有这些品质都是他们所需要的。

苏：那么，你的护卫要想打好仗，就必须要有勇气？

格：当然。

苏：而没有精神的人，无论是马、狗还是其他动物，有可能是勇敢的吗？你难道没有注意到精神是多么不可战胜和不可征服，它的存在使任何生物的灵魂绝对无畏和不屈不挠？

格：我注意到过。

苏：那么现在我们对护卫者所需的身体素质有了明确的概念。

格：确实如此。

苏：还有精神方面的气质，他要意气风发？

格：是的。

苏：但是，拥有这些有活力的天性不是很容易发生冲突吗？并且对其他人也是如此吗？

格：这绝不是一个容易克服的困难。

苏：他们对敌人应该是危险的，对朋友应该是温和的。如果不是这样，他们就会不等敌人来消灭他们，自己就消灭自己了。

格：的确。

苏：那么该怎么做呢？我们怎样才能找到一个既有温柔的天性，又有强大活力的人呢，这两者是矛盾的呀。

格：确实如此。

苏：缺少这两种品质中任何一种的人都不会成为一个好的护卫者。然而这两种品质的结合似乎是不可能的。因此我们必须推断，成为一个好的护卫者是不可能的。

格：我担心你说的是真的。

〔在这里，我感到困惑，开始思考之前的事情。〕

苏：我的朋友，难怪我们会感到困惑。因为我们已经忘记了我们刚才打的比方。

格：你是什么意思？

苏：我的意思是说，确实存在着具有这些相反品质的本性。

格：那你在哪里找到它们呢？

苏：许多动物都提供了这样的例子。我们那位狗朋友就是一个很好的例子。你知道，养尊处优的狗对它们的家人和熟人都非常温和，而对陌生人则相反。

格：是的，我知道。

苏：那么，我们找到一个具有类似品质组合的护卫者，就没有什么不可能或不符合自然规律的地方了？

格：当然。

苏：适合做护卫的人，除了有灵性之外，难道不需要有哲学家的品质吗？

格：我不明白你的意思。

苏：我所说的特质在狗身上也可以看到，而且在动物身上很显著。

格：什么特质？

苏：一只狗，只要看到陌生人，就会怒吠。如果是熟人，就会欢迎他。尽管前面的人从未对它造成任何伤害，后一个人也不曾给它任何好处。你难道不觉得这很奇怪吗？

格：我以前从来没有想过这个问题，但我完全承认你所说的是事实。

苏：当然，狗的这种本能是非常迷人的，是一种对智慧有真正爱好的表现。

格：为什么？

苏：因为它只通过认识和不认识来区分朋友和敌人。难道动物不可以爱学习吗，通过知和不知来决定它喜欢什么和不喜欢什么？

格：当然不能。

苏：爱知识不就是爱智慧吗？

格：是一样的。

苏：我们是不是也可以对人有信心地说，对朋友和熟人温和的人，本质上一定是热爱智慧和知识的人？

格：这一点我们可以肯定。

苏：那么，要成为一个国家真正优秀和高尚的守护者，是否需要将哲学和精神以及敏捷和力量结合在自己身上？

格：无疑是的。

苏：那么，我们已经找到了所需的天性。既然我们已经找到了，那么如何培养和教育他们呢？这难道不是对我们最终目的——正义和不正义如何在国家中成长的更大的探究有所启发吗？因为我们既不想遗漏重点，也不想把论证拉得太长。

阿：这种询问对我们有很大的帮助。

苏：然后，我亲爱的朋友，这个任务决不能放弃，即使有些漫长。

阿：当然不能放弃。

苏：那就来吧，让我们在讲故事中度过一段闲暇的时间，我们的故事将是我们的英雄的教育。

阿：通过各种方式。

苏：他们的教育应该是什么呢？我们能找到比传统教育更好的吗？这有两个部分，体操锻炼身体，音乐陶冶灵魂。

阿：确实如此。

苏：我们是否应该从音乐开始教育，然后再去做体操？

阿：当然。

苏：而当你谈到音乐时，是否也包括文学？

阿：是的。

苏：而文学作品可能是真实的，也可能是虚假的？

阿：是的。

苏：年轻人应该接受这两种训练，而我们从虚假的开始？

阿：我不明白你的意思。

苏：你知道，我们一开始就给孩子们讲故事，这些故事虽然不是完全没有道理，但主要是虚构的。这些故事是在他们还没有到学习体操的年龄时讲给他们的。

阿：一点也不错。

苏：这就是我的意思，我说我们必须先教音乐再教体操。

阿：非常正确。

苏：你也知道，开始是任何工作最重要的部分，特别是对于年轻和稚嫩的人。因为那是性格形成的时候，也是更容易取得预期印象的时候。

阿：相当正确。

苏：难道我们就这样漫不经心地让孩子们听随便什么人编造的故事，他们的头脑接受大部分与我们希望他们长大后拥有的想法截然相反的想法？

阿：我们不能那样做。

苏：那么第一件事就是建立对虚构故事作者的审查制度，让审查员接受任何好的虚构故事，拒绝坏的故事。我们希望母亲和奶妈只告诉她们的孩子经过许可的故事，让她们用这样的故事来塑造孩子心灵，甚至比她们用手来塑造身体还要亲切。但现在使用的大多数故事必须被抛弃。

阿：你说的是什么故事？

苏：你可以在大者中找到小者的模型，因为它们必然是同一类型的，而且两者都有相同的精神。

阿：很有可能，但我还不知道你所说的大是什么。

苏：那些由荷马和赫西俄德以及其他诗人叙述的故事，他们一直是人类伟大的故事讲述者。

阿：你指的是哪些故事？你觉得它们有什么问题？

苏：一个最严重的错误——撒谎，而且是一个不好的谎言。

阿：但这种过错是什么时候犯下的呢？

苏：每当对诸神和英雄的性质作出错误的表述时，就像画家画的肖像与原作没有一点相似之处一样。

阿：是的，这种事情当然是可以责备的。但你指的是什么故事呢？

苏：首先，最荒唐莫过于把最伟大的神描写得丑恶不堪，我是说赫西俄德说乌拉诺斯做了什么，以及克洛诺斯如何报复他。克洛诺斯的所作所为，以及他的儿子反过来给他带来的痛苦，即使是真的，也不应该轻易告诉年轻的、没有思想的人。如果可能的话，最好把它们默默地埋在心里。但是，如果绝对有必要提到它们，那么少数被选中的人可以在一个神秘的地方听到它们，他们应该献上的不是普通的伊洛西斯城的猪，而是一些巨大的、难以得到的祭品。然后，听众的数量将非常少。

阿：可不是吗，这些故事的确非常令人反感。

苏：是的，阿德曼托斯，这些故事在我们国家是不应该被重复的。

年轻人不应该被告知,在犯下最严重的罪行时,他从没有做任何过分的事情。即使他在做错事时,以任何方式责备他的父亲,他也只是在效仿众神中最伟大的头号天神而已。

阿:我完全同意你的观点,在我看来,这些故事很不适合复述。

苏:如果我们想让我们未来的护卫者把他们之间争吵的习惯看作是所有事情中最卑劣的,也不应该对他们说起天上的战争,以及诸神之间的阴谋和争斗,因为这些都不是真的。不,我们决不提及巨人的战斗,也不让它们被绣在衣服上。我们将对诸神和英雄与他们的朋友和亲戚的无数争吵保持沉默。如果他们愿意相信我们,我们就会告诉他们,争吵是不神圣的,到现在为止,公民之间从来没有发生过任何争吵。这是老人首先应该告诉孩子们的,当他们长大后也这样说。也应该告诉诗人,让他们以类似的精神作诗。但是,赫菲斯托斯捆绑他母亲的叙述,或者在另一个场合,宙斯如何将他打飞,因为他在母亲被打的时候参与其中,以及荷马描述的神灵之战——这些故事决不能被允许进入我们国家,无论它们是否被认为有寓意。因为年轻人无法判断什么是寓意,什么是字面意思。他们在这个年龄段接受到的任何东西总是根深蒂固不容易更改的。因此,最重要的是,年轻人最初听到的故事应该是良性的典范。

阿:你说得很对。但如果有人问在哪里可以找到这样的标准故事呢,你说的是什么故事,我们该如何回答他?

苏:你和我,阿德曼托斯,此刻不是诗人,而是一个国家的缔造者。现在,一个国家的缔造者应该知道诗人应该用什么样的一般形式来创作他们的故事,以及他们必须遵守的限制,但创作故事不是他们的事。

阿:非常正确,但你所说的这些神学形式是什么?

苏:上帝总是要按他的真实面目来表现的,不管是什么样的诗歌,史诗，抒情诗，或悲剧诗，都应当恰如其分。

阿：对。

苏：神难道不是真正的好人吗？他难道不应该被代表成这样吗？

阿：当然。

苏：没有什么善的东西是伤人的？

阿：我想是的。

苏：那无害的就不会伤人了？

阿：当然不会。

苏：那不会伤人的就不会作恶？

阿：不会。

苏：那么，不会作恶的东西能成为恶的原因吗？

阿：能的。

苏：而善的是有利的？

阿：是的。

苏：因此也是幸福的成因了？

阿：是的。

苏：因此，善不是所有事物的成因，而只是善的成因？

阿：确定无疑。

苏：那么上帝，如果他是善的，就不像许多人断言的那样，是所有事物的创造者，但他只是少数事物的成因，而不是发生在人身上的大多数事物的成因。因为人类生活中的好事很少，而坏事很多，好处只能归功于上帝。坏处的原因应在其他地方寻找，而不是在他身上。

阿：在我看来这是最正确的。

苏：那么我们就不能听荷马或任何其他诗人的意见，他们犯了愚蠢的错误，说两个铜壶

　　放在宙斯的门槛上，充满了命运，

一个是善良的，另一个是邪恶的，
而宙斯给予人们的是两者的混合体，
时有厄运，时有善缘。
唯有那只被赐予了厄运的人，
疯狂的饥饿驱使他走过美丽的大地。
再就是，
宙斯，我们善与恶的主宰。

如果有人断言，违反誓言和条约的行为，实际上是潘达洛斯所为，是雅典娜和宙斯促成的，或者诸神的争斗和争吵是泰米斯和宙斯唆使的，他将不会得到我们的认可。我们也不会允许我们的年轻人听到埃斯库罗斯的话：

上帝想要毁灭巨室，便在人间种下罪孽。

如果一个诗人写了尼俄伯的苦难——也就是这些抑扬顿挫的悲剧的主题，或者写了佩洛匹达的家族，或者写了特洛伊战争，或者写了任何类似的主题，我们都不能允许他说这些是神的旨意。如果这些是神的旨意，他必须对它们做出一些我们所寻求的解释。他必须说，上帝做了正义和正确的事情，他们受到惩罚后会更好，但那些被惩罚的人是悲惨的，而上帝是他们悲惨的始作俑者，诗人是不被允许说这些的。诗人可以这样说，恶人是悲惨的，因为他们需要被惩罚，并因接受上帝的惩罚而受益。上帝虽然是好的，却是任何恶的始作俑者，这一点是要坚决否认的。在任何秩序良好的社会中，无论老少，更不论诗词韵文还是散文随笔，都不能让人听到这种故事。因为这样讲是自杀性的、毁坏性的、不敬的。

阿：我同意你的意见，并准备赞成这条律法。

苏：那么，让这一点成为我们关于神灵的规章和原则之一，我们的诗人和演说家将被期望遵守这些规则和原则，即上帝不是万物的创造者，而只是善的创造者。

阿：这就可以了。

苏：你对第二个原则有什么看法呢？我要问你，上帝是否是一个魔术师，他的天性使他时而阴险地以一种形象出现，时而又以另一种形象出现——有时他自己会改变并变成多种形式，有时用这种转变的假象来欺骗我们，或者他是不变的，固定在他自己适合的形象中？

阿：在没有深入思考之前，我不能回答你这个问题。

苏：好吧，但如果我们假设任何事物发生了变化，这种变化必须由事物本身或由其他事物来实现？

阿：当然了。

苏：处于最佳状态的事物也最不容易被改变或破坏。例如，在最健康和最强壮的时候，人体最不容易受到肉类和饮料的影响，而处于最旺盛状态的植物也最不容易受到风吹日晒或任何类似情况的影响。

阿：当然了。

苏：而最勇敢和最聪明的灵魂难道不会被任何外部影响所迷惑或扰乱吗？

阿：确实不会。

苏：我想，同样的原则也适用于所有的组合物——家具、房屋、服装，如果制作精良，它们最不容易被时间和环境改变。

阿：非常正确。

苏：那么，凡是好的东西，不管是由技艺或自然界制造的，或两者都是，都最不容易遭受来自外部的改变？

阿：确实如此。

苏：上帝和上帝的事物肯定在各方面都是完美的？

阿：当然是的。

苏：那么他就很难被外部的影响所蛊惑，变成许多形状？

阿：不能。

苏：但他不可以改变自己吗？

阿：很明显，如果他有任何改变，情况一定是这样。

苏：那么，他是为了更好地、更美丽地改变自己，还是为了更坏地、更难看地改变自己呢？

阿：如果他有什么变化，也只能是变坏，因为我们不能认为他在美德或美貌方面有什么不足之处。

苏：非常正确，阿德曼托斯。但是，无论是上帝还是哪一个人，会希望使自己变得更糟糕吗？

阿：不可能的。

苏：那么，上帝就不可能愿意改变。正如人们所想的那样，作为可以想象的最美和最好的东西，众神都绝对地、永远地保持着他们自己的形态。

阿：根据我的判断，结果必然如此。

苏：然后，我亲爱的朋友，不要让任何一个诗人告诉我们说：

众神披上异乡陌生人的伪装，

以各种形式在城市里到处行走。

不要让任何人诽谤普罗图斯和塞蒂斯，也不要在悲剧或任何其他类型的诗歌中，让赫拉伪装成女祭司祈求施舍：

为阿尔戈斯的伊纳库斯们赋予生命的儿女们。

让我们不再有这样的谎言。我们也不能让母亲在诗人的影响下，用这些糟糕的神话来吓唬她们的孩子——告诉他们，某些神如何"在夜间以诸多陌生人的样子和不同的形象游荡"。让她们注意，以免让她们的孩子成为懦夫，同时又对神明说了亵渎的话。

阿：决不允许这样做。

苏：尽管诸神本身是不可改变的，但他们仍然通过巫术和幻象使我们认为他们以各种形式出现?

阿:也许。

苏:好吧,但你能想象上帝会愿意撒谎,无论是在言语上还是在行动上,或是展现自己的幻象吗?

阿:我说不上来。

苏:你难道不知道,真正的谎言,如果可以这样表达的话,是人神共憎的吗?

阿:你是什么意思?

苏:我的意思是,没有人愿意在自己最真实和最高贵的方面,或者在最真实和最高贵的事情上被欺骗。在那里,最重要的是,他最害怕谎言占有他。

阿:但是,我还是不懂你在说什么。

苏:这是因为你把我的话归结为一些深刻的含义。但我只是说,欺骗,或被欺骗,对真相一无所知,在自己心灵上一直保留着假象,是人类最不喜欢的。我相信,那是他们最厌恶的事了。

阿:对他们来说,没有什么比这更可恨的了。

苏:正如我刚才所说的,被欺骗者灵魂中的这种无知可以被称为真正的谎言。因为语言中的谎言只是一种模仿和灵魂中以前感情的朦胧形象,而不是纯粹的、不掺假的谎言。我说的不对吗?

阿:完全正确。

苏:真正的谎言不仅被众神憎恨,而且也被人憎恨。

阿:是的。

苏:而语言上的谎言在某些情况下是有用的。在对付敌人时——这就是一个例子,或者,当那些被我们称为朋友的人在疯狂或幻想中要做一些伤害时,那么流言作为一种药物是有用的,是一种药物或预防措施。在我们刚才谈到的神话故事中也是如此——因为我们不知道古代的真相，我们尽可能地把假话说得像真的一样，这样就可以达到训导的目的。

阿：非常正确。

苏：但这些理由中的任何一条都能适用于上帝吗？我们能假设他不了解古代的情况，因此求助于捏造吗？

阿：这将是荒谬的。

苏：那么说谎的诗人在我们的神的观念中就没有地位了？

阿：当然没有。

苏：或者，他可能因为害怕敌人而说谎话？

阿：这是难以想象的。

苏：他可能因朋友是无知的或疯狂的而说谎吗？

阿：任何疯狂或无知的人都不能成为上帝的朋友。

苏：那么就没有上帝说谎的动机？

阿：没有。

苏：那英雄和神性是绝对不可能有假的？

阿：是的。

苏：那么，上帝在言语和行为上都是完全简单和真实的。他不改变，也不欺骗，无论是通过标志或言语，还是通过梦或清醒的视野。

阿：听你这么说完，我也这样认为。

苏：你同意我的观点，这是第二种类型或形象，我们应该用它来写和讲神性的东西。众神不是改造自己的魔术师，他们也没有以任何方式欺骗人类。

阿：我同意这一点。

苏：那么，尽管我们是荷马的崇拜者，但我们并不欣赏宙斯托梦给阿伽门农的谎言。我们也不会赞美埃斯库罗斯的诗句，其中忒提斯说阿波罗在她的婚礼上曾唱过如下的歌：

歌颂她美丽后代,长寿无疾。
他说我命运天赐,一切顺遂,
提高胜利的宣告,灵魂振奋。
愚以为太阳神神圣,预言不会落空。
就是这个神灵,如今说出这样的话,
他在宴会上承认,是他杀了我的儿子。

这些诽谤诸神的话会引起我们的愤怒。说这些话的人将被拒绝登台演出,我们也不允许教师在教育年轻人时使用这些话,我们的意思是,我们的护卫者,只要是人,都应该是真正的神灵崇拜者,并且喜欢他们。

阿:我完全同意这些原则,并承诺将其作为法律。

第三卷 宗教与文化

苏：这就是我们的神学原则。有些故事要从小就讲给他们听，有些故事不能讲给我们的护卫者听，如果我们想让他们尊敬神灵和父母，并重视彼此的友谊的话。

阿：是的。而且我认为我们的原则是正确的。

苏：但是，如果他们要成为勇敢的人，除了这些，他们难道不应该学习其他的课程，而且是能够消除对死亡的恐惧的课程？畏惧死亡的人，能有勇气吗？

阿：当然不能。

苏：如果他相信下面的世界是真实而可怕的，他能否无惧死亡，或者说他是否会选择在战斗中死亡而不是失败和被奴役？

阿：不可能的。

苏：那么，我们必须对这一类故事的叙述者以及其他故事的叙述者进行控制，求他们不要简单地谩骂，而是要赞扬下面的世界，向他们暗示他们的描述是不真实的，会对我们未来的战士造成伤害。

阿：这将是我们的职责。

苏：然后，我们将不得不抹去许多令人厌恶的段落，从诗句开始：

我宁做贫穷无业之人的农奴，

也不愿统治生命俱灭的鬼魂。

我们还必须删去这节经文,它告诉我们冥王是多么恐惧:

以免诸神所厌恶的阴暗和肮脏的冥府,被人神暴露。

再如:

苍天啊!在冥府中确实有灵魂幽影,但全无知识!

又是提瑞西阿斯的:

〔即使在他死后,珀尔塞福涅也对他念念不忘。〕

只有他尚存智慧。但其他灵魂都是飘忽不定的幽影。

还有:

灵魂飞离四肢,前往冥府,

哀叹他的命运,只留下男子气概和青春。

再有:

灵魂带着尖锐的哭声,像烟一样在地底下掠过。

以及:

就像神秘洞穴中的蝙蝠,每当其中一只离开行列,

脱离岩石顶部掉下,它们就会尖叫着飞起,

相互紧紧地抱在一起,移动时也会发出尖叫。

如果我们删除这些段落和类似的段落,我们必须请求荷马和其他诗人不要生气,不是因为它们没有诗意,或者对大众的耳朵没有吸引力,而是因为它们的诗意魅力越大,就越不适合男孩和男人,他们本应是自由的,他们应该害怕奴役胜过死亡。

阿:无疑是的。

苏:此外,我们还必须拒绝所有描述地下世界的可怕和骇人听闻的名词——悲惨的科库托斯河,可憎的斯土克斯河,地下的鬼魂,毫无精力的幽灵,以及任何类似的字眼,只要提到这些词语,就会使听到的人的灵魂颤抖。我并不是说这些可怕的故事没有某种用途,但有一种危

险，即我们的护卫者可能会因为这些故事而变得过于胆怯和懦弱。

阿：确实存在着一种危险。

苏：那么我们就不能再有这些词语了。

阿：确实如此。

苏：另一种更高尚的曲调必须由我们来创作和演唱。

阿：很明显。

苏：我们是否应该着手摆脱名人的哭泣和哀号？

阿：他们将和其他的一起取消。

苏：但我们摆脱他们的做法是正确的吗？想一下，我们的原则是，好人不会认为死亡对任何其他好人朋友是可怕的。

阿：是的。这就是我们的原则。

苏：因此，他不会为他死去的朋友感到悲伤，就像他遭受了什么可怕的事情一样？

阿：他不会的。

苏：我们进一步认为，这样的人对自己和自己的幸福来说是足够的，因此最不需要别人的帮助。

阿：的确。

苏：因此，失去儿子或兄弟，或被剥夺财富，对他来说是最不可怕的。

阿：肯定是的。

苏：因此，他将最不可能哀叹，并将以最大的平和心态承受可能降临在他身上的任何不幸。

阿：是的，他对这种不幸的感受将远远低于另一个人。

苏：那么，我们摆脱名流的悲鸣，把他们归为女人（甚至不是对什么都有好处的女人），或归为更卑微的人，使那些被我们教育成国家保卫者的人不屑于做同样的事，这才是正确的。

阿：这将是非常正确的。

苏：那么我们将再次恳请荷马和其他诗人不要描绘阿喀琉斯，他是女神的儿子，一会儿侧卧，一会儿仰卧，一会儿面朝天。然后起身，沿着荒芜的海岸狂奔。现在用双手抓起黑灰，撒在头上，或者用荷马所描绘的各种方式哭泣和哀号。他也不应该把诸神的亲属普里阿姆描述为祈祷和恳求：

在泥土中打滚，大声地叫着每个人的名字。

我们更恳切地请求他，无论如何不要让诸神悲叹：

唉！我的苦难！唉！

我把最勇敢的人带到了我的悲哀中。

但如果他必须介绍诸神，无论如何让他不敢完全歪曲最伟大的诸神，以至于让他说：

苍天啊！

我亲眼看到，一个亲爱的朋友

被追赶得绕城而跑，我的心苦痛万分。

再便是：

何其不幸，我注定要让我最爱萨耳珀冬

被墨诺提俄斯的儿子帕特洛克罗斯制伏。

因为，我亲爱的阿德曼托斯，如果我们的年轻人认真听了这种不值得信仰的诸神表现，而不是嘲笑他们，他们中几乎没有人会认为他自己——只是一个凡人，会因为类似的行为而感到羞耻。他也不会斥责任何可能在他心中出现的说和做类似事情的倾向。他非但不会感到羞耻，自我克制，反而总是为了一些琐碎的理由发牢骚和哀叹。

阿：是的，这是最真实的。

苏：是的，但这肯定是不应该的，正如刚才的论证向我们证明的那样。我们必须遵守这一证明，直到它被更好的证明所推翻。

阿：那是不应该的。

苏：我们的护卫者也不应该老是喜欢笑声。因为过度放纵的笑声几乎总是产生激烈的反应。

阿：我也相信。

苏：那么，尊贵的人，即使只是凡人，也不能被描述为情难自禁，更不要说众神了。

阿：正如你所说的那样。

苏：那么，我们就不会容忍对诸神使用这样的表达方式，就像荷马描述的那样，他说：

当赫菲斯托斯在宫殿里忙碌时，

受祝福的众神发出了难以抑制的笑声。

按照你的观点，我们是不许可这类话语的。

阿：如果你想把它们归咎于我，就算是我的观点吧。这样的话绝不被许可，这是可以确定的。

苏：同样，真理应该受到高度重视。如果像我们所说的那样，谎言对神灵无用，但对于凡人作为一种药物，那么这种药的使用应该只限于医生。个人是与它们没有关系的。

阿：显然如此。

苏：那么，如果任何人都有说谎的特权，那么国家的统治者应该是这样的人。他们在与敌人或与自己的公民打交道时，可以被允许为了公共利益而说谎。但其他任何人都不应该插手这类事情。虽然统治者有这种特权，但如果一个人反过来对他们撒谎，就会被认为是一种更令人发指的过错，这比病人或运动员不向医生或教练说出自己身体的真实情况，或者一个水手不告诉船长关于船和其他船员的情况要好。

阿：一点也不错。

苏：那么，如果统治者抓到了自己国家的任何人撒谎，不管是预言者、医生还是木匠。

他将惩罚他引入一种同样颠覆和破坏船只或国家的做法。

阿：要使我们的国家理念能够得到贯彻，必须要这样。

苏：其次，我们的青年必须克制？

阿：当然。

苏：一般说来，克制的主要内容不就是服从指挥者和在感官享受方面的自我控制吗？

阿：确实如此。

苏：那么，我们将认可荷马史诗中狄俄墨得斯的这种语言：

朋友，坐着别动，听从我的话。

以及后面的经文：

阿凯亚人行军时气势汹汹，

……对他们的领袖默默敬畏，

还有其他同样的一番话。

阿：我们会的。

苏：这句话是什么意思？

哦，醉酒的人，有着狗的眼睛和老鼠的胆量，

以及后面的话语，人们在言谈或诗歌中所说的对统治者的无礼言词，是好是坏呢？

阿：不好。

苏：它们很可能会带来一些娱乐，但它们并不能促进节制。因此，它们很可能对我们的年轻人造成伤害——你会同意我的观点吗？

阿：我同意。

苏：然后，荷马再一次让最有智慧的英雄说出一席话，在他看来，没有什么比这更光荣的了：

当桌子上摆满了面包和肉，

侍者捧酒巡行，把从缸里打出来的酒倒在杯里，

一个年轻人听到这样的话，是否适合或有利于克制？或者这句诗：

最悲哀的命运莫过于饿死？

关于宙斯的故事，你会再说一遍吗？当其他神和人都睡着了，只有他醒着的时候，在一瞬间因为他的欲望而忘记了所有的谋划，并且在看到赫拉时就忘乎所以了，他甚至不愿走进小屋，而是想和她一起躺在地上，宣布他以前从未处于如此狂喜的状态，即使是在他们第一次见面时：

在他们父母不知情的情况下。

或者另一个关于赫菲斯托斯的故事，出于类似的原因，用锁链将阿瑞斯和阿佛洛狄忒绑了起来，对年轻人的自我克制有什么益处呢？

阿：事实上，我强烈认为他们不应该听到这种话。

苏：但凡有名望的人所做的或所讲的忍耐的事迹，他们都应该看到和听到。比如说，诗句中所说的：

他拍着胸脯，这样责备自己的心：

忍耐吧，我的心。你所忍耐的远比这更糟糕。

阿：当然。

苏：其次，我们决不能让他们成为礼物的接受者或金钱的爱好者。

阿：当然不可以。

苏：我们也不能对他们唱出：

使众神与尊敬的帝王动心的重礼。

阿喀琉斯的导师菲尼克斯告诉他应该接受希腊人的礼物并帮助他们，但如果没有礼物，他就不应该放下他的愤怒，这也不被认可或认为是给了他的学生一个好的建议。我们也不会相信或承认阿喀琉斯本人是这样一个爱钱的人，他接受了阿伽门农的礼物，或者说，当他收到报酬后，才归还了赫克托尔的尸体，但没有报酬他就不愿意这样做。

阿：毫无疑问，这些并不是可以被认可的情感。

苏：我很喜欢荷马，但我不愿意说，把这些感情归于阿喀琉斯，或者相信这些感情对他来说是真的，他就犯了彻头彻尾的不敬之罪。我几乎无法相信他对阿波罗的无礼叙述，他说：

远箭手，众神中最可憎的，你得罪了我。

我愿意和你战在一起，只要我有权力。

或者他不服从河神，准备对河神下手。或者他把自己的头发献给死去的帕特洛克罗斯，而这根头发以前是献给另一位河神斯珀尔克斯的，而且他确实履行了这个誓言。或者他把赫克托尔拖到帕特洛克罗斯的墓前，在火葬场屠杀了俘虏。在这一切中，我无法相信他是有罪的，就像我无法让我们的公民相信他，聪明的凯隆的学生，一个女神和佩琉斯的儿子，他是最温和的人，是宙斯的第三个后裔，他的智力如此混乱，以至于在同一时间成为两个看似不一致的激情的奴隶，卑鄙，不乏贪婪，加上对神和人的过度蔑视。

阿：你说得很对。

苏：让我们同样拒绝相信或允许重复波塞冬之子忒修斯或宙斯之子佩里索斯的故事，像他们那样做出掳掠妇女的可怕事情，或任何其他英雄或神的儿子敢于做这种不敬和可怕的事情，就像他们在我们这个时代错误地归咎于他们一样。让我们进一步迫使诗人宣布，这些行为不是他们干的，或者他们不是神的儿子。这两种说法都不允许他们确认。我们不允许他们试图说服我们的年轻人，说神是邪恶的制造者，英雄不比人强——正如我们所说的，这些情绪既不虔诚也不真实，因为我们已经证明，邪恶不可能来自神。

阿：当然不可能。

苏：此外，他们可能会对听到他们的人产生不良影响。因为当每个人都确信类似的恶行总是在发生时，他就会开始为自己的恶行找借口：

众神的族群，宙斯的亲属，

他们的祖先祭坛，即宙斯的祭坛，

矗立在高出云表的伊达峰。

而且

神灵的血液还在血管里流淌。

因此，让我们结束这种故事，以免它们在年轻人中造成美德上的败坏。

阿：一定。

苏：但是，既然我们现在要确定哪些类别的主题要讲或不可以讲，让我们看看是否有什么被我们遗漏了。对待众神、半神、英雄和地府的方式早已定下。

阿：不错。

苏：那我们该怎么说人呢？这显然是我们课题的剩余部分。

阿：显然如此。

苏：但我们现在没有条件回答这个问题，我的朋友。

阿：为什么呢？

苏：因为，如果我没有弄错的话，我们将不得不说，关于人，诗人和讲故事的人犯了最严重的错误。他们告诉我们，恶人往往是幸福的，而好人则是悲惨的。不正义在未被发现时是有利的，但正义是对人有利对自己有害——这些事情我们将禁止他们说出来，并命令他们唱和说相反的话。

阿：我们应该这样做。

苏：但如果你承认我在这一点上是对的，那么我将坚持认为，你已经认可了我们一直在争论的原则。

阿：我同意你推论的真实性。

苏：关于人，这样的事情是否可以这样说，这是一个我们不能确定的问题，除非我们发现正义是什么，以及他正义与否对占有它的人有多少好处。

阿：是的。

苏：说够了诗歌的主题，现在让我们来谈谈风格。当这一点被考虑后，问题和方式都将被完全处理。

阿：我不明白你的意思。

苏：那么我必须让你明白。如果我换个说法，你也许会更容易理解。我想，你应该知道，所有的神话和诗歌都是对过去、现在或将来的事件的叙述？

阿：当然。

苏：而叙述可能是简单的叙述，或模仿，或两者的结合？

阿：这一点我又不太明白。

苏：我担心我一定是个可笑的老师，因为我很难使自己被理解。因此，像一个糟糕的演讲者一样，我不会把整个主题说出来，而是把一个片段拆开来说明我的意思。你知道《伊利亚特》的第一句话，诗人在其中说，赫律塞斯祈求阿伽门农释放他的女儿，而阿伽门农对他大发雷霆。于是赫律塞斯未能达到目的，便向希腊人祈求上帝的愤怒。现在，就这几句而言：

他就向所有的希腊人祈祷，

特别是阿特柔斯的两个儿子，

也就是人民的首领，

诗人是以自己的身份说话的，他从未让我们认为他是任何其他人。但在接下来的内容中，他采用了赫律塞斯的身份，然后他尽其所能地让我们相信说话者不是荷马，而是这位年老的牧师本人。在这种双重形式下，他把发生在特洛伊和伊萨卡以及整个《奥德赛》中的全部事件叙述出来。

阿：是的。

苏：而在诗人不时背诵的演讲中，以及在中间的段落中，它都是一种叙述？

阿：相当正确。

苏：但是，当诗人以另一个人的身份说话时，我们是否可以说，他把自己的风格同化为那个人的风格，正如他通知你的那样，他将会说话？

阿：当然。

苏：而这种将自己同化为另一个人的做法，无论是通过声音还是手势的使用，都是对他所扮演的角色的模仿？

阿：当然了。

苏：那么在这种情况下，诗人的叙述可以说是以模仿的方式进行的？

阿：非常正确。

苏：或者，如果诗人到处出现，从不掩饰自己，那么模仿又被取消了，他的诗就变成了简单的叙述。然而，为了使我的意思相当清楚，也为了使你不再说"我不明白"，我将说明如何实现这种变化。如果荷马说："祭司来了，手里拿着他女儿的赎金，恳求希腊人，尤其是所有的国王。"然后，如果他不是以赫律塞斯的身份说话，而是继续以自己的身份说话，这些话就不是模仿，而是简单的叙述了。这段话应该是这样的："祭司前来代表希腊人向众神祈祷，希望他们能夺取特洛伊并安全返回家园，但请求众神将他的女儿还给他，并收取他带来的赎金，并尊重上帝。"他这么一说，其他希腊人也都敬重这位祭司，同意了。但阿伽门农很生气，要他离开，不要再来，以免神的杖和手镯对他毫无用处——阿伽门农说："赫律塞斯的女儿不应该被释放，她应该在阿尔戈斯和他一起变老。"告诉他，如果他想安然无恙地回家，就请离开，不要挑衅。老人在恐惧和沉默中离开了，当他离开营地时，他呼唤了阿波罗的许多名号，提醒他所做的一切让神明高兴的事情，无论是建造寺庙，还是祭典，并祈祷他的善行能回到神明身边，希腊人可以用神的箭来偿还罪过，等等。这样一来，整个故事就变成了简单的叙事。

阿：我明白。

苏：或者你可以假设相反的情况，即省略中间的段落，只留下对话。

阿：这一点我也明白。比如说，你的意思是像悲剧一样。

苏：你已经完全理解了我的意思。如果我没有弄错的话，你以前没有理解的东西现在已经清楚地告诉你了，诗歌和故事在某些情况下是完全模仿的——悲剧和喜剧就提供了这样的例子。同样还有一种相反的风格，在这种风格中，诗人是唯一的说话者——酒神赞美歌提供了最好的例子。在史诗和其他几种风格诗歌中可以发现两者的结合。你能理解吗？

阿：是的，我现在明白你的意思了。

苏：我也请你们记住我开始说的话，我们已经讨论完了主题，可以继续讨论风格。

阿：是的，我记得。

苏：我这样说，是想暗示我们必须对模仿技艺达成共识——诗人在叙述他们的故事时，我们是否允许他们模仿。如果允许，是全部还是部分，如果是后者，在哪些部分？还是应该禁止一切模仿？

阿：我猜想，你的意思是问悲剧和喜剧是否应被允许进入我们国家？

苏：是的，但问题可能不止于此。我还真不知道，但争论到哪里，我们就到哪里。

阿：对的。

苏：那么，阿德曼托斯，让我问你，我们的护卫者是否应该是模仿者。或者说，这个问题难道不是由已经制定的规则决定的吗？

阿：当然。

苏：模仿也是如此。没有一个人可以模仿很多东西，就像他模仿一个单一的东西一样？

阿：不错。

苏：那么同一个人就很难在生活中扮演一个严肃的角色，同时又是一个模仿者，而且还模仿许多其他的角色。因为即使两种模仿几乎是相通的，同一个人也不可能同时成功，比如说，悲剧和喜剧的作者——你刚才不是说他们是模仿吗？

阿：是的，我说了。你认为同一个人不可能在两个方面都成功，这一点是对的。

苏：同一个人不可能既是好的演说家，又是好的演员。

阿：确实如此。

苏：喜剧演员和悲剧演员也不一样，但所有这些东西都只是模仿。

阿：他们是如此。

苏：而人性，阿德曼托斯，似乎已经被铸成了更小的碎片，并且没有能力很好地模仿许多东西，也没有能力很好地完成模仿物的动作，而模仿物是副本。

阿：非常正确。

苏：如果我们坚持原来的观念，并牢记我们的护卫者抛开其他一切事务，完全致力于维护国家的自由，将此作为他们的职业，并从事与此目的无关的任何工作，他们就不应该练习或模仿其他东西。如果他们要模仿的话，他们应该从年轻时就开始模仿那些适合他们职业的人物——勇敢的、有节制的、神圣的、自由的，等等。但他们不应该描写或熟练地模仿任何一种不自由或卑鄙的行为，以免因为模仿而变成他们所模仿的东西。你难道没有注意到，年轻时开始的模仿，在生活中一直持续，最终发展成为习惯，成为第二天性，影响到身体、声音和思想吗？

阿：当然。

苏：那么，我们不允许那些我们声称关心的人，以及我们说他们应该成为好人的人，去模仿一个女人——无论是年轻的还是年老的——与她的丈夫争吵，或者自负她的幸福；或者当她在苦难中，或悲伤，或哭泣的时候，与神争吵和吹嘘。当然也不允许模仿一个在生病中、在恋爱中，或在分娩中的人。

阿：非常正确。

苏：他们也不能代表奴隶，无论男女，履行奴隶的职务？

阿：他们一定不能。

苏：当然也不能是坏人，不管是懦夫还是其他什么人，他们的行为与我们刚才所规定的相反，他们在喝酒或不喝酒的时候互相责骂或嘲笑或谩骂，或以任何其他方式在言行上对自己和邻居犯罪，就像这种人的行为一样。他们也不应该被训练去模仿那些疯狂或坏的男人或女人的行为或言论。因为疯狂，就像恶习一样，是可以被了解的，但不能被实践或模仿。

阿：非常正确。

苏：他们也不能模仿铁匠或其他工匠，或船桨手，或船夫之类的？

阿：当他们不被允许将他们的思想应用于任何一个人的召唤时，他们怎么能？

苏：他们也不能模仿马的嘶鸣，牛的吼叫，河流的淙淙声和海水的滚滚声，雷声，以及所有这些东西？

阿：不能，如果禁止疯狂，他们也不得模仿疯子的行为。

苏：你的意思是，如果我对你的理解正确的话，有一种叙述方式，当一个真正的好人有话要说时，可以采用这种方式，而另一种方式将被一个性格和教育相反的人采用。

阿：这两种人是哪两种？

苏：假设一个正义的好人在叙述的过程中遇到了另一个好人的某些话语或行为，我想他会喜欢模仿他，并且不会为这种模仿感到羞耻：当他坚定而明智地行动时，他最愿意扮演好人的角色。当他被疾病、爱情或酒精所困扰，或遇到任何其他灾难时，他就会较少扮演。但是，当他遇到一个不适合他的角色时，他就不会对其进行研究。他对这样的人不屑一顾，如果有的话，也只是在做一些好的动作时才会模仿他的样子。在其他时候，他对扮演一个他从未练习过的角色感到羞愧，也不喜欢按照较低级的模型来塑造自己。他觉得使用这种技艺，除非是开玩笑，否则是低于他的，他的思想对这种技艺很反感。

阿：我也这么想。

苏：然后，他将采用我们从荷马身上看到的那种叙述方式，也就是说，他的风格将既是模仿性的，又是叙述性的。但前者很少，后者很多。你同意吗？

阿：当然，这就是这样一个演讲者必然要采取的模式。

苏：但还有一种人，他什么都会叙述，而且，他越是糟糕，就越是不择手段。对他来说，没有什么是太糟糕的：他准备模仿任何东西，不是作为玩笑，而是在一大群人面前认真地进行模仿。正如我刚才所说，他将试图表现雷声的滚动，风和冰雹的噪音，或车轮和滑轮的吱吱作响，以及笛子、萧管、喇叭和各种乐器的声音；他将像狗一样吠叫，像羊一样咩咩叫，或像公鸡一样啼叫。他的全部技艺将包括对声音和姿态的模仿，而且很少有叙述。

阿：这将是他的发言模式。

苏：那么，这就是两种风格？

阿：是的。

苏：而你会同意我说的，其中一个是简单的，只有轻微的变化。如果和声和节奏也因其简单而被选择，结果是，如果说话者正确，他的风格总是基本相同的，他将保持在一个单一的和声范围内（因为变化不大），同样，他将利用几乎相同的节奏？

阿：这很正确。

苏：而另一种则需要各种和声和各种节奏，音乐和风格要对应，因为风格有各种变化。

阿：这也是完全正确的。

苏：这两种风格，或两者的混合，难道不包括所有的诗歌，以及每一种文字表达形式吗？没有人可以说什么，除非用其中的一种或另一种，或两者一起。

阿：它们包括所有。

苏：我们应该接受所有的三种风格，还是只接受两种非混合风格中的一种，还是包括混合风格？

阿：我只愿意承认纯粹的美德模仿者。

苏：是的，阿德曼托斯，但混合风格也非常迷人。事实上，与你所选择的风格相反的哑剧，是最受儿童和他们的随从，以及整个世界喜欢的风格。

阿：我不否认这一点。

苏：但我想你会认为这样的风格不适合我们的国家，在我们的国家里，人性不是双重的或多方面的，因为一个人只扮演一个角色？

阿：是的。相当不适合。

苏：这就是为什么在我们国家，而且只在我们国家的理由：我们会发现一个鞋匠是鞋匠而不是领航员，一个农夫是农夫而不是法官，一个士兵是士兵而不是商人的原因，而且整个过程都是如此？

阿：的确。

苏：因此，当这些模仿者中的任何一个，他们聪明到可以模仿任何东西，来到我们这里，提出展示他自己和他的诗歌的建议时，我们会跪下来，把他当作一个可爱的、神圣的、奇妙的存在来崇拜。但我们也必须告诉他，在我们国家，像他这样的人是不允许存在的。法律不会允许他们存在。因此，当我们在他头上涂以香油，戴了羊毛花环后，我们要把他送去另一个城市。因为我们要为我们的灵魂健康雇用更严肃、更严厉的诗人或说书人，他们将只模仿有德行的人的风格，并遵循我们开始教育士兵时规定的那些模式。

阿：如果我们有能力，我们当然会。

苏：那么现在，我的朋友，音乐或文学教育中与故事或神话有关的部分可以认为已经完成。因为事情和方式都已经讨论过了。

阿：我也这么认为。

苏：接下来依次是曲调和歌曲。

阿：这很明显。

苏：如果我们要与自己保持一致，每个人都可以看到我们应该对他们说些什么。

格劳孔笑着说：恐怕"每个人"这个词很难包括我，因为我现在还不能说他们应该是什么，尽管我可以猜测。

苏：无论如何，你可以知道一首歌曲或颂歌有三个部分——歌词、曲调和节奏。这种程度的知识我可以假设你拥有吗？

格：是的，你可以。

苏：至于文字，有音乐和没有音乐的文字肯定没有区别。两者都将符合同样的规律，而这些规律已经被我们确定了？

格：是的。

苏：而曲调和节奏将取决于文字？

格：当然。

苏：当我们谈到这个主题时，我们是说，我们不需要悲叹和悲伤的曲子？

格：确实如此。

苏：哪些是表达悲伤的和声呢？你是音乐人，可以告诉我。

格：你所说的和声是指混合型或男高音吕底亚调，以及全音型或低音吕底亚调，诸如此类。

苏：这些必须被废除。甚至对那些有性格的女人来说，它们也没有什么用处，对男人就更不用说了。

格：当然。

苏：其次，醉酒、软弱和懒惰都完全不符合我们护卫者的性格。

格：完全不伦不类。

苏：那么，哪些是萎靡娇气的，哪些是安逸怠惰的呢？

格：爱奥尼亚式和吕底亚式，它们被称为靡靡之音。

苏：那么，这些是否有任何军事用途？

格：恰恰相反，如果是这样的话，多利亚调和佛里吉亚调是你剩下的唯一的曲子。

苏：我不知道什么是和声，但我想有一个好战的和声，它是一个勇敢的人在遇到危险不退缩时发出的音符或重音，或者当他的事业失败时，他将面临伤痛或死亡，或者被其他的邪恶所笼罩，在每一个这样的危机中，以坚定的步伐和忍耐的决心迎接命运的打击。另一种是他在和平时期和行动自由时使用的，这时没有必要的压力，他通过祈祷来说服上帝，或通过教导和劝诫来说服人，或者在另一方面，当他表示愿意屈服于劝说或恳求或劝诫时，这代表他通过谨慎的行为达到了目的，没有被成功冲昏头脑，而且是在这种情况下适度和明智地行事，并默许这一事件。就让我们有这两种曲调吧。它们一刚一柔，能恰当地模仿人们成功与失败、节制与勇敢的声音。

格：这些就是我刚才所说的多利亚调和佛里吉亚调。

苏：如果在我们的歌曲和旋律中只使用这些，我们就不需要多音阶或泛音阶了吗？

格：我想不需要。

苏：那么，我们就不需要三角复音七弦琴的琴的制造者，或任何其他多弦怪调乐器的制造者？

格：当然不需要。

苏：但是你对长笛制造者和长笛演奏者怎么说呢，你会接纳他们进入我们的城邦吗？当你们想到在这种和谐的乐章中，长笛的音域比其他弦乐器都广，而且别的多音调乐器也只是长笛的模仿者？

格：正是如此。

苏：那么就只剩下里拉琴和竖琴能在城市里使用了，而牧羊人在乡下可能有一支牧笛。

格：这肯定是从该论点中得出的结论。

苏：喜欢阿波罗和他的乐器，而不喜欢马叙阿斯和他的乐器，这一点都不奇怪。

格：根本没有。

苏：因此，以埃及的神犬之名义发誓，我们一直在不自觉地净化国家，不久前我们还称其豪华。

格：我们做得很明智。

苏：那么现在让我们完成净化。在曲调之后，自然会有节奏，它们也应该遵守同样的规则，因为我们不应该寻求复杂的节奏系统，或者各种节奏，而是要发现什么节奏是勇敢而和谐的生活的表现。当我们找到它们时，我们应该让脚步和旋律适应具有类似表现的词语，而不是让词语适应脚步和旋律。说出这些节奏是什么将是你的任务——你必须教我这些节奏，就像你已经教我曲调一样。

格：但是，事实上，我不能告诉你。我只知道有三条节奏原则，格律系统是由这三条原则构成的，就像声音有四个音符（即四弦琴的四个音），所有的和声都是由这四个音符构成的。这是我的观察。但它们分别是对什么样的生命的模仿，我无法说清。

苏：然后，我们必须把达蒙纳入我们的考虑范围。他将告诉我们哪些节奏可以表达卑鄙、无礼、愤怒或其他不值得的东西，哪些节奏应该保留给表达相反的感情。我想我隐约记得他提到了一种复杂的克里特式节奏，还有一种双音式或英雄式，他以某种我不太理解的方式安排它们，使这些节奏在脚的起伏上相等，长短交替。而且，除非我弄错了，他谈到了一种抑扬顿挫的节奏以及一种托卡式节奏，并给它们分配了长短数量。此外，在某些情况下，他似乎对脚步的运动和节奏一样加以赞扬或指责，或者也许是两者的结合，因为我不确定他是什么意思。然而，正如我所说的，这些问题最好还是交给达蒙自己来处理，因为对这个问题的分析会很困难，你知道吗？

格：我应该说是这样。

苏：但是不难看出，优雅或缺乏优雅是节奏好坏的结果。

格：一点也不困难。

苏：还有，好的和坏的节奏自然会被同化为好的和坏的风格。和谐与不和谐也会以同样的方式跟随风格。因为我们的原则是，节奏和和谐是由词来调节的，而不是词是由它们来调节的。

格：就这样，它们应该遵循。

苏：而文字和风格的特点难道不取决于灵魂的气质吗？

格：是的。

苏：而其他一切又跟随语言风格？

格：是的。

苏：那么，风格之美、和谐之美、优雅之美和良好的韵律都取决于质朴，我指的是一个正确的、高尚的思想和性格的真正的质朴，而不是那种只是愚蠢的委婉说法的其他质朴。

格：非常正确。

苏：如果我们的年轻人要在生活中完成他们的工作，他们难道不应该把这些恩惠和和谐作为他们的永久目标吗？

格：他们必须。

苏：当然，画家的技艺和其他每一种创造性和建设性的技艺都充满了这些特点，如织布、刺绣、建筑、家具制作、动物身体以及植物的自然姿态，所有这些都有优雅或缺乏优雅的地方。而丑陋和不和谐以及不和谐的运动几乎与不善的言辞和不善的自然相联系，因为优雅与和谐是善良和美德的孪生姐妹，并与它们相像。

格：这很正确。

苏：但是，我们的监督是否应该再进一步，我们是否只要求诗人在他们的作品中表达善的形象，如果他们做其他事情，就会被驱逐出我们国家？或者说，同样的控制要扩展到其他艺术家身上，他们也要被禁止在雕塑和建筑以及其他创造性技艺中展示相反形式的恶习和放纵、卑鄙和下流。不能遵守我们这一规则的人要被阻止在我们国家从事他的技艺，以免我们公民的品味被他败坏？我们不希望我们的护卫者在美德畸形的环境中成长，就像在一些有毒的牧场上，牛羊日复一日、一点一点地食用许多有害的草和花朵，直到它们默默地在自己的灵魂中聚集成一团而腐烂。让我们的艺术家成为那些有天赋辨别美丽和优雅的真正质朴的人。然后，我们的年轻人将居住在健康的土地上，在美丽的风景和声音中，接受一切美好的东西。传世佳作所流露出来的美，将流入眼睛和耳朵，就像来自更纯净地区的健康的微风，从童年时起，不知不觉地就借助美好的理性，把他们带向对于理性的向往、契合和共鸣上去了。

格：没有比这更高尚的训练了。

苏：因此，格劳孔，音乐训练是一种比其他任何工具都更有效的工具，因为节奏和和谐找到了它们进入灵魂深处的方式，它们有力地固定在上面，传授恩典，并使受到正确教育的人的灵魂变得优雅，或使受到不良教育的人的灵魂变得不优雅。还因为接受过这种真正的内在教育的人，会最敏锐地察觉到技艺和自然中的遗漏或缺陷，并以真正的品位，赞美并接受好的东西进入他的灵魂，当他变得高尚和善良的时候，他将正义地指责和憎恨坏的东西，虽然他还年幼，甚至在他能够知道原因之前。当理制到来时，他所受的教育使他感到似曾相识。

格：是的，我很同意你的说法，我们的年轻人应该接受音乐培训，而且是基于你提到的理由。

苏：就像在学习阅读时，当我们知道字母（它们为数很少）的所有反复出现的大小和组合时，我们就满足了。不论字体大小，我们都不轻视它们，不论何处我们都会全神贯注地去认识它们。否则，我们就不能算是识字了。

格：没错。

苏：或者，正如我们只有在了解字母本身的情况下，才能认识到字母在水中或镜子中的映像。同样的技艺和研究使我们对两者都有了解。

格：正是如此。

苏：即使如此，正如我所坚持的那样，无论是我们还是我们的护卫者（我们必须教育他们），都不可能成为音乐人，除非我们和他们知道节制、勇气、自由、伟大的基本形式，以及它们的同类，以及相反的形式，并能在它们的所有组合中识别它们和它们的映像，无论在小事或大事上都不轻视它们，而是认为它们都属于一种技艺和研究的范围。

格：完全正确。

苏：当一个美丽的灵魂与一个美丽的外形相协调，两者被铸在一个模子里，对有心人来说，这将是最美丽的风景？

格：确实是最美丽的。

苏：最美丽的也是最可爱的？

格：这可能是假设。

苏：有和谐精神的人，会最喜欢最可爱的人，但他不会爱灵魂不和谐的人？

格：如果他的灵魂有缺陷，那倒是真的。但如果另一个人有任何单纯的身体缺陷，他也会忍耐，并会同样爱。

苏：我察觉到，你有或曾有过这样的经历，我同意。但让我再问你一个问题，过度的快乐与节制有任何关系吗？

格：这怎么可能呢？快乐和痛苦一样会剥夺一个人的能力。

苏：或者与一般的美德有任何相近的地方吗？

格：一点也没有。

苏：与肆意妄为和放荡不羁有任何相近吗？

格：有哇。

苏：还有什么比感性的爱更大或更强烈的快乐呢？

格：没有，也没有更疯狂的了。

苏：而真正的爱是对美和秩序的爱——温和而和谐的爱？

格：非常正确。

苏：那么，就不应该允许任何不节制或疯狂的行为接近真爱？

格：当然不允许。

苏：那么，决不允许疯狂的或无节制的快乐接近真正的爱人和被爱的人。如果他们的爱是正确的，他们都不能有任何关系？

格：的确不能，苏格拉底，它决不能靠近他们。

苏：那么我想，在我们所在的城市，你会制定一条法律，大意是说，一个朋友对他的爱人的熟悉程度不能超过父亲对儿子的熟悉程度，而且只能出于高尚的目的，而且他必须首先得到对方的同意。这条规则将限制他的所有交往,绝不能让人看到他更进一步,或者,如果他超过了,他将被视为一个粗俗和恶俗的人。

格:我非常同意。

苏:这样的音乐教育讨论,才是一个恰到好处的结局。因为如果不是对美的热爱,音乐的目的应该是什么?

格:我同意。

苏:音乐之后是体操,我们的年轻人接下来要在体操方面接受训练。

格:当然。

苏:体操和音乐都应该从幼年开始。体操的训练应该是谨慎的,而且应该贯穿一生。现在我的信念是——在这个问题上我希望得到你的意见,以证实我自己的观点,但我自己的信念是——不是说好的身体通过任何身体上的卓越来改善灵魂,而是相反,好的灵魂,通过自己的卓越,在可能的范围内改善身体。你怎么说?

格:是的,我同意。

苏:然后,在头脑得到充分训练的情况下,我们将身体保养细节交由它负责。为了避免冗长,我们现在将只给出这个问题的一般轮廓。

格:非常好。

苏:他们必须避免醉酒,这一点我们已经说过了。因为在所有的人中,护卫者应该是最后一个喝醉酒而不知道自己在哪里的人。

格:是的,一个护卫者需要另一个护卫者来照顾他,这确实很可笑。

苏:但接下来,我们该怎么说他们的食物。因为这些人是在为所有激烈的竞赛进行训练,不是吗?

格:是的。

苏:而我们普通运动员的身体习惯是否适合他们?

格：为什么不呢？

苏：像他们这样昏昏欲睡的身体习惯，对健康相当危险。你难道没有注意到，这些运动员几乎在睡梦中度过了他们的生命，如果他们稍稍偏离了他们的习惯性训练，就有可能患上最危险的疾病？

格：是的，我知道。

苏：然后，我们的战士需要更精细的训练，他们要像警觉的狗一样，以最大的敏锐度看和听。他们在战役中，必须忍受任何水和食物、夏热冬冷的多次变化，他们不能在健康方面崩溃。

格：这是我的观点。

苏：真正优秀的体操是我们刚才描述的那种简单音乐的孪生姐妹。

格：怎么说呢？

苏：我设想有一种体操，就像我们的音乐一样，简单而美好，尤其是军事体操。

格：你是什么意思？

苏：我的意思可以从荷马那里得知。你知道，他在他的英雄们的宴会上，当他们征战时，以士兵的食物为食。他们没有鱼，尽管他们在赫勒斯滂的海岸上，他们不允许吃煮熟的肉，只允许吃烤肉，这是对士兵来说最方便的食物，只需要他们点火，而不涉及携带锅碗瓢盆等麻烦。

格：确实如此。

苏：我说荷马没有在任何地方提到甜酱，这一点几乎不会错。然而，在禁止它们方面，他并不是唯一的。所有的职业运动员都很清楚，一个要保持良好状态的人不应该吃这种东西。

格：是的，他们知道这一点，不接受这些东西是非常正确的。

苏：那么你不赞成锡拉库扎人的晚餐，以及西西里人的精致烹饪？

格：我不赞成。

苏：如果一个人要有条件，你也不会允许他有一个科林斯的女孩作为他美丽的朋友？

格：当然不会。

苏：你也不喜欢人们认为的雅典糖果的美味吗？

格：当然不喜欢。

苏：所有这些混杂的饮食都可以被我们正确地比喻为以泛音风格和所有节奏创作的旋律和歌曲。

格：正是如此。

苏：复杂的音乐会导致放纵，复杂的食品会导致疾病。而音乐中的简单是灵魂中的节制，体操中的简单是身体中的健康。

格：一点不错。

苏：但是，当一个国家的酗酒和疾病增多时，司法和医学殿堂的大门总是被打开。医生和律师的技艺使他们趾高气扬，因为他们发现，不仅奴隶，甚至城市的自由人也对他们毕恭毕敬。

格：当然了。

苏：然而，还有什么比这更能证明教育的糟糕和可耻的状况呢？不仅工匠和较贫穷的人需要一流的医生和法官的技能，而且那些自称受过通识教育的人也需要这种技能？一个人因为自己没有法律和医学知识而不得不到国外去学习，因此必须把自己交到别人的手里，让他们成为自己的主人和法官，这难道不是可耻的，也是缺乏良好教养的一个重要标志？

格：在所有事情中，这是最可耻的。

苏：你会说"大多数"吗？当你考虑到还有一个邪恶的阶段，一个人不仅是一个终生的诉讼者，整天在法庭上作为原告或被告，而且实际上被他的恶趣味所引导，以他的诉讼行为为荣。他想象他是一个不诚实的大师，能够走一切歪路，在各种缝隙里钻来钻去，跟线条一样弯曲，来躲避正义，所有这些是为了什么？为了获得不值得一提的小利益，他不知道这样安排自己的生活，以便能够不受打盹的法官的影响，是一种更高尚、更高贵的事情。这难道不是更可耻的吗？

格：是的，这还是比较丢人的。

苏：好吧，需要药物的帮助，不是在必须治愈伤口或发生流行病的时候，而只是因为，由于懒惰和我们所描述的那种生活习惯，人们使自己肚子充满了风湿水汽，好像他们的身体是一个沼泽，迫使聪明的阿斯克勒庇俄斯之子为疾病找到更多的名字，如胀气和腹泻。这难道不也是一种耻辱？

格：是的，他们确实给疾病起了非常奇怪和新奇的名字。

苏：是的，我不相信在阿斯克勒庇俄斯的时代会有这样的疾病。这是我从以下情况推断出来的：《荷马史诗》中的英雄欧律皮洛斯受伤后，喝了一袋普兰纳酒，上面撒满了大麦粉和磨碎的奶酪，这当然会引起发炎，但在特洛伊战争中，阿斯克勒庇俄斯的儿子们并没有责备给他酒喝的女郎，也没有责备正在为他治疗的帕特洛克罗斯。

格：这肯定是给他这种情况的人喝的一种特殊饮料。

苏：你记住，在以前的日子里，正如人们通常所说的那样，在希罗底库斯时代之前，阿斯克勒庇俄斯的行会并不实行我们现在的医学体系，可以说是教育疾病的。但是希罗底库斯，作为一个训练者，他自己又是一个多病的体质，通过训练和医疗的结合，找到了一个首先是折磨自己，其次是折磨世界上其他人的方法。

格：那是怎样的呢？

苏：拖延死亡的时间啊。因为他有一种致命的疾病，他一直在尝试治疗这种疾病，由于康复是不可能的，所以他的整个生命都是作为一个病人度过的。他除了照顾自己，什么都不能做，只要他偏离了他通常的生活方式，他就会不断受到折磨，因此，在这套方法的帮助下，他艰难地活到了老年。

格：这是对他技艺的一种难得的回报！

苏：是的，一个人如果不明白，如果阿斯克勒庇俄斯没有指导他的后代学习医术，那么这种疏忽并不是因为对医学的这种分支无知或没有经验，而是因为他知道，在所有秩序良好的国家，每个人都有他必须从事的职业，没有闲暇时间来持续生病。这一点我们在工匠的案例中已经说过了，但可笑的是，我们并没有把同样的规则适用于更富有的人。

格：你的意思如何？

苏：我的意思是这样。当一个木匠生病的时候，他会向医生要一个粗略的、现成的治疗方法。催吐剂、清洗剂、烧灼剂或动手术，这些都是他的补救措施。如果有人给他开了一个饮食疗程，并告诉他必须给他的头包扎，以及所有这些类似方案，他会马上回答说，他没有时间生病，而且他认为把生命花在治疗疾病上而忽视了他惯常的工作是没有好处的。因此，他告别了这种医生，恢复了他的普通习惯，要么痊愈，生活和工作，要么，如果他的体质不行，他死了，不再有麻烦了。

格：是的，一个人在他的生命状态下，应该只使用到目前为止的医学技艺。

苏：他不是有工作吗？如果他被剥夺了工作，那他就没有活下去的必要了？

格：非常正确。

苏：但对富人来说，情况就不一样了。对他来说，我们没有说他有任何特别指定的工作，如果他想活命，就必须完成工作。

格：一般来说，他应该是无事可做的。

苏：那么你从来没有听说过福西尼德的说法，即一个人一旦有了生计，就应该践行美德。

格：不，我认为他最好早一点开始。

苏：我们不要与他争论这个问题，而是要问自己。德行的实践对富人来说是必须的,还是他可以不这样做?如果对他来说是强制性的,那么让我们提出一个进一步的问题,这种节食的紊乱,是对专搞木匠和机械工艺的人的阻碍,是不是同样阻碍了福西尼德的情感?

格:这一点毋庸置疑。这种对身体的过度关心,如果超出了体操的规则,对美德的实践是最不利的。

苏:是的,确实如此,而且与管理房屋、军队或国家同样不相容。最重要的是,与任何种类的学习、思考或自我反省都不相容——人们总是怀疑头痛和眩晕是由哲学引起的,因此所有在更高意义上的德行实践或试验都绝对禁止。因为一个人总是幻想他正在生病,并对他的身体状况不断感到忧虑。

格:是的,很有可能。

苏:因此,我们的政治家阿斯克勒庇俄斯可以被认为只对那些通常具有健康体质和生活习惯,但有明确疾病的人展示了他的技艺力量。对于这些人,他通过药物和手术来治疗,并让他们像往常一样生活,因为在这里他考虑国家的利益。但疾病已经渗透到整个身体,他不会试图通过逐步的排空和输液过程来治疗。他不想延长一无是处的生命,也不想让软弱的父亲生出更软弱的儿子。如果一个人不能以正常的方式生活,他就没有义务去治疗他。因为这样的治疗对他自己和国家都没有好处。

格:然后,你把阿斯克勒庇俄斯当作一个政治家。

苏:很明显。而他的性格则由他的儿子们进一步说明了。请注意,他们在过去的日子里是英雄,在围攻特洛伊城的时候,他们运用了我所说的医疗方法。你会记得,当潘达洛斯打伤墨涅拉俄斯时,他们

吸出伤口的血,涂上舒缓的药水。

但他们从不规定病人以后要吃什么或喝什么,在米奈劳斯的病例中,比在欧律皮洛斯的病例中更甚。按照他们的设想,这些药方足以治愈任何在受伤前身体健康、生活规律的人。即使他碰巧喝了一袋普兰纳酒,他

也可能痊愈。但他们不会与不健康和不冷静的人打交道，他们的生命对自己和他人都没有用处。医学技艺不是为他们设计的，尽管他们像米达斯一样富有，但阿斯克勒庇俄斯的儿子们还是会拒绝为他们服务。

格：阿斯克勒庇俄斯的儿子们，真是了不起啊。

苏：自然是这样。然而，悲剧家和品达不服从我们的命令，虽然他们承认阿斯克勒庇俄斯是阿波罗的儿子，但也说他被收买，治好了一个濒临死亡的富人，为此他被闪电击中。但是，根据我们已经确认的原则，当他们同时告诉我们时，我们不会相信他们。如果他是神的儿子，我们认为他不是贪婪的。或者，如果他是贪婪的，他就不是神的儿子。

格：苏格拉底，所有这些都很好。但我想向你提出一个问题，一个国家难道不应该有好的医生吗？最好的医生难道不是那些治疗过最多无论体质好坏的人吗？最好的法官难道不是那些熟悉各种美德性质的人吗？

苏：是的，我也会有好法官和好医生，但你知道我认为谁好吗？

格：你会告诉我吗？

苏：如果我可以的话，我会的。然而，我注意到，在同一个问题中，你把两件事情连在一起，而这两件事情是不一样的。

格：怎么说？

苏：诚然，人们都可以成为很能干、很好的医生。现在，最好的医生是那些从年轻时起就把他们的技艺知识与最丰富的疾病经验结合起来的人。他们最好不是健康的人，他们自己应该得过各种疾病。因为在我看来，身体并不是他们治疗身体的工具，如果是，我们就不能允许他们曾经或将要生病。他们用心灵来治疗身体，而已经生病的心灵是无法治疗疾病的。

格：这是非常正确的。

苏：但对于法官来说，情况就不一样了。因为他是用思想来管理思想的。因此，他不应该在邪恶的思想中接受训练，从青年时代起就与他们交往，并经历了整个犯罪过程，只是为了让他能迅速推断出别人的罪行，就像他从自己的自我意识中推断出他们的身体疾病一样。要形成美好公正的心灵，在年轻时就不应该有不良习惯的沾染。这就是为什么好人在年轻时常常显得很单纯，而且很容易被不诚实的人利用，他们在自己的灵魂中没有关于什么是邪恶的例子。

格：是的，他们太容易被欺骗了。

苏：因此，法官不应该是年轻的。他应该学会认识邪恶，不是通过他自己的灵魂，而是通过长期观察别人的邪恶的性质。知识应该是他的指导，而不是个人经验。

格：不错，这就是法官的理想。

苏：是的，他将是一个好人（这是我对你问题的回答）。因为谁有一个好的灵魂，他就是好人。但我们所说的狡猾和多疑的天性，他犯了很多罪，自以为是邪恶的主人，当他在他的伙伴们中间时，他所采取的预防措施是很奇妙的，因为他自己判断他们。但当他与有德行的人在一起时，由于他的猜疑不合时宜，他又显得像个傻瓜。他认不出一个诚实的人，因为他自己没有诚实的模式。同时，由于坏人比好人多，他与他们见面的次数也多，他认为自己，也被别人认为是聪明人，而不是傻瓜。

格：对极了。

苏：那么，我们所寻找的好的和有智慧的法官不是这个人，而是另一个人。因为恶行不可能理解美德，但有美德的天性，经过时间的教育，将获得对美德和恶行的理解。在我看来，有美德的人有智慧，而不是恶毒的人。

格：在我这里也是如此。

苏：这就是你将在你的国家批准的医学，也是法律。它们将为更好的天性服务，给予灵魂和身体的健康。那些身体有病的人，它们将让他们死去。那些堕落和无法治愈的灵魂，他们将自取灭亡。

格：这对病人和国家来说显然都是最好的事情。

苏：因此，我们的年轻人，如果只在那种简单的音乐中接受教育，正如我们所说的，激发了自制，就不愿意去违背律法。

格：很明显。

苏：而音乐家，在同一轨道上，满足于练习简单的体操，除非在某些极端情况下，否则与医学没有任何关系。

格：我很相信这一点。

苏：他所经历的锻炼和劳役是为了刺激他天性中的精神因素，而不是为了增加他的力量。他不会像普通运动员那样，用锻炼和养生来发展他的肌肉。

格：非常正确。

苏：音乐和体操这两种技艺的设计也不像人们通常认为的那样，一个是为了训练灵魂，一个是为了训练身体。

格：那么它们的真正目标是什么呢？

苏：我相信，两者的教师主要考虑的是灵魂的改善。

格：这怎么可能呢？

苏：你从来没有观察过专心致志地做体操对思想本身的影响，或者专心致志地做音乐的相反影响吗？

格：以什么方式表现？

苏：一个产生了残暴和凶猛的脾气，另一个产生了柔弱和娇气的性格。

格：是的，我很清楚，单纯的运动员变得太野蛮了，而单纯的音乐家被融化和软化，超过了对他有利的程度。

苏：然而，这种凶猛只来自精神，这种精神如果得到正确的教育，会给人以勇气，但如果过于强化，就容易变得残暴和野蛮。

格：我认为是这样。

苏：另一方面，哲学家会有温柔的品质。而这一点，如果过于放纵，也会变成软弱，但是，如果教育得当，就会变得温和而适度。

格：确实如此。

苏：而在我们看来，护卫者应该具备这两种品质？

格：的确。

苏：而这两者应该是和谐的？

格：毋庸置疑。

苏：和谐的灵魂既要有克制又要有勇气？

格：是的。

苏：而不和谐的人是懦弱和粗野的？

格：非常正确。

苏：而且，当一个人允许音乐在他身边播放，并通过他耳朵将我们刚才所说的那些甜美、柔和、忧郁的曲调灌入他的灵魂，他的整个生命都在莺歌燕舞中度过。在这个过程的第一阶段，他身上的激情或精神像铁一样被锤炼，变得有用，而不是脆弱和无用。但是，如果他继续进行软化和舒缓，在下一个阶段，他开始融化和分解，直到他耗尽了他的精神，切断了他灵魂的筋骨，他成为了一个软弱的战士。

格：非常正确。

苏：如果他的精神元素天生就很弱，那么这种变化很快就会完成。但如果他有很好的精神元素，那么音乐的力量就会削弱他的精神，使他变得容易激动。只要受到一点刺激，他就会立刻燃烧起来，并且很快就会熄灭。他不再有精神，而是变得暴躁和热情，并且相当不切实际。

格：正是如此。

苏：因此，在体操方面，如果一个人进行剧烈的运动，大吃大喝，并且从来不学音乐和哲学，起初，他的身体的强壮使他充满了骄傲和自信，比原来更勇敢。

格：当然。

苏：如果他不做其他事情，不与缪斯女神交谈，难道他身上可能存在的智慧，在没有尝到任何种类的学习、探究、思考或文化的滋味时，也不会变得虚弱、迟钝和盲目，他的头脑永远不会醒来或得到滋养，他的感官也不会被清除掉迷雾？

格：的确。

苏：而他的结局是成为哲学的仇敌，不开化，从不使用劝说的武器，他就像一只野兽，全是暴力和凶猛，不知道其他的交易方式。他生活在所有无知和邪恶的条件下，没有礼节和优雅的感觉。

格：这很正确。

苏：由于人性中有两个原则，一个是精神上的，另一个是哲学上的，我应该说，某位神给了人类两种技艺，与它们相呼应（只是间接地与灵魂和身体相呼应），以便这两个原则（像乐器的弦）可以放松或拉紧，直到它们得到适当的协调。

格：这似乎是其意图。

苏：将音乐与体操以最完美的方式结合起来，并将它们最好地运用到灵魂中的人，可以正确地被称为真正的音乐家和和谐主义者，其意义远远高于调弦师。

格：你说得很对，苏格拉底。

苏：如果政府要持续下去，我们国家将永远需要这样一位主持工作的天才。

格：是的，他将是绝对必要的。

苏：那么，这就是我们的培养和教育原则。我们的公民的舞蹈，或者他们的狩猎和骑马，他们的体操和马术比赛，再多的细节又有什么用呢？因为这些都遵循着一般的原则，而一旦发现了这一点，细节什么也就不难发现了。

格：我敢说，不会有什么困难。

苏：很好，那么下一个问题是什么？难道我们不能问谁是统治者，谁是人民？

格：当然。

苏：毋庸置疑，长者必须统治幼者。

格：很明显。

苏：而这些人中最好的人必须统治。

格：这一点也很清楚。

苏：现在，最好的农夫不就是那些最专注于畜牧业的人吗？

格：是的。

苏：既然我们的城市要有最好的护卫者，他们难道不应该是那些最具有护卫者特征的人吗？

格：是的。

苏：为此，他们应该有智慧和效率，并对国家有特别的照顾？

格：确实如此。

苏：而一个人最有可能关心的是他所爱的东西？

格：当然。

苏：而他最有可能爱的是他认为与自己有相同利益的人，以及他认为在任何时候都最能影响自己的好坏的人？

格：非常正确。

苏：那么就必须进行选择。让我们注意一下护卫者中那些在其一生中表现出最热衷于做有利于国家的事情，而最厌恶做有损国家利益的事情的人。

格：这些都是正确的人。

苏：我们必须在他们每个年龄段对他们进行观察，以便我们可以看到他们是否保持了他们的决心，并且在武力或魔法的影响下，永远不会忘记或抛弃他们对国家的责任感。

格：如何被抛弃？

苏：我会向你解释。一个决议可能会从一个人的头脑中消失，要么是他的意愿，要么是违背他的意愿。一个错误意见离开了学好了的人是自愿的离开，一切正确意见的离开是不自愿的离开。

格：我明白，心甘情愿地失去了决心。我还没有学会不情愿的意义。

苏：为什么你看不出人是不愿意被剥夺善，而愿意被剥夺恶？难道失去真理不是一种恶，拥有真理不是一种善吗？你会同意，设想事物的原貌就是拥有真理吗？

格：是的，我同意你的看法，认为人类被剥夺了真理是违背他们的意愿。

苏：而这种非自愿的剥夺不是由盗窃、武力或魔法造成的吗？

格：我不理解你的话。

苏：我担心我一定是在暗地里说话，就像那些悲剧演员一样。我的意思是说，有些人因劝说而改变，有些人则忘记。争论偷走了一类人的心，而另一类人则偷走了时间。这我称之为偷窃。现在你明白我的意思了吧？

格：是的。

苏：那些再次被强迫的人，是那些被某种痛苦或悲伤的暴力迫使改变观点的人。

格：我明白，你说得很对。

苏：你也会承认，被施了魔法的人是那些在快乐的柔和影响下或在恐惧的强烈影响下改变主意的人？

格：是的，一切欺骗的东西都可以说是迷惑人的。

苏：因此，正如我刚才所说，我们必须询问谁是他们自己信念的最佳护卫者，他们认为国家的利益是他们生活的准则。我们必须从他们青年时期开始观察他们，让他们做一些他们最容易忘记或被欺骗的行为，那些记得住且不被欺骗的人将被选中，而那些在试验中失败的人将被拒绝。这将是一种方式？

格：是的。

苏：还应该有为他们规定的艰苦、痛苦和冲突，在这些过程中，他们将被要求进一步证明同样的品质。

格：非常正确。

苏：然后，我们再进行第三种反欺骗诱惑的考察——这是第三种测试，看看他们的表现。就像带着小马驹到喧嚣和骚动中看它们是否有胆量一样，我们也必须带着我们的年轻人到贫穷忧患中，并再次让他们进入快乐之中，并比在熔炉中证明黄金更彻底地证明他们，以便我们可以发现他们是否有能力抵御一切外界诱惑，始终保持高贵的气质，很好地保护自己和他们所学的音乐，并在任何情况下保持有节奏和和谐的性质，这样对个人和国家最有益。谁在每个年龄段，如男孩、青年和成年时期，都能从试验中获得胜利和纯洁，谁就应被任命为国家的统治者和护卫者。他应在生与死中受到尊敬，并受到葬礼和其他荣誉的纪念，这是我们所能给予的最大荣誉。但是失败的人，我们必须拒绝。我倾向于认为，这就是我们的统治者和护卫者应该被选择和任命的那种方式。我只是泛泛而谈，并不奢求精确性。

格：而且，从总体上讲，我同意你的观点。

苏：也许"护卫者"这个词在最完整的意义上应该只适用于这个更高的阶层，他们保护我们不受外敌侵扰，在国内维护我们公民之间的和平，使一个人没有意愿或其他人没有能力来伤害我们。我们以前称为护卫者的年轻人，可以更恰当地被称为统治者原则的辅助者和支持者。

格：我同意你的观点。

苏：那么，我们如何才能设计出我们最近谈到的那些必要的假话——只是一个皇家的谎言，可以欺骗统治者，如果可能的话，至少可以欺骗城市的其他人？

格：什么样的谎言？

苏：没有什么新东西。只是一个古老的腓尼基人的故事，以前在其他地方经常发生的事情（正如诗人所说，并使世界相信），虽然不是在我们的时代，我不知道这样的事件是否会再次发生，或者现在甚至可以使之成为可能，如果它发生。

格：你怎么说得这样吞吞吐吐！

苏：当你听到时，你不会怀疑我的犹豫不决。

格：说吧，不要害怕。

苏：那么，我就说吧。虽然我真的不知道该如何面对你们，也不知道该用什么话来表达这个大胆的虚构，我打算把它逐步传达给统治者，然后是士兵，最后才是人民。要告诉他们，他们的青春是一场梦，他们从我们这里接受的教育和训练只是一种表象。实际上，在那段时间里，他们一直在地球深处形成和喂养，他们自己和他们的武器及附属品都是在那里被制造的。当他们完成后，地球，他们的母亲，把他们送了上来。因此，他们的国家是他们的母亲，也是他们的奶妈，他们必须为她的利益提出建议，并保护她免受攻击，她的公民要被视为地球的孩子和自己的兄弟。

格：你有充分的理由为你要讲的谎言感到羞愧。

苏：是的，但还有更多的事情要做。我只告诉你一半。公民们，我们将在我们的故事中对他们说，你们是兄弟，但上帝对你们的安排是不同的。你们中有些人有指挥权，他在这些人的组成中掺入了黄金，因此他们也有最大的荣誉。另一些人他用银做的，是辅助人员。还有一些人

111

是农夫和工匠，他用铜和铁组成。这些种类一般会在孩子们身上保留下来。但是，由于所有的人都来自同一个原始群体，一个金色的父母有时会有一个银色的儿子，或者一个银色的父母有一个金色的儿子。上帝向统治者宣布，作为首要原则，在所有其他方面，没有什么是他们应该如此焦虑地保护的，或者他们应该兢兢业业保护的，是种族的纯洁。他们应该观察他们的后代中混入了什么元素。因为如果父母是金或银，但儿子中混入了铜和铁，那么自然界就会下令调换等级，统治者不能因为孩子需要降低等级，成为一个农夫或工匠，而对他感到可怜，就像有些工匠的儿子因为混入了金或银而被提升其地位，成为护卫者或辅助人员。因为有神谕说，当一个铜或铁的人守卫国家时，国家将被毁灭。这就是传说，有可能让我们的公民相信它吗？

格：在这一代不行，没有办法做到这一点，但可以让他们的儿子相信这个故事，还有他们儿子的儿子，以及他们之后的子孙。

苏：我理解你的意思，然而，培养这样一种信念会使他们更加关心这个城市，关心彼此。不过，这种虚构的东西已经够多了，它现在可能会借着谣言的翅膀飞到国外去，而我们要武装这些大地的子孙，让他们在统治者的指挥下迈步前进。让他们环顾四周，选择一个地方，在那里他们可以最好地镇压叛乱，也可以抵御敌人，他们可能像狼一样从外面扑来。让他们在那里扎营，当他们扎营后，让他们向适当的神灵献祭，并准备他们的住所。

格：就这样。

苏：他们的住所必须是能为他们挡住冬天的寒冷和夏天的炎热。

格：我想你是指房子。

苏：是的，但它们一定是士兵的房子，而不是店主的。

格：有什么区别呢？

苏：我将努力解释。饲养看门狗，而这些狗由于缺乏管教，或饥饿，或有一些恶习，会转向羊群，让它们害怕，其行为不像狗，而是像狼，这对牧羊人来说是一件肮脏和可怕的事情吗？

格：这确实是个怪胎。

苏：因此，必须采取一切措施，确保我们的辅助人员比我们的公民更强大，不至于对他们来说太过分，成为野蛮的暴君而不是朋友和盟友？

格：是的，应该非常小心。

苏：而真正良好的教育难道不是最好的保障吗？

格：但他们已经受到了良好的教育。

苏：我不能这么自信，亲爱的格劳孔。我更确信他们应该如此，而且真正的教育，不管是什么，在他们彼此之间的关系中，以及对那些受他们保护的人，都会使他们变得文明和人性化。

格：非常正确。

苏：不仅是他们的教育，还有他们的住所，以及属于他们的一切，都应该是这样的，既不会损害他们作为护卫者的美德，也不会诱使他们去掠夺其他公民。任何有理智的人都必须承认这一点。

格：他必须这样做。

苏：那么现在让我们考虑一下，如果他们要实现我们对他们的设想，他们的生活方式将是什么？首先，除了绝对必要的东西之外，他们都不应该有自己的任何财产。其次，他们也不应该有私人的房子或商店，不让任何有心人进入。他们的食物应该只是训练有素的战士所需要的，他们是有节制和勇气的人。他们应该同意从公民那里得到固定的工资，足以满足一年的开支，而不是更多。他们将像士兵在营地里一样去捣乱，一起生活。我们要告诉他们，他们有来自上帝的金银。神圣的金属就在他们里面，因此他们不需要人世间流行的渣滓，也不应该用任何这种世俗的混合物来污染神圣的东西。因为那种普通的金属是许多不

113

神圣行为的来源，但他们自己的是没有污点的。所有公民中只有他们不能接触或处理金银，或与它们同在一个屋檐下，或穿戴它们，或饮用它们。这将是他们的救赎，他们将是国家的救世主。但是，如果他们获得了自己的家园、土地或金钱，他们就会成为管家和农夫，而不是护卫者，会成为敌人和暴君，而不是其他公民的盟友。他们憎恨和被憎恨，算计和被算计，他们将在对内部敌人的恐惧中度过他们的一生，而对他们自己和国家的其他人来说，毁灭的时刻就要到了。鉴于所有这些原因，我们是不是可以说，我们的国家应该这样安排，这些应该是我们为护卫者关于他们的房屋和所有其他事项达成一致意见，并且制定为法律吧。我们要不要这样？

格：不错。

第四卷　财富、贫穷和美德

〔在这里，阿德曼托斯提出了一个问题。〕

阿：苏格拉底，如果有人说你让这些人很痛苦，是他们自己不快乐的原因，你会怎么回答呢？这个城市实际上是属于他们的，但他们并没有因此而变得更好。而其他人则获得了土地，建造了大而漂亮的房子，拥有一切漂亮的东西，以自己的名义向神灵献祭，并款待宾客。此外，正如你刚才所说的，他们拥有金银财宝，以及所有在财富的宠儿中常见的东西。而我们可怜的公民却比那些驻扎在城市里并始终保持警惕的雇佣兵好不了多少？

苏：是的，你还可以补充说，他们只是吃饱，而不是像其他人一样，除食物之外还有工资。因此，如果他们愿意的话，他们就不能进行快乐的旅行。他们没有钱花在情人或任何其他奢侈的花样上，而这些花样，按照世界的说法，被认为是幸福，还可以补充许多其他相同性质的指责。

阿：但是，让我们假设这一切都包括在指控中。

苏：你是想问，我们的答案是什么？

阿：是的。

苏：如果我们沿着老路走下去，我相信我们会找到答案的。而我们的答案将是，即使他们是这样，我们的护卫者也很可能是最幸福的人。但是，我们建立国家不是为了任何一个阶层的不相称的幸福，而是为了整体的最大幸福。我们认为，在一个以整体利益为目的的国家中，我们最有可能找到正义，而在秩序不良的国家中则是不正义的：在找到它们之后，我们可以决定两者中哪个更幸福。目前，我认为，我们正在塑造幸福的国家，不是支离破碎的，也不是为了让少数幸福的国家，而是作为一个整体。以后，我们将继续观察相反的国家。假设我们在给一尊雕像上色，有人走过来对我们说："你为什么不把最美丽的颜色涂在身体最美丽的部位——眼睛应该是紫色的，但你却把它涂成了黑色。"我们可以公平地回答他："先生，你肯定不会让我们把眼睛美化到不再是眼睛的程度。"不如考虑一下，通过给这个和其他特征以适当的比例，我们是否使整个国家变得美丽。因此，我对你们说，不要强迫我们给护卫者分配一种幸福，使他们除了护卫者之外一无所有。因为我们也可以给我们的农夫穿上皇家服装，在他们的头上戴上金冠，让他们想怎么耕地就怎么耕地，不能再多。我们的陶工也可以被允许躺在沙发上，在火炉边大吃大喝，围着酒杯转，而他们的轮子就在手边，只在他们喜欢的时候从事制陶工作。这样我们就可以让每个阶层都快乐起来——然后，如你所想，整个国家都会快乐。但是，不要把这种想法灌输给我们。因为，如果我们听了你的话，农夫将不再是农夫，陶工将不再是陶工，在这个国家，没有人将具有任何不同阶级的特征。现在，如果社会的腐败和自命不凡的行为只限于鞋匠，这还不算什么。但是当法律和政府的护卫者只是表面上的，而不是真正的护卫者，那么请看他们是如何把国家颠覆的。反之，只有真正的护卫者才有能力给国家带来秩序和幸福。我们的意思是，我们的护卫者是真正的救世主，而不是国家的破坏者，而我们的对手想到的是节日里的农民，他们正在享受狂欢的生活，而不是正在为国家尽责的公民。但是，如果是这样，我们的意思就不一样了，他们所说的不是一个国家。因此,我们必须考虑,在任命我们的护卫者时,我们是否会着眼于他们个人的最大幸福,或者这种幸福的原则是否不在于整个国家。但是,如果后者是事实,那么护卫者和辅助人员,以及与他们同样的所有其他人,就必须被迫或被诱导以最佳方式完成自己的工作。这样,整个国家就会在高尚的秩序中成长起来,各个阶层都会得到自然界赋予他们的一定比例的幸福。

阿:我认为你说得很对。

苏:我不知道你是否会同意我想到的另一句话。

阿:那是什么呢?

苏:导致技艺恶化的原因似乎有两个。

阿:它们是什么?

苏:财富,还有贫穷。

阿:它们是如何行动的?

苏:其过程如下。当一个陶艺家变得富有时,你认为他还会再对他的技艺采取同样的苦心吗?

阿:当然不是。

苏:他将越来越懒散和粗心?

阿:非常正确。

苏:而结果将是他成为一个更糟糕的陶工?

阿:是的。他的情况大大恶化了。

苏:但是,另一方面,如果他没有钱,也不能为自己提供工具或仪器,他自己就不会做得同样好,也不会教他的儿子或学徒做得同样好。

阿:当然不会。

苏:那么,在贫穷或财富的影响下,工人和他们的工作同样容易堕落?

阿:这是很明显的。

苏：这里发现了新的罪恶，护卫者必须加以防范，否则他们会在无人注意的情况下潜入城市。

阿：什么恶行？

苏：财富和贫穷。一个是奢侈和懒惰的根源，另一个是卑鄙和恶毒的根源，两者都是不满的根源。

阿：这是非常正确的。但我还是想知道，苏格拉底，如果我们的城市被剥夺了战争的筋骨，怎么能去打仗，特别是对付一个富强的敌人。

苏：与一个这样的敌人开战当然会有困难。但有两个这样的敌人就没有困难了。

阿：怎么说？

苏：首先，如果我们必须战斗，我们这边将是训练有素的战士，与富人的军队作战。

阿：一点也不错。

苏：你难道不认为，阿德曼托斯，一个技艺完美的拳击手会轻易地与两个不是拳击手的粗壮而富裕的绅士相抗衡吗？

阿：很难说，如果他们一下子就找到他。

苏：现在，如果他能够逃跑，然后转过身来攻击第一个上来的人，那该怎么办？假设他在烈日下这样做了好几次，作为一个专家，他可能不会把一个以上的壮汉掀翻在地？

阿：当然，这不会有什么好的结果。

苏：然而，富人在拳击的科学和实践方面的优势可能比他们在军事素质方面的优势更大。

阿：有可能。

苏：那么我们可以假设，我们的运动员将能够与两倍或三倍于自己的人数作战。

阿：我同意你的观点，因为我认为你是对的。

苏：假设在交战之前，我们的公民向两个城市中的一个派出了大使，告诉他们真相：金银财宝我们没有，也不允许拥有，但他们可以。询问他们是否来帮助我们作战，并拿走另一个城市的战利品。谁听到这些话，会选择与瘦而壮的狗作战，而不是与瘦而壮的狗一起与肥而弱的羊作战？

阿：这是不可能的。如果将许多国家的财富集中到一个国家，可能会对贫穷的国家产生危险。

苏：但是，除了我们自己的国家之外，你在任何地方使用国家这个词，是多么简单的事情啊！

阿：为什么这么说？

苏：你应该用复数来谈论其他国家。它们每一个都是许多个，而不是一个，正如他们在游戏中所说的。因为任何城市，无论多么小，事实上都被分为相互敌对的两部分，一个是穷人的城市，另一个是富人的城市。这两个城市相互争斗。在任何一个城市中，都有许多更小的划分，如果你把它们都当作一个国家来对待，那就完全不对路了。但是，如果你把它们当作许多国家来对待，把一个国家的财富或权力或人交给其他国家，你将永远有许多朋友，而没有许多敌人。而你的国家，只要现在规定的明智秩序继续施行，就会成为最伟大的国家，我不是说在声誉或外表上，而是在行动和真理上，尽管城邦的护卫者不超过一千人。无论是在希腊还是在其他地方，你都很难找到一个这么大的单一城邦，尽管有许多国家看起来和它一样强大，甚至比它强大许多倍。

阿：这是最真实的。

苏：当我们的统治者在考虑国家的规模和要包括的领土数量时，什么才是要确定的不能超过的最佳界限？

阿：你会提出什么限制？

苏：国家在保持统一的情况下，我认为这是适当的限度。

阿：非常好。

苏：这里有另一项命令，必须传达给我们的护卫者。让我们的城市既不大也不小，而是一体的，自给自足的。

阿：这当然不是一个非常严厉的命令。

苏：我们之前所说的另一种情况更轻，我指的是，当护卫者的后代低劣时，要降低他们的地位。而当低等人的后代优越时，要将他们提升到护卫者的地位。我们的意思是，就一般的公民而言，每个人都应该被投入到自然所赋予的使命中去，一个人做一个人的工作，这样每个人都会做自己的事情，成为一个人而不是很多人。这样整个城市就会成为一体而非散乱的。

阿：是的，这并不难。

苏：我们所规定的条例，我亲爱的阿德曼托斯，并不像人们想象的那样，是一些伟大的原则，而是所有的小事，如果像人们所说的那样，注意一件大事的话，——不过，我宁愿把这件事称为，不是伟大的，但对我们的目的来说是足够的。

阿：那可能是什么？

苏：教育，还有养育。如果我们的公民受到良好的教育，并成长为理智的人，他们会很容易看清所有这些问题，以及我省略的其他事项。例如，婚姻及生儿育女，这些都将遵循一般的原则，正如谚语所说，即朋友之间有一切共同的东西。

阿：这将是解决这些问题的最好办法。

苏：另外，国家一旦开始得好，就会像车轮一样以累积的力量前进。因为良好的培养和教育会促成良好的体质，而这些良好的体质在良好的教育中生根发芽，会越来越好，这种好会影响到人和其他动物的进化。

阿：非常有可能。

苏：然后总结一下。这是我们的统治者首先应该注意的一点，即音乐和体操应保持其原有的形式，而不能有任何创新。他们必须尽最大努力保持它们的完整性。当有人说，"人类最重视歌手们最新的歌声"，他们会担心他赞美的不是新歌，而是一种新花样的歌曲。而这是不应该被赞美的，或者被认为是诗人的意思。因为任何音乐的创新都对整个国家充满了危险，应该被禁止。达蒙是这样告诉我的，我也很相信他。他说，当音乐模式发生变化时，国家的基本法律也会随之改变。

阿：是的，你可以把我的选举权加到达蒙和你的选举权上。

苏：那么，我们的护卫者必须在音乐中奠定他们堡垒的基础？

阿：是的，你所说的无法无天的事情太容易混进来了。

苏：是的，以娱乐的形式。而且乍一看，它似乎无害。

阿：是的，这没有什么坏处。只不过这种放荡的精神，一旦找到了根植的土地，就会不知不觉地渗透到礼仪和习俗中去。然后，它以更大的力量侵入人与人之间的契约，并从契约发展到法律和宪法，完全不顾一切。最后推翻所有权利，无论是私人的还是公共的。

苏：那是真的吗？

阿：我认为是这样。

苏：那么，正如我所说的，我们的年轻人应该从一开始就接受更严格的制度训练，因为如果娱乐活动变得无法无天，而年轻人自己也变得无法无天，他们就永远不可能成长为行为良好和有美德的公民。

阿：非常正确。

苏：当他们在游戏方面有了一个良好的开端，并在音乐的帮助下获得了遵纪守法的习惯，那么这种守法的习惯，在某种程度上与其他人无法无天的游戏不同！将伴随着他们的所有行为，并成为他们成长的原则，如果国家有任何堕落的地方，他们将重新崛起。

阿：非常正确。

苏：这样一来，他们就会为自己发明任何他们的前辈完全忽视的较小的规则。

阿：你是什么意思？

苏：我指的是这样的事情：年轻人在长辈面前什么时候应该保持肃静；他们应该起立让座表示对前辈的尊重；对父母应该尽孝道；应该穿什么衣服或鞋子；头发的梳理方式，以及一般的举止和礼仪。你会同意我的观点吗？

阿：是的。

苏：但我认为，对这些问题进行立法是不明智的，我怀疑是否曾经做过。关于这些问题的任何精确的书面规定也不可能持久。

阿：不可能的。

苏：阿德曼托斯，看来教育的方向决定了一个人的未来生活。难道喜欢的人不总是吸引喜欢的人吗？

阿：当然。

苏：直到达到某种罕见的、宏大的结果，可能是好的，也可能是好的反面？

阿：这一点是不容否认的。

苏：由于这个理由，我不会试图对它们进行进一步的立法。

阿：自然如此。

苏：那么，关于广场上的生意，以及人与人之间的普通交易，或者关于与工匠的协议，关于侮辱和伤害，或者诉讼的开始，以及陪审团的任命，你会怎么说？还可能出现关于任何市场和港口的征收费用的问题，以及关于市场、警察、港口等的一般规定。但是，天哪！我们应该对这些具体问题进行立法吗？

阿：我认为没有必要把有关他们的法律强加在好人身上。什么规定是必要的，他们自己很快就会发现的。

苏：是的，我的朋友，如果上帝只给他们保留我们给他们的法律。

阿：如果没有神的帮助，他们将不断地制定和修改他们的法律和生活，希望能达到完美。

苏：你会把他们比作那些没有自制力的病人，他们不愿意离开他们的酗酒习惯？

阿：正是如此。

苏：是的，他们的生活多么令人愉快啊！他们总是在医治，病情却越来越复杂严重，并且总是幻想他们会被任何人建议他们尝试的任何药方所治愈。

阿：这种情况在这类病人中非常常见。

苏：是的，有趣的是，他们认为谁告诉了他们真相，谁就是他们最大的敌人，那就是，除非他们放弃吃喝玩乐，否则，无论是药物、手术、咒语、护身符还是任何其他补救措施都不会有效。

阿：有趣？我认为对一个告诉你什么是真相的人发脾气没有什么有趣之处。

苏：你似乎对这种人没有好感。

阿：当然。

苏：你也不会赞美那些像我刚才所说的人那样行事的国家。难道不是有一些秩序混乱的国家，任何企图改变国家制度的公民都被处以死刑？而那些最善于向生活在这种制度下的人讨好，纵容他们，向他们献殷勤，熟练地预测和满足他们的幽默感的人，被认为是一个伟大的好政治家——难道这些国家不像我描述的那些人？

阿：是的，国家和人一样坏，而我离赞美他们还很远。

苏：但是，你难道不佩服这些甘愿为国家热诚服务的人们的勇气和决心吗？

阿：是的，我知道。但不是所有的人，因为有些人被众人的掌声迷惑了，以为他们是真正的政治家，这些人不太值得钦佩。

苏：你是什么意思？你应该对他们有更多的宽容。当一个人不能测尺寸，而许多不能测量尺寸的人宣称他有四腕尺高时，他能不相信他们所说的吗？

阿：不，在这种情况下当然不行。

苏：那么，不要生他们的气。因为他们不也挺可怜的吗，试图进行我所描述的那种微不足道的改革。他们总是幻想通过立法来结束合同中的欺诈行为，以及我所提到的其他无赖行为，却不知道他们实际上是在砍掉九头蛇的头？

阿：是的，这正是他们正在做的事情。

苏：我想，无论是在一个秩序不佳的国家还是在一个秩序良好的国家，真正的立法者都不会为这类法律或宪法的制定而烦恼。因为在前者，它们是非常无用的，而在后者，制定它们并不困难。而且其中很多都会自然地从我们以前的法规中产生。

阿：那么，立法工作还有什么要我们去做呢？

苏：对我们来说没什么。但对德尔菲的神阿波罗来说，仍有最伟大、最崇高和最主要的法律要规定。

阿：哪些？

苏：庙宇和祭祀的制度，以及对神、半神和英雄的全部服务，还有对死人存放处的安排，以及那些要为下面世界的居民祈福的人必须遵守的仪式。这些都是我们不知道的事情，作为一个城市的创始人，除了我们的祖先神灵，我们把它们交给任何解释者都是不明智的。他是坐在中心的神，在地球的肚脐上，他是全人类的宗教解释者。

阿：你是对的，我们将按照你的建议去做。

苏：但在这一切中，正义在哪里？阿里斯顿之子，告诉我在哪里。现在我们的城市已经可以居住了，请你点上蜡烛去寻找，让你的兄弟和玻勒马霍斯以及我们其他的朋友来帮忙，让我们看看在哪里可以发现正义，哪里可以发现非正义，它们之间有什么不同，以及想得到幸福的人应该以哪种方式得到正义或不正义，不管是神和人看得到的或看不到的。

格：废话，你不是答应过要亲自寻找正义吗，说你不在正义需要的时候帮助它，就是不虔诚。

苏：我不否认我这么说过，而且正如你提醒我的那样，我会言出必行。但你必须加入。

格：我们会的。

苏：那么，我希望以这种方式进行发现。我的意思是，首先假设我们的国家，秩序正确，是完美的。

格：这是最肯定的。

苏：那么，这个国家是完美的，是有智慧的，勇敢的，有节制的，正义的。

格：这一点也同样清楚。

苏：无论我们在国家中找到哪种品质，剩下的将是我们没有找到的？

格：非常正确。

苏：如果有四件东西，而我们正在寻找其中的一件，无论它在哪里，所寻找的那件东西可能一开始就被我们知道了，那么就不会有进一步的麻烦。或者我们可能先知道其他三件，然后第四件显然就是剩下的那件。

格：非常正确。

苏：而对于我们现在寻找的四种美德，难道不应该采取类似的方法吗？

格：很明显。

苏：在国家的美德中，首先是智慧，在这一点上我发现了某种特殊性。

格：那是什么？

苏：我们一直在描述的国家被说成是有智慧的，因为它善于思考？

格：非常正确。

苏：好的劝告显然是一种知识，因为人不是靠无知而是靠知识才会有好的劝告。

格：很明显。

苏：而一个国家的知识种类是多种多样的？

格：当然了。

苏：有木匠的知识，但这是给一个城市带来智慧和善于思考的称号的那种知识吗？

格：当然不是，这只会给一个城市带来木匠技艺的声誉。

苏：那么，一个城市就不能因为拥有对木制器具提供最佳建议的知识而被称为有智慧吗？

格：当然不能。

苏：也不是因为有关于铜壶的知识，也不是因为拥有任何其他类似的知识？

格：不是其中任何一个原因。

苏：也不是因为有耕耘大地的知识，这会给城市带来农业的名称？

格：是的。

苏：好吧，在我们这个刚成立不久的国家里，是否有任何公民的知识，不是就国家的任何特定事物提供建议，而是就整体提供建议，并考虑一个国家如何能最好地处理自己和其他国家的关系？

格：当然有。

苏：那么这种知识是什么？在谁中间发现？

格：这是护卫者的知识，在那些我们刚才描述的完美护卫者中可以找到。

苏：那么，这个城市因拥有这种知识而获得的名称是什么呢？

格：善于思考的名字，真正有智慧的名字。

苏：而在我们的城市中，会有更多这样的真正的护卫者，还是更多的铁匠？

格：铁匠的数量会多得多。

苏：和所有已具有科学或技能而得名的人相比，真正的护卫者岂不是所有阶层中最少的？

格：少得很。

苏：因此，由于最小的部分或阶级，以及存在于其自身的这一主导和统治部分的知识，使整个国家按照自然的方式构成，将是有智慧的。而这个拥有唯一值得被称为智慧的知识的国家，被自然规定为所有阶级中最小的。

格：最为真实。

苏：因此，四种美德之一的本质和其在国家中的地位已经以某种方式被发现。

格：而且，依我愚见，非常令人满意地发现。

苏：看清勇气的本质并不困难，看清那种赋予国家以勇气之名的品质存在于哪个部分？

格：你是什么意思？

苏：每逢有人说任何国家勇敢或懦弱的时候，都会想到代表国家作战和出征的那一部分。

格：没有人会想到别的。

苏：其余的公民可能是勇敢的，也可能是懦弱的，但他们的勇敢或懦弱，正如我所设想的，不会产生使这个国家勇敢或懦弱的效果。

格：当然不是。

苏：这个城市将凭借自己的一部分勇气，在任何情况下都保留我们的立法者教育他们的那种对事物性质的恐惧和不恐惧的看法。这就是你们所说的勇气。

格：我想再听一遍你说的话，因为我不认为我完全理解你。

苏：我是说，勇气是一种救赎。

格：对什么的救赎？

苏：我说的"在任何情况下"是指在快乐或痛苦中，或在欲望或恐惧的影响下，人都会保持这种观点，而不会失去这种观点。我可以给你举一个例子吗？

格：如果你愿意的话。

苏：你知道，当染工要给羊毛染色以制作真正的紫色时，首先要选择白色羊毛。他们要精心准备和打扮，以便使白色的羊毛能够完全完美地呈现出紫色的色调，然后再进行染色。凡是以这种方式染过的东西都不会褪色，不管是用还是不用碱水清洗，都无法去除这种色彩。但是，如果羊毛没有经过适当的准备，你会注意到紫色或任何其他颜色的外观是多么糟糕。

格：是的，我知道他们有一个冲淡的、可笑的外表。

苏：那么现在，你就会明白我们挑选士兵，用音乐和体操教育他们的目的是什么。我们正在策划各种活动，使他们准备好接受法律，而他们对危险和其他各种意见的颜色将通过他们的培养和训练被不可磨灭地固定下来，而不被快乐这样强大的碱液洗掉——在洗涤灵魂方面比任何碱液都要强大。或者被悲伤、恐惧和欲望，所有其他溶剂中最强大的溶剂洗掉。这种符合法律的真实意见对真实和虚假危险的普遍拯救力量，我称之为勇气，除非你不同意。

格：我同意，因为我想，你的意思是排除单纯的未经训练的勇气，如野兽或奴隶的勇气——在你看来，这不是法律规定的勇气，应该有另一个名字。

苏：当然了。

格：那么我可以推断出勇气就是你所描述的那样？

苏：是的，你可以，如果你加上"公民的"这几个字，你就不会错得太离谱。以后，如果你愿意，我们将进一步审查，但目前我们不是在寻求勇气，而是在寻求正义。为了我们的调查目的，我们已经说得够多了。

格：你是对的。

苏：在国家中还有两种美德有待发现——首先是节制，然后是正义，这是我们探索的终点。

格：非常正确。

苏：现在，我们能先找到正义而不为节制而烦恼吗？

格：我不知道如何才能做到这一点，我也不希望正义得到彰显而节制被忽视。因此，我希望你能帮我一个忙，先考虑节制问题。

苏：当然，我不应该有理由拒绝你的请求。

格：那就先研究问题吧。

苏：是的，我会的。就我目前所见，节制的美德比前者更具有和谐和交响乐的性质。

格：怎么说？

苏：节制是指对某些快乐和欲望的命令或控制。这在"人要做自己的主人"的说法中得到了奇怪的暗示。在语言中还可以找到相同概念的其他痕迹。

格：毫无疑问。

苏：在"自己的主人"这一表述中有些可笑。因为主人也是仆人，仆人也是主人。在所有这些说话方式中都是指同一个人。

格：当然。

苏：我认为，其含义是，在人的灵魂中，有一个较好的原则，也有一个较坏的原则。当较好的原则控制了较坏的原则时，一个人就被说成是自己的主人。这是一个赞美的词语。但当由于邪恶的教育或交往，较好的原则，也就是较小的原则，被较大的较坏原则所压倒时，在这种情况下，这个人会被指责，会被称为自我的奴隶，没有原则。

格：是的，这非常有道理。

苏：现在，看看我们新建立的国家，你会发现这两个条件中的一个已经实现。因为你会承认，如果"克制"和"自我管理"这两个词真正表达了好的部分对坏的部分的统治，那么它就可以被合理地称为自己的主人。

格：是的，我看到你说的都是真的。

苏：让我进一步指出，多种复杂的快乐、欲望以及痛苦一般都存在于儿童、妇女和仆人身上，以及所谓的自由人身上，他们属于最底层和更多的阶层。

格：当然。

苏：而遵循理性、在思想和真实意见指导下的简单而适度的欲望，只能在少数人身上找到，而且是那些出生最好、受教育最好的人。

格：非常正确。

苏：如你所见，这两者在我们国家有一席之地。许多人的卑劣欲望被少数人的美德欲望和智慧所压制。

格：我察觉到了这一点。

苏：那么，如果有任何城市可以被描述是为自己的快乐和欲望的主人，以及自己的主人，我们的城市可以要求这样的称号。

格：当然。

苏：它也可以被称为温和的，并且出于同样的原因。

格：是的。

苏：如果有任何国家的统治者和人民在谁来统治的问题上达成一致，那也将是我们的国家。

格：无疑是的。

苏：既然公民之间如此一致，那么在哪个阶层会发现节制——统治者还是人民？

格：在这两个方面，正如我所想象的。

苏：你是否注意到，我们的猜测并没有错，即节制是一种和谐的表现。

格：为什么这么说？

苏：为什么呢，因为节制与勇气和智慧不同，它们各自只存在于一个部分，一个使国家明智，另一个使国家英勇。而节制则不同，它延伸到整体，把弱者和强者以及中产阶级都结合起来，产生一支和谐的交响乐一样，无论你认为他们在智慧、权力、人数、财富或其他方面是强者还是弱者。那么，我们就可以最真实地认为，节制是自然界的上等人和下等人在国家和个人的统治权上的一致。

格：我完全同意你的观点。

苏：因此，我们可以认为四种美德中的三种已经在我们国家被发现。使一个国家具有美德的最后一种品质必须是正义——假设我们了解它们到底是什么。

格：这个推论是显而易见的。

苏：那么时间到了，格劳孔，我们应该像狩猎者一样，围住掩体，小心翼翼地看着，以免正义被偷走消失在我们的视线之外。因为毫无疑问，它就在这个国家的某个地方：因此要注意，努力捕捉它的身影，如果你先看到它，请告诉我。

格：但愿我可以！但你应该把我看作是一个追随者，我的眼睛只够看到你给我看的东西——这是我所擅长的。

苏：与我一起献上祈祷，并跟随。

格：我会的，但你必须给我指路。

苏：这里没有路，前面一片漆黑。我们必须继续前进。

格：让我们继续推动。

苏：在这里我看到了一些东西：喂！我开始察觉到一条轨迹，我相信它跑不掉了。

格：好消息。

苏：真的，我们是愚蠢的家伙。

格：为什么这么说？

苏：为什么，我的好先生，在我们开始调查的时候，很久以前，就有正义在我们脚下翻滚，而我们却没有看到它。没有什么比这更可笑的了。我们就像那些到处寻找他们手中的东西的人一样——这就是我们的方式——我们不是在看我们所寻找的东西，而是在看远处的东西。因此，我想，我们错过了它。

格：你是什么意思？

苏：我的意思是说，在现实中，过去很长一段时间，我们一直在谈论正义，却没有认识到它。

格：我对你的纲要的长度感到不耐烦。

苏：那你告诉我，我说的对不对。你还记得我们在建立国家时一直在制定的原始原则，即一个人只应该做一件事，即他的天性最适合做的事。现在正义就是这个原则或它的一部分。

格：是的，我们经常说，一个人只应该做一件事。

苏：此外，我们肯定正义是做自己的事，而不是做一个爱管闲事的人。我们一再这么说，许多人也对我们说过同样的话。

格：是的，我们这么说。

苏：那么以某种方式做自己的事就可以被认为是正义。你能告诉我，我是从哪里得到这个推论的吗？

格：我不能，但我希望被告知。

苏：因为我认为，当其他的节制、勇气和智慧的美德被抽象化时，这是唯一留在国家中的美德。而且，这是所有这些美德存在的最终原因和条件，在留在它们中的同时也是它们的保存者。我们说，如果这三种美德被我们发现，正义将是第四种或剩余的一种。

格：这是必然的结果。

苏：如果要求我们确定这四种品质中哪一种的存在对国家的卓越性贡献最大，与统治者和人民是一致的，还是法律所教给士兵的关于什么该怕什么不该怕的信念在士兵心中的保持呢？是统治者的智慧和警觉，还是我提到的另一种品质，即在儿童、妇女、奴隶、自由人、工匠、统治者、被统治者中都有的品质——我是说，每个人都做自己的工作，不多管闲事，会要求得到掌声，这个问题不那么容易回答。

格：当然，很难说是哪个。

苏：那么国家中每个人做自己工作的权力似乎与其他政治美德、智慧、节制、勇气相竞争。

格：是的。

苏：而进入这种竞争的美德就是正义？

格：正是如此。

苏：让我们从另一个角度来看看这个问题。难道一个国家的统治者不是你要委托给他们来决定法律诉讼的职位吗？

格：当然。

苏：除了一个人不能拿别人的东西，也不能被剥夺拥有自己的东西的权利之外，还有什么其他理由来决定诉讼吗？

格：这就是他们的原则。

苏：这个是正义的原则？

格：是的。

苏：那么在这种观点上，正义也将被承认是拥有和做属于一个人自己的东西，属于他的东西？

格：非常正确。

苏：现在想想，说说你是否同意我的观点。假设一个木匠在做鞋匠的生意，或者一个鞋匠在做木匠的生意。假设他们交换他们的工具或他们的职责，或者同一个人做两个人的工作，或者不管有什么变化，你认为会给国家带来任何巨大的伤害吗？

格：不多。

苏：但是，当一个天生就适合作鞋匠或经商的人，因财富或力量或追随者的数量或任何类似的优势而心高气傲，试图强行进入战士的阶层，或战士进入他不适合的立法者和护卫者的阶层，并且接受对方的工具或职责。或者当一个人集商人、立法者和战士于一身时，我想你会同意我的说法，即这种相互交换和相互干涉的做法是国家的毁灭。

格：最为真实。

苏：既然有三个不同的阶级，那么任何干涉一个阶级的行为，或将一个阶级变成另一个阶级的行为，都是对国家最大的伤害，可以说是最合理的恶行。

格：正是如此。

苏：而对自己城市的最大程度的恶行会被你称为不正义吗？

格：当然。

苏：这就是不正义。另一方面，当商人、辅助者和护卫者各自做自己的事时，这就是正义，并会使城市变得正义。

格：我同意你的观点。

苏：我们现在还不会过分肯定。但是，如果在审判中，这种正义的概念在个人和国家中都得到了验证,那么就不再有任何怀疑的余地。如果它没得到验证,我们就必须进行新的调查。首先让我们完成旧的调查,正如你们所记得的,我们开始时的印象是,如果能够事先在更大的范围内考察正义,那么在个人身上辨别它就会有较少的困难。这个更大的例子似乎是国家,因此需要我们尽可能地构建一个好的例子,因为我们清楚地知道,在这个好的国家里,正义会被发现。让我们现在把我们的发现应用到个人身上——如果他们一致,我们就满意了。或者,如果在个人身上存在差异,我们将回到国家,对这个理论进行另一次试验。两者摩擦在一起时可能会碰撞出一束光,正义将在其中闪耀,而那时所揭示的愿景将被我们固定在我们的灵魂中。

格:这将是正常的过程。让我们按你说的做。

苏:当两个东西,一个大的和一个小的,被称为同一个名字时,单在它们名称相同的情况下,它们是相似还是不相似?

格:相似。

苏:那么,如果我们只考虑正义的概念,正义的人就会像正义的国家?

格:是的。

苏:当一个国家的三个阶级各司其职时,我们就认为这个国家是正义的。而且由于这些阶级的某些其他情感和品质,我们也认为这个国家是温和、勇敢和明智的?

格:的确。

苏:个人也是如此。我们可以假设,他在自己的灵魂中拥有与国家相同的三个原则。他可以正确地用同样的术语来描述,因为他以同样的方式受到影响?

格:当然。

苏:那么,我的朋友啊,我们又一次遇到了一个简单的问题——灵魂是否有这三个原则?

格:一个简单的问题!不,相反,苏格拉底,有句谚语说得好:"不入虎穴,焉得虎子。"

苏:非常正确,而且我认为,我们所采用的方法根本不足以准确地解决这个问题。真正的方法是另一种更长的方法。不过,我们还是可以得出一个不低于以前的调查水平的解决方案。

格:在这种情况下,我已经很满足了。

苏:我也会非常满意。

格:然后昏昏沉沉地不再追寻猜测。

苏:我们难道不应该承认,在我们每个人身上都存在着与国家相同的原则和习惯。而且它们是从个人身上进入国家的吗,否则它们怎么会来到那里?以激情或精神的品质为例,如果想象这种品质在国家中被发现时,不是来自被认为拥有这种品质的个人,例如色雷斯人、斯基泰人,以及一般的北方民族,那就太可笑了。同样可以说,热爱知识,这是我们这个世界的特点,或者热爱金钱,这也可以同样真实地归因于腓尼基人和埃及人。

格:正是如此。

苏:要理解这一点并不困难。

格:没有任何困难。

苏:但是,当我们继续问这些原则是三个还是一个时,问题就不那么容易了。也就是说,我们是用我们本性的一部分来学习,用另一部分来生气,用第三部分来渴望满足我们的自然食欲。还是整个灵魂在每一种行动中都起作用——确定这就是困难。

格:是的,困难就在这里。

苏:那么现在让我们试着确定它们是相同还是不同。

格:我们怎么能确定?

苏：同一事物显然不可能同时在同一部位或相对于同一事物以相反的方式行动或被行动。因此，每当这种矛盾发生在表面上相同的事物中时，我们就知道它们实际上不一样，是不同的事物。

格：很好。

苏：例如，同一事物在同一部位能否同时处于静止和运动状态？

格：不可能的。

苏：所以，让我们对术语有一个更精确的表述，以免我们以后会走错路。想象一下，一个人站着，同时也在移动他的手和他的头，假设有人说，同一个人在同一时刻处于运动和静止状态——我们应该反对这样的表述，而应该说他的一部分在运动，而另一部分在静止。

格：非常正确。

苏：假设反对者进一步细化，并得出一个很好的区别，即不仅是顶部的一部分，而且是整个顶部，当它们在原地固定的钉子上旋转时，同时处于静止和运动状态（他可以对在同一地点旋转的任何东西说同样的话），但他的反对意见不会被我们接受，因为在这种情况下，事物不是在自身的同一部分处于静止和运动状态。我们更应该说，它们有一个轴和一个圆周，轴是静止的，因为没有偏离垂直线，而圆周则是旋转的。但是，如果在旋转时，轴向右或向左、向前或向后倾斜，那么从任何角度看，它们都不可能是静止的。

格：这是描述它们的正确方式。

苏：那么，这些反对意见都不会使我们感到困惑，也不会使我们倾向于相信同一事物在同一时间，在同一部位或与同一事物的关系上，可以以相反的方式作用或被作用。

格：按照我的思维方式，当然不是。

苏：然而，为了不迫使我们审查所有这些反对意见，并长期证明它们是不真实的，让我们假设它们是荒谬的，并在以下理解的基础上前进，如果这个假设被证明是不真实的，接下来的所有后果都将被撤销。

格：是的，这将是最好的办法。

苏：你会不会允许同意和反对，欲望和厌恶，吸引和排斥，都是它们互相的对立面，无论它们被视为主动还是被动（因为这对它们的对立事实没有区别）？

格：是的，他们是对立的。

苏：好吧，还有饥饿和口渴，以及一般的欲望，还有愿意和希望，所有这些你都会提到或已经提到的类别。你会说不是吗？那个有欲望的人的灵魂正在寻求他的欲望的对象。或者他正在把他希望拥有的东西引向自己，或者再一次，当一个人希望得到任何东西时，他的内心渴望实现他的欲望，不会向他的愿望点头赞同来表示他希望得到它，就像他被问到一个问题一样？

格：非常正确。

苏：而你会怎么说不愿意和不喜欢以及没有欲望。这些不应该被称为排斥和拒绝的相反类别吗？

格：当然。

苏：承认这一点是一般欲望的真实情况，让我们假设有一类特殊的欲望，在这些欲望中，最为明显的例子就是我们所谓的口渴和饥饿吗？

格：我们是这样认为的。

苏：一个人的目标是食物，而另一个人的目标是饮料？

格：是的。

苏：问题来了：口渴难道不是灵魂对饮料的渴望，而且只是对饮料的渴望，而不是对其他东西的渴望。例如，温的或冷的，多的或少的，或者，任何特定种类的饮料。但是，如果口渴伴随着热，那么欲望就是冷饮。或者，如果伴随着冷，那么欲望就是热饮。或者，如果口渴过度，那么想要的饮料也会过度。或者，如果不是过度的口渴，饮料的数量也会很少。

格：是的，简单的欲望，正如你所说的，在每一种情况下都是简单的对象，而合格的欲望是合格的对象。

苏：但这里可能会出现混乱。我希望防止反对者开始说，没有人只想喝酒，但想喝好酒，或只想吃东西，但想吃好东西。因为好是欲望的普遍对象，渴是一种欲望，必然是渴着喝好酒。其他任何欲望也是如此。

格：是的，反对者可能有话要说。

苏：然而，我仍然坚持认为，有关系的人当中有些都跟关系的特定性质直接连系在一起。但本身简单存的，其相关的也是简单的。

格：我不知道你是什么意思。

苏：那么，你应该知道，大者是相对于小者而言的？

格：当然。

苏：而大得多的人对小得多的人呢？

格：与较小的相关。

苏：有的时候大的对有的时候小的，较大的对较小的？

格：当然。

苏：因此，更多和更少，以及其他相关术语，如双倍和一半，或者更重和更轻，更快和更慢。还有热和冷，以及任何其他亲属关系。——这难道不是所有这些术语的事实吗？

格：是的。

苏：同样的原则在科学中难道不成立吗？科学的对象是知识（假定这是真正的定义），但特定科学的对象是一种特定的知识。我的意思是，例如，建房是一种科学知识，它被定义并区别于其他种类，因此被称为建筑学。

格：当然。

苏：因为它有一个特殊的性质，而其他的都不具备？

格：是的。

苏：它之所以有这种特殊的性质，是因为它有一个特殊的对象。而其他技艺和科学也是如此？

格：是的。

苏：现在，如果我已经说得很清楚了，你就会明白我说的关于亲属关系的原意。我的意思是，如果一个关系中的一个词被单独拿出来，另一个也被单独拿出来。如果一个词被限定，另一个也被限定。我的意思并不是说，亲属关系不可能是悬殊的，也不是说健康的科学是健康的，疾病的科学必然是疾病的，也不是说善与恶的科学因此是善与恶的。而只是说，当科学这个词不再被绝对地使用，而是有一个限定的对象，在这里就是论述健康和疾病的性质时，它就变得确定了，并因此不仅仅被称为科学，而是医学的科学。

格：我很理解，我的想法和你一样。

苏：你会不会说，口渴是这些性质上相对的术语之一，显然有一个关系……

格：是的，渴是相对于喝而言的。

苏：某种口渴是与某种饮料相对的。但单独的口渴，既不是多也不是少，也不是好也不是坏，也不是任何一种饮料，而只是饮料。

格：当然。

苏：那么口渴的人的灵魂，在他口渴的范围内，只渴望喝水。为此他渴望并试图获得它？

格：这很明显。

苏：如果你假设有什么东西把一个口渴的灵魂从饮料中拉走，那一定与像野兽一样吸引他去喝水的口渴原则不同。因为，正如我们所说的，同一事物不可能在同一时间用自己的同一部分以相反的方式对同一事物采取行动。

格：不可能的。

苏：不外乎你可以说射手的手同时推拉弓，但你说的是一只手推，另一只手拉。

格：正是如此。

苏：一个人可能渴了，但却不愿意喝水？

格：是的，这种情况不断发生。

苏：在这种情况下，人们该怎么说呢？难道你不会说，在人的灵魂中，有什么东西要求他喝酒，又有什么东西禁止他喝酒，禁止比要求他喝酒的原则还要强烈？

格：应该这么说。

苏：禁止的原则来自于理性，而叫价和吸引的原则来自于激情和疾病？

格：很明显。

苏：那么，我们可以公平地假设，它们是两个原则，而且彼此不同。一个人用它来推理，我们可以称之为灵魂的理性原则，另一个人用它来爱、饥渴和感受任何其他欲望的跳动，可以称之为非理性或食欲，是各种快乐和满足的盟友？

格：是的，我们可以公平地认为它们是不同的。

苏：那么我们可以最终确定，灵魂中存在着两个原则。那么，激情或精神呢？它是第三种，还是类似于前面的一种？

格：我应该倾向于与欲望有关。

苏：有一个故事，我记得曾经听说过，而且我相信它。这个故事是这样的：阿格莱翁的儿子勒翁提俄斯有一天从比雷埃夫斯上来，在北墙的外面，看到一些尸体躺在行刑地点的地上。他有一种想看的欲望，也有一种对他们的恐惧和憎恶。有一段时间他挣扎着捂住眼睛，但最后欲望战胜了他。他强行睁开眼睛，跑到尸体前说，你们这些可怜虫，把美景看个够吧。

格：我自己也听说过这个故事。

苏：这个故事的寓意是，愤怒有时会与欲望开战，仿佛它们是两种不同的东西。

格：是的，这就是意义所在。

苏：难道不是有许多其他的情况，我们观察到，当一个人的欲望猛烈地战胜他的理性时，他就会谩骂自己，对他内心的暴力感到愤怒，而在这场斗争中，就像一个国家的派别斗争一样，他的精神是站在他的理性一边的。但是，当理性决定他不应该被反对时，热情的或有活力的元素却参与了欲望，这是一种我相信你从未在自己身上看到过的事情，而且，我想，在任何其他人身上也是如此。

格：当然不是。

苏：假设一个人认为他对另一个人做了错事，他越是高尚，就越不能对任何痛苦感到愤慨，比如饥饿、寒冷或其他任何被伤害者可能施加给他的痛苦——这些他认为是正义的，而且，正如我所说，他的愤怒拒绝被这些痛苦所激发。

格：的确。

苏：但当他认为自己是错误的受害者时，他就会沸腾起来，并站在他认为是正义的一边。由于他遭受饥饿或寒冷或其他痛苦，他只会更加坚定地坚持和克服。他的崇高精神不会被平息，直到他杀死对方或者被对方杀死。或者直到他听到牧羊人的声音，也就是理性，让他的狗不再吠叫。

格：这个例子很完美。在我们国家，正如我们所说的，辅助人员要做狗，要听统治者的声音，而统治者是他们的牧羊人。

苏：我意识到你非常理解我。但是，还有一点我希望你考虑一下。

格：什么意思？

苏：你还记得，激情或精神乍一看似乎是一种欲望，但现在我们应该说完全相反。因为在灵魂的冲突中，精神被排列在理性原则的一边。

格：是这样的。

苏：但还有一个问题出现了。激情是否也与理性不同，或者只是理性的一种。在后一种情况下，灵魂中没有三个原则，而只有两个，即理性和沉思。或者说，正如国家由三个阶层组成，商人、辅助者、顾问，那么在个人的灵魂中是否可能存在第三个元素，即激情或精神，在没有被不良教育腐蚀时，是理性的天然辅助者？

格：是的，一定有第三个人。

苏：是的，如果已经被证明激情与欲望不同，也被证明与理性不同。

格：这很容易证明：我们甚至可以在幼童身上观察到，他们几乎一出生就充满了灵性，而他们中的一些人似乎从未达到使用理性的程度，而且大多数人都很晚。

苏：很好，你可以在野兽身上同样看到激情，这就进一步证明了你所说的真理。我们可以再一次引用之前已引用过的荷马的话。

他捶胸顿足，斥责自己的灵魂，

因为在这节经文中，荷马清楚地认为，推论好坏的力量与被它斥责的不合理的愤怒是不同的。

格：非常正确。

苏：因此，经过一番折腾，我们已经到达了陆地，并且相当一致地认为，存在于国家中的相同原则也存在于个人中，并且它们有三个。

格：正是如此。

苏：那么，我们是否必须推断，个人是以同样的方式，并凭借使国家明智的相同品质而明智？

格：当然。

苏：还有，在国家中构成勇气的同一品质在个人中也构成勇气，国家和个人与所有其他美德都有相同的关系？

格：没错。

苏：而个人将被我们承认是正义的，就像国家是正义的一样？

格：当然，这是后话。

苏：我们不能不记得，国家的正义包括三个阶级中的每一个都在做自己阶级的工作？

格：我们不太可能忘记。

苏：我们必须记住，如果个人的天性中的几种品质在他身上发挥自己的作用，那么他将是正义的，并将做自己的工作。

格：是的，我们也必须记住这一点。

苏：理性的原则，即明智的，对整个灵魂有照顾的，不应该统治，而激情的或有活力的原则应该是主体和盟友吗？

格：当然。

苏：正如我们所说的，音乐和体操的联合影响将使它们协调一致，用高尚的话语和教训来约束和维持理性，用和谐和节奏来缓和、抚慰、教化激情的野性？

格：非常正确。

苏：理性和野性经过这样的培养和教育，并真正学会了了解自己的功能，将统治凹陷的灵魂——它在我们每个人身上都占具灵魂的最大部分，从本质上讲是最贪得无厌的——他们将保持警惕，以免由于身体上的快乐的充实而变得伟大和强大，正如他们所说的，凹陷的灵魂不再局限于自己的领域，试图奴役和统治那些不是她天生的主体，并颠覆人类的整个生活？

格：非常正确。

苏：两者结合在一起，岂不是是整个灵魂和整个身体的最佳捍卫者，以抵御来自外部的攻击。一个人提供建议，另一个人在他的领导下战斗，并勇敢地执行他的命令和建议？

格：确实如此。

苏：如果他的精神在快乐和痛苦中都保持着对他应该或不应该恐惧的理性命令，那么他就被认为是勇敢的？

格：对。

苏：我们称他为聪明人，因为他身上有统治和宣布这些命令的那一小部分。那部分也应该知道什么是对三个部分中的每一部分和整体的利益？

格：肯定的。

苏：你会不会说，当人的这三部分和谐相处，理性起领导作用，而且野性和欲望都同意归顺于理性，并承诺永不反叛，这样的人就是有节制的人？

格：当然，无论是在国家还是在个人，这都是对节制的真实描述。

苏：当然，我们已经一再解释了一个人如何以及凭借什么样的品质才能做到正义。

格：这是非常肯定的。

苏：而正义在个人身上是否更暗淡，它的形式是否不同，还是与我们在国家中发现的一样？

格：在我看来没有什么区别。

苏：因为，如果有任何疑问还在我们心中徘徊，几个普通的例子就能让我们相信我所说的真理。

格：你的意思是什么样的情况？

苏：如果把情况告诉我们，我们难道不能承认，正义的国家，或接受过这种国家原则训练的人，会比不正义的人更不可能弄走金银、存款？有人会否认这一点吗？

格：没有人。

苏：正义的人或公民会不会对他的朋友或国家犯有亵渎或偷窃或背叛的行为？

格：从来没有。

苏：他也不会在有誓言或协议的地方失信？

格：不可能的。

苏：没有人会犯奸淫，或不孝敬父母，或不履行宗教义务？

格：没有人。

苏：原因是他的每个部分都在做自己的事情，无论是在统治还是被统治？

格：正是如此。

苏：那么，你是否满意使这样的人和这样的国家的品质是正义，还是你希望发现其他的品质？

格：不是我，确实如此。

苏：那么，我们的梦想已经实现了。我们在建设工作开始时的怀疑，即某种神圣的力量一定将我们引向正义的初级形式，现在得到了验证？

格：是的，当然。

苏：而要求木匠、鞋匠和其他公民各司其职，不做别人的事的分工，是正义的影子，为此，它还有用？

格：很明显。

苏：但实际上，正义就像我们所描述的那样，它所关注的不是外在的人，而是内在的，也就是人的真正自我和关注的东西。因为正义的人不允许他内心的几个元素相互干扰，或者其中任何一个元素做其他人的工作，他把自己的内心生活安排好，做自己的主人和自己的法律，并与自己和平相处。当他把内心的三个原则结合在一起时，可以把它们比作音阶的高音、低音和中音，以及中间的音程——当他把所有这些结合在一起，不再是许多人，而是成为一个完全有节制和完美调整的自然，然后他开始行动，如果他必须行动的话。无论是在财产问题上，还是在对待身体的问题上，还是在一些政治或私人事务中。始终认为并称维护和配合这种和谐状态的行为为正义和良好的行动，以及主持这种行动的知识为智慧，而在任何时候损害这种状态的行为，他将称之为不正义的行动，以及主持这种行动的意见为无知。

格：你说的正是事实，苏格拉底。

苏：非常好。如果我们申明我们已经发现了正义的人和正义的国家，以及他们每个人的正义的性质，我们就不会说假话了？

格：当然不是。

苏：那么，我们可以这样说吗？

格：让我们这样说。

苏：而现在，必须考虑不正义的问题。

格：很明显。

苏：不正义难道不是在三个原则之间产生的纷争吗？多管闲事，相互干涉，灵魂的一部分对整体的反叛，一个叛逆的人民对一个真正的王子的非法权力的主张，他是这个王子的天然附庸——所有这些混乱和妄想除了不正义，放纵、懦弱和无知，以及各种形式的恶习。

格：正是如此。

苏：如果知道了正义和不正义的本质，那么，不正义的行为和不正义的意义，或者说，正义的行为的意义，也将完全清楚？

格：你是什么意思？

苏：它们就像疾病和健康。在灵魂中就像疾病和健康在身体中一样。

格：怎么说呢？

苏：健康的东西导致健康，不健康的东西导致疾病。

格：是的。

苏：正义的行为造成正义，不正义的行为造成不正义？

格：这一点是肯定的。

苏：健康的创造是身体各部分的自然秩序和相互管理的制度。而疾病的创造是与这种自然秩序不一致的事物状态的产生？

格：确实如此。

苏：正义的产生难道不是自然秩序的建立和灵魂各部分的相互管理，而不正义的产生则是与自然秩序相悖的事物状态的产生？

格：正是如此。

苏：那么美德是灵魂的健康、美丽和幸福，而恶习是灵魂的疾病、虚弱和畸形？

格：确实如此。

苏：难道好的做法会导致美德，而恶的做法会导致恶行吗？

格：是的。

苏：我们关于正义和不正义的比较优势的老问题仍然没有得到回答。无论是在神的眼里还是在人的眼里，做一个正义的人，采取正义的行动，实行美德；还是做一个不正义的人，采取不正义的行动，只要不受惩罚，不受改造，哪个更有好处？

格：根据我的判断，苏格拉底，这个问题现在已经变得很荒谬了。我们知道，当身体的体质已坏时，生命就不再是可以忍受的了，尽管被各种肉类和饮料所围绕，拥有所有的财富和权力。难道要告诉我们，当生命原则的本质被破坏和腐蚀时，生命对一个人来说仍然是值得拥有的？正义已坏的人尽管可以做任何他想做的事，只是不能获得正义和美德，不能摆脱不正义和邪恶。因为正义与美德已被表述为之前证明过的样子了。

苏：是的，这个问题正如你所说的，很荒谬。不过，既然我们已经接近我们可以用自己的眼睛最清楚地看到真相的地方，我们就不要在路上晕倒。

格：当然不能。

苏：到这里来，看一看各种形式的罪恶，我是说，那些值得一看的罪恶。

格：我在跟着你，继续。

苏：这个论点似乎已经达到了一个高度，从这个高度上看，就像从某个猜测的高塔上看，一个人可以看到美德是一个，但恶习的形式是无数的。有四个特别的形式值得注意。

格：你是什么意思？

苏：我的意思是，灵魂的形式似乎和国家的不同形式一样多。

格：有多少？

苏：国家有五个，灵魂有五个。

格：它们是什么？

苏：第一种是我们一直在描述的，它可以说有两个名字，即君主制和贵族制，相应地，统治是由一个杰出的人或由许多人行使。

格：的确。

苏：但我认为这两个名字只描述了一种形式。因为无论政府是由一个人还是由许多人掌握，如果统治者按照我们所设想的方式接受了培训，国家的基本法律就会得到维护。

格：一点也不错。

第五卷　论婚姻与哲学

苏：这样一种国家，这样一种体制，还有这样一种人物，我说都是善的，正义的；如果在管理国家和培养个人品质方面，这是一种善的制度，那么，其余的各种制度就都是恶的，谬误的。恶的制度可以分为四类。

格：它们是什么？

〔我正着手讲述这四种邪恶的形式。在我看来是接二连三的，这时坐在不远处，玻勒马霍斯跟阿德曼托斯正在交头接耳。他伸出手来，握住他大衣上部的肩膀，把他拉向自己，自己向前倾倒，以便相当接近，在他耳边说了些什么，我只听出其中的意思。〕

玻：我们是放他走，还是我们该怎么做？

阿德曼托斯提高声音说：当然不放他走。

苏：是谁，你拒绝放走他？

阿：拒绝放你走。

苏：为什么我不能被放行？

阿：为什么呢，我们认为你很懒，想骗我们一整章，而这一整章是故事中非常重要的部分。你幻想我们不会注意到你的空谈方式。好像每个人都不言而喻，在女人和孩子的问题上，"朋友之间有一切共同的东西"。

苏：我说的不对吗，阿德曼托斯？

阿：是的，但在这种特殊情况下，什么是正确的，就像其他一切一样，需要解释。因为社区可能有很多种类。因此，请你说说你指的是哪种社区。我们一直期待着你能告诉我们关于你的公民的家庭生活的一些情况——他们将如何把孩子带到这个世界上，并在他们到达后抚养他们，以及一般来说，这种妇女和儿童的社区的性质是什么——因为我们认为，对这些问题的管理的正确或错误将对国家产生巨大的和最重要的影响，无论是好是坏。现在，由于这个问题还没有确定，而你又要去另一个国家，正如你所听到的，我们决定不放你走，直到你对这一切作出说明。

格：对于这个决议，你可以认为我是同意的。

色：不用再多说了，你可以认为我们都是一样的。

苏：我不知道你这样攻击我是在做什么。你对国家提出了怎样的争论？正当我以为我已经说完了，并且非常高兴我已经把这个问题抛到了脑后，并在思考我是多么幸运地被你接受了我当时所说的话时，你却要求我从根本上重新开始，你不知道你正在搅动一个怎样的马蜂窝。现在我预见到了这个正在聚集的麻烦，并避免了它。

色：你认为我们来这里有什么目的，是为了寻找黄金，还是为了听讲？

苏：是的，但话语权应该有一个限制。

格：是的，苏格拉底，整个生命是明智的人对听这种论述的唯一限制。但不要管我们，你自己用心去想，用你自己的方式回答这个问题。在我们的护卫者中，这是一个什么样的妇女和儿童群体呢？我们应该如何处理出生和教育之间的时期，这似乎需要最大的关怀，告诉我们这些事情将如何进行？

苏：是的，我简单的朋友，但答案却不容易。对这一点的怀疑比对我们以前的结论的怀疑还要多。因为人们可能会怀疑所讲内容的可行性。从另一个角度来看，如果这个计划真的可行，那么它是否是最好的，也是值得怀疑的。因此，我不愿意接近这个问题，以免我们的愿望，我亲爱的朋友，变成只是一个梦想。

格：不要害怕，因为你的听众不会为难你。他们没有怀疑或敌意。

苏：我的好朋友，我想你是想通过这些话来鼓励我。

格：是的。

苏：那么让我告诉你，你的做法正好相反。如果我自己相信我在说什么，你所提供的鼓励就会非常好。对于一个人在爱他的智者中所尊敬和喜爱的重大利益问题，宣布真相不需要引起他的恐惧或动摇。但是，当你自己只是一个犹豫不决的探究者时（这就是我的情况），进行争论是一件危险和滑稽的事情。危险不是我被嘲笑（这种恐惧是幼稚的），而是我在最需要确定我的立足点的地方错过了真相，并在我跌倒后拖累我的朋友。我祈求复仇女神不要把我要讲的话落在我身上。因为我确实相信，在法律问题上，非自愿杀人比欺骗美、欺骗善、欺骗正义的罪行要轻。这是我宁可在敌人中也不愿在朋友中冒的风险，因此，你最好鼓励我。

格劳孔笑着说：那么，苏格拉底，万一你和你的论点对我们造成任何严重的伤害，你将被事先宣告无罪，不会被认为是欺骗者。那就鼓起勇气，说吧。

苏：法律规定，当一个人被宣告无罪时，他就没有罪了，在法律上成立的东西在辩论中也可能成立。

格：那么你为什么要介意呢？

苏：好吧，我想我必须重走我的路，在适当的地方说我以前也许应该说的话。男人的角色已经演完了，现在应该轮到女人了。我将开始谈论她们，而且是在你的邀请下，我更愿意谈论。

格：对于像我们的公民一样出生和受教育的人来说，在我看来，对妇女和儿童的占有和使用得出正确结论的唯一途径是遵循我们最初开始的道路，当时我们说，男人要成为畜群的护卫者和看门狗。

格：确实如此。

苏：让我们进一步假设我们的妇女的出生和教育受到类似或几乎类似的管制。然后我们将看到结果是否与我们的设计相一致。

格：你是什么意思？

苏：我的意思可以用一个问题的形式来表达。是把狗分为公狗和母狗，还是它们都平等地分担打猎、看守和狗的其他职责？还是我们把看守羊群的全部责任委托给公狗，而把母狗留在家里，认为生孩子和给小狗喂奶对它们来说是足够的劳动？

格：不，它们的任务是一样的。它们之间唯一的区别是，雄性更强壮，雌性更弱小。

苏：但你能用不同的动物来达到同样的目的吗，除非它们是以同样的方式喂养的？

格：不能。

苏：那么，如果女性要与男性有同样的职责，她们就必须有同样的培养和教育？

格：是的。

苏：分配给男子的教育是音乐和体操。

格：是的。

苏：那么，妇女必须接受音乐和体操的教育，也必须接受战争技艺的教育，她们必须像男人一样进行练习？

格：我想这就是推论。

苏：我更期望我们的几个建议，得到执行，但由于不寻常，可能会显得很荒谬。

格：这一点毋庸置疑。

苏：是的，最可笑的是看到女人在广场上赤身裸体，与男人一起运动，尤其是当她们不再年轻的时候。她们当然不会是美丽的景象，就像那些尽管有皱纹和丑陋，但仍然经常去健身房的热情的老男人一样。

格：是的，确实如此，根据目前的观念，这个提议会被认为是荒谬的。

苏：但是，既然我们已经决定说出我们的想法，我们就不能害怕那些针对这种创新的聪明人的嘲笑。他们会如何谈论妇女在音乐和体操方面的成就，尤其是关于她们穿戴盔甲和骑在马背上的事！我们必须把我们的想法说出来。

格：非常正确。

苏：然而，既然已经开始了，我们就必须向立法的困难之处迈进。同时，也请这些先生们在他们的生活中认真地对待一次。不久以前，正如我们要提醒他们的那样，希腊人认为，看到一个裸体的人是可笑的、不恰当的，这种观点在野蛮人中仍被普遍接受。当克里特人和拉凯戴蒙人首先引入这一习俗时，当时的智者可能同样嘲笑这一创新。

格：毋庸置疑。

苏：但是，当经验表明，让一切事物暴露出来远比把它们掩盖起来要好得多，而且在外人看来可笑的效果在理性所主张的更好的原则面前消失了，那么这个人就被认为是一个傻瓜，他把嘲笑的矛头指向除了愚蠢和罪恶之外的任何其他景象，或者认真地倾向于用任何其他标准来衡量美丽，而不是善。

格：非常正确。

苏：那么，首先，不管这个问题是开玩笑还是认真的，让我们对女人的本质有一个了解。她是否能够全部或部分地参与男人的行动，或者根本不参与？而战争的技艺是她能够或不能够分享的技艺之一吗？这将是开始调查的最佳方式，并可能导致最公平的结论。

格：这将是最好的方法。

苏：我们是否应该先站在对方的立场上，从反驳自己开始。这样一来，对手的立场就不会不设防了。

格：为什么不呢？

苏：那就让我们替对手说句话。他们会说："苏格拉底和格劳孔，没有对手需要给你们定罪，因为你们自己在建国之初就承认了这样一个原则：每个人都要做适合自己本性的工作。当然，如果我没有弄错的话，这样的承认是由我们做出的。"而男人和女人的天性不是确实有很大的不同吗？我们将回答，当然有。然后我们会被问道："分配给男人和女人的任务是否应该不同，是否应该符合他们不同的本性？"当然应该。但如果是这样，你说男人和女人的天性完全不同，却应该执行同样的行动，这不是严重的不一致吗？

格：这个问题突然问起来并不容易回答。我将恳请你在我们这边把情况说出来。

苏：这些是反对意见，格劳孔，还有许多类似的反对意见，我早就预见到了。它们使我害怕，不愿意接受任何关于妇女和儿童的占有和抚养的法律。

格：以宙斯的名义，要解决的问题并不容易。

苏：为什么是这样，但事实是，当一个人脱离了他的深度，无论他是掉进了一个小游泳池还是掉进了大海，他都必须要游泳。

格：非常正确。

苏：我们难道不应该游泳并试图到达岸边：我们将希望阿里翁的海豚或其他奇迹般的帮助可以拯救我们？

格：我想是的。

苏：那么，让我们看看是否能找到任何逃避的办法。我们承认——不同的天性应该有不同的追求，而男人和女人的天性是不同的。现在我们在说什么呢？不同的天性应该有相同的追求，这就是我们被指控的不一致之处。

格：正是如此。

苏：真的，格劳孔，矛盾的技艺的力量是光荣的。

格：为什么这样说呢？

苏：因为我认为许多人违背了自己的意愿而陷入这种做法。当他认为自己是在推理时，其实是在争论，只是因为他不能定义和划分，从而知道他所说的是什么。他将本着争论的精神，而不是公平讨论的精神，只是追求一种单纯的口头反对。

格：是的，这种情况经常发生。但这与我们和我们的论点有什么关系呢？

苏：非常多。因为我们肯定有无意中陷入口舌之争的危险。

格：在什么方面？

苏：为什么我们勇敢地、顽强地坚持口头上的真理，即不同的天性应该有不同的追求，但我们根本没有考虑过天性的相同或不同是什么意思，或者当我们把不同的追求分配给不同的天性，把相同的追求分配给相同的天性时，我们为什么要对它们进行区分。

格：为什么，不，我们从来没有考虑过这个问题。

苏：假设为了说明问题，我们要问，在自然界中，秃头的人和多毛的人之间是是同样的禀赋还是异样的禀赋。如果我们承认这一点，那么，如果秃头的人是鞋匠，我们就应该禁止多毛的人做鞋匠，反之呢？

格：这将是一个玩笑。

苏：是的，这是一个玩笑。为什么呢？因为我们在构建国家的时候，从来没有想过性质的对立应该延伸到每一个差异，而只是影响到个人所从事的追求的那些差异。例如，我们应该争辩说，一个医生和一个在思想上是医生的人可以说具有相同的性质。

格：确实如此。

苏：而医生和木匠有不同的本性？

格：当然。

苏：如果男性和女性在适合任何技艺或追求方面有差异，我们就应该说这种追求或技艺应该分配给他们中的一个。但如果这种差异仅仅在于女性生孩子和男性养孩子，这并不等于证明女性与男性在他应该接受何种教育方面有差异。因此我们将继续坚持我们的护卫者和他们的妻子应该有同样的追求。

格：非常正确。

苏：接下来，我们要问对方，在公民生活的任何追求或技艺方面，女人的性质与男人有什么不同？

格：这将是相当公平的。

苏：也许他和你一样，会回答说，要当场给出一个充分的答案并不容易。但稍加思考后，就不难了。

格：是的，也许。

苏：假设我们邀请他陪同我们一起讨论，那么我们就有希望向他表明，妇女的体质中没有任何特殊之处，会影响她们对国家的管理。

格：通过各种方式。

苏：让我们对他说。来，我们问你一个问题：当你说到一个人在任何方面都有天赋或没有天赋的时候，你的意思是不是说，一个人很容易获得一种东西，而另一个人则很难。一个人稍加学习就会发现很多东西，而另一个人经过大量的学习和应用，刚学会就忘记了。或者，你是不是说，一个人的身体是他心灵的好帮手，而另一个人的身体是他的障碍？——这些不都是区分有天赋的人和没有天赋的人的差异吗？

格：没有人会否认这一点。

苏：你能提到人类的任何追求吗？在这些追求中，男性不比女性拥有更多的天赋和品质。还需要我浪费时间去谈编织的技艺，以及煎饼和蜜饯的管理吗？在这些方面，妇女确实显得很伟大，而在这些方面，她被男人打败是最荒唐的事情。

格：非常正确。尽管许多女性在许多方面都比许多男性优越，但总的来说，你说的是真的。

苏：如果是这样的话，我的朋友，在一种状态下，没有任何特殊的管理能力是女人因为是女人而拥有的，或者是男人因为性别而拥有的，但自然界的天赋在两者中都是一样的。男人的所有追求也是女人的追求，但在所有这些方面，女人都比男人差。

格：非常正确。

苏：那么，我们是否要把我们所有的法规强加给男人，而不强加给女人？

格：那是绝对不行的。

苏：一个女人有医治的天赋，另一个则没有。一个是音乐家，另一个没有音乐天赋？

格：非常正确。

苏：而一个女人对体操和军事演习情有独钟，另一个则不喜欢战争，讨厌体操？

格：当然。

苏：一个女人是哲学家，另一个是哲学的敌人。一个有激情，另一个没有激情？

格：这也是事实。

苏：那么一个女人会有护卫者的脾气，而另一个则没有。难道男性护卫者的选择不是由这种差异决定的吗？

格：是的。

苏：男人和女人都拥有使人成为护卫者的品质。他们的区别只在于相对的力量或弱点。

格：很明显。

苏：而那些具有这种品质的妇女要被选为具有类似品质的男人的伴侣和同事，她们在能力和性格上与这些男人相似？

格：非常正确。

苏：而同样的天性不应该有同样的追求吗？

格：他们应该这样做。

苏：然后，正如我们之前所说的，把音乐和体操分配给护卫者的妻子并没有什么不自然的地方——我们又回到了这一点。

格：当然不是。

苏：我们当时制定的法律是符合自然规律的，因此不是不可能的，也不是单纯的愿望。而目前流行的相反做法，实际上是对自然的违反。

格：这似乎是真的。

苏：我们必须考虑，首先，我们的建议是否可行，其次，它们是否最有利？

格：是的。

苏：而这种可能性已经得到了承认？

格：是的。

苏：接下来要建立非常大的好处？

格：应当如此。

苏：你会承认，使男人成为好护卫者的教育也会使女人成为好护卫者。因为他们的天然禀赋是一样的？

格：是的。

苏：我想问你一个问题。

格：它是什么？

苏：你会说，所有的人在优秀方面都是平等的，还是一个人比另一个人更优秀？

格：后者。

苏：而在我们所建立的国家中，你认为那些在我们的示范系统中长大的护卫者是更完美的人，还是那些接受过补鞋教育的补鞋匠呢？

格：多么可笑的问题啊！

苏：你已经回答了我，那么，我们是不是可以进一步说，我们的护卫者是我们公民中最好的？

格：到目前为止是最好的。

苏：他们的妻子岂不是最好的女人吗？

格：是的，到目前为止是最好的。

苏：还有什么比一个国家的男人和女人尽可能地优秀更有利于国家的利益呢？

格：没有什么比这更好的了。

苏：这就是音乐和体操的技艺，当以我们所描述的方式出现时，会达到的目的。

格：当然。

苏：那么我们制定的法律不仅是可能的，而且是对国家最有利的？

格：确实如此。

苏：那么就让我们女性护卫者脱光衣服吧，因为她们的美德将成为她们的袍子，让她们分担战争和保卫国家的苦难。只是在分配劳动时，要把较轻的分配给妇女，因为她们的天性较弱，但在其他方面，她们的职责是一样的。至于那些嘲笑裸体妇女出于最好的动机锻炼身体的人，在他的笑声中，他是在拔除

未成熟的智慧之果。

而他自己却不知道他在笑什么,也不知道他在讲什么。因为那是,而且永远是,最好的说法,即有用的是高贵的,有害的是卑贱的。

格:非常正确。

苏:那么,这里是我们关于妇女的法律中的一个难题,我们可以说,我们现在已经摆脱了这个难题。浪潮并没有把我们活生生地吞没,因为我们规定了两性的护卫者应共同从事所有的工作。对于这种安排的效用和可能性,论证的一致性本身就是证明。

格:是的,那是一个强大的波浪,你已经逃脱了。

苏:是的,但更大的要来了。当你看到下一个的时候,你就不会多想这些了。

格:继续。让我看看。

苏:这条法律是这条法律和之前所有法律的续篇,大意如下:"我们护卫者的妻子是共同的,他们的孩子也是共同的,任何父母都不认识自己的孩子,任何孩子也不认识自己的父母"。

格:是的,那是一个比另一个大得多的波浪。而且这种法律的可能性以及实用性都更值得怀疑。

苏:我不认为对共同拥有妻子和孩子的非常大的效用会有任何争议。可能性是另一回事,而且会有很大的争议。

格:我认为,对这两者都可以提出很多疑问。

苏:你是暗示这两个问题必须合并。现在我的意思是,你应该承认实用性。而这样一来,正如我所想的,我应该摆脱其中一个问题,那么就只剩下可能性了。

格:但这一小小的尝试被发现了,因此,请你为这两件事做个辩护。

苏:好吧,我服从我的命运。然而,请允许我帮个小忙:让我用梦境充满我的头脑,就像白日梦者在独自行走时习惯想入非非一样。因为在他们发现任何实现其愿望的方法之前——这是一个从不困扰他们的问题——他们宁愿不因思考可能性而使自己疲惫,但假设他们所希望的东西已经被授予他们,他们继续执行他们的计划,并高兴地详述他们的愿望实现后打算做什么——这是他们对一个从来就不擅长的能力没有什么好处的处理方式。现在我自己也开始失去信心了,如果你允许的话,我想现在就把可能性的问题抛开。因此,假设这个建议是可行的,我现在要着手询问统治者将如何执行这些安排,我将证明我们的计划如果得到执行,将对国家和护卫者有最大的好处。那么,如果你不反对,我将在你的帮助下努力考虑这个措施的好处。接下来是可能性问题。

格:我不反对,请继续。

苏:首先,我认为,如果我们的统治者和他们的辅助人员要配得上他们的名字,一个人必须有服从的意愿,另一个人必须有指挥的权力。护卫者本身必须服从法律,他们也必须在委托给他们照顾的任何细节中模仿法律的精神。

格:这是正确的。

苏:你是他们的立法者,在选择了男人之后,现在要选择女人并把她们交给他们。——她们必须尽可能地与他们有相同的天性。他们必须住在共同的房子里,在共同的餐桌上见面。他们中没有人有特别属于自己的东西。他们将在一起,一起成长,并在体操运动中交往。因此,他们将被他们的天性所吸引,相互交往——我想,"必要性"这个词并不过分。

格:是的,必要性,不是几何学上的,而是另一种恋人知道的必要性,它对人类大众来说更有说服力和约束力。

苏:是的,这一点,格劳孔和其他所有人一样,必须按部就班地进行。在一个受祝福的城市,放荡不羁是不神圣的,统治者会禁止。

格:是的,这不应该被允许。

苏：那么显然，接下来的事情将是使婚姻在最高程度上变得神圣，而最有益的东西将被视为神圣的？

格：正是如此。

苏：我向你提出这个问题，因为我在你的房子里看到了打猎用的狗，还有不少高贵的鸟类，如何才能使婚姻变得最有益呢？现在，我恳请你告诉我，你有没有注意过它们的配对和繁殖？

格：在哪些方面？

苏：首先，为什么尽管他们都是好样的，但是不是有些比别的更好？

格：确实如此。

苏：你是一视同仁地加以繁殖，还是只注意从最好的品种身上繁殖？

格：从最好的。

苏：那你是取最年长的还是最年轻的，还是只取壮年的？

格：我只选择那些壮年的。

苏：如果在饲养过程中不注意，你的狗和鸟会每况愈下？

格：当然。

苏：马和一般的动物也一样吗？

格：无疑是的。

苏：天哪！我亲爱的朋友，如果人类也有同样的原则，那么我们的统治者将需要多么高超的技巧啊！

格：当然，同样的原则是成立的。但为什么这涉及到特殊的技巧呢？

苏：因为，我们的统治者经常要用药物对人体进行治疗。现在你知道，当病人不需要药物，而只是需要接受治疗时，那种低级的医生被认为是足够好的。但当必须用药时，医生就应该更像一个人。

格：这是非常正确的。但你指的是什么呢？

苏：我的意思是，我们的统治者会发现，为了他们的人民的利益，

163

必须有相当剂量的假话和欺骗：我们是说，使用所有这些被视为药物的东西可能是有好处的。

格：而我们是非常正确的。

苏：而这种合法的使用似乎在婚姻和出生的规定中可能经常需要。

格：怎么说呢？

苏：为什么呢，已经规定了这样的原则，即两性中最好的应该尽可能多地与最好的结合，而劣质的应该尽可能少地与劣质的结合。如果要使羊群保持一流的状态，他们应该饲养前一种结合的后代，而不是后一种结合的后代。现在，这些事情必须是一个只有统治者才知道的秘密，否则我们的羊群（可称为护卫者）就会有进一步的危险，会爆发出叛乱来。

格：非常正确。

苏：我们是不是应该指定一些节日，在这些节日里，我们将把新郎和新娘聚集在一起，并由我们的诗人献上祭品和创作合适的赞美歌：婚礼的数量是一个必须由统治者决定的问题，其目的是保持人口的平均水平？他们还必须考虑许多其他事情，如战争和疾病的影响以及任何类似的机构，以便尽可能地防止国家变得过大或过小。

格：当然。

苏：我们将不得不发明一些巧妙的抽签方式，在我们每次把他们聚集在一起的时候，不值得的人可以抽签，然后他们会指责自己的运气不好而不是指责统治者。

格：是的。

苏：我认为，我们更勇敢、更优秀的年轻人，除了其他的荣誉和奖励外，还可以给他们提供更多与妇女交往的便利。他们的勇敢将是一个理由，这样的父亲应该有尽可能多的儿子。

格：确实如此。

苏：而适当的官员，无论是男性还是女性，或者两者都有，因为办公室是由女性和男性共同担任的。

格：是的。

苏：专门的官员会把好父母的后代带到育婴堂里，在那里他们会把他们存放在某些居住在单独区域的奶妈那里。但劣等人的后代，或较好的人的后代，当他们出现生理缺陷时，会被放在某个神秘的、未知的地方，这是他们应该做的。

格：是的，如果要保持护卫者的品种纯正，就必须这样做。

苏：他们将为孩子们提供养育服务，并在孩子们吃奶的时候把那些母亲带来，尽可能地注意不要让母亲认出自己的孩子。如果需要更多的奶妈，还可以聘请其他奶妈。还要注意哺乳的过程不要拖得太长。母亲们不会在晚上起床喂奶或操心其他麻烦，而是将所有这类事情交给奶妈和服务员。

格：你认为我们护卫者的妻子在生孩子的时候应该很轻松。

苏：她们也应该如此。然而，让我们继续进行我们的计划。我们说过，父母应该是在壮年时期？

格：非常正确。

苏：那么什么是人生的黄金时期呢？是不是可以定义为女人一生中的20年，男人一生中的30年？

格：你指的是包括哪些年份？

苏：一个女人在20岁的时候就可以开始为国家生孩子，并一直生到40岁。一个男人可以在25岁的时候开始，那时他已经过了血气最旺盛的时候，并一直持续生养到55岁。

格：当然，无论是男人还是女人，这些年都是身体和智力活力的黄金时期。

苏：任何超过或低于规定年龄的人参加公共婚礼，都将被说成是做了一件不圣洁和不正义的事。他作为父亲的孩子,如果偷生了,这孩子孕育时所得禀赋,与男女祭司及整个城邦所举行的婚礼下生的孩子大不相同。祈祷而生的新一代比他们善良和有用的父母更好和更有用,而偷生的孩子将是黑暗和奇怪欲望的后代。

格:非常正确。

苏:同样的法律也适用于那些在规定年龄内,未经统治者批准而与任何壮年妇女建立联系的人。因为我们将说,他是在为国家培养一个未经认证和未经圣化的私生子。

格:非常正确。

苏:然而,这只适用于那些在规定年龄内的人:在那之后,我们允许他们随意的范围,除了男人不能娶他的女儿或他女儿的女儿,或他的母亲或他母亲的母亲,还有妇女被禁止与他们的儿子或父亲,或儿子的儿子或父亲的父亲结婚,等等,在任何方向。而我们在批准这一切的同时,还下达了严格的命令,防止任何可能出现的胚胎见光。如果有任何强行出生的方式,父母必须明白这种结合的后代不能被抚养,并作出相应的安排。

格:这也是一个合理的提议。但他们如何知道谁是父亲和女儿,等等?

苏:他们永远不会知道。方式将是这样的:从结婚之日开始,当时结婚的新郎将称所有在第七个月至第十个月之间出生的男孩子为儿子,女孩子为女儿,他们将称他为父亲,他将称他们的孩子为孙子,他们将称长辈为祖父和祖母。所有在他们的父亲和母亲走到一起时生下的人将被称为他们的兄弟和姐妹,而这些人,正如我所说的,将被禁止通婚。然而,这并不能被理解为绝对禁止兄弟姐妹之间的婚姻。如果命运眷顾他们,而且他们得到毕达斯神谕的认可,法律将允许他们这样做。

格:很对。

苏：格劳孔，这就是我们国家的护卫者共同拥有其妻子和家庭的计划。现在你想让我们的论点表明，这个共同体与我们的政体的其他部分是一致的，而且没有什么比这更好的了，你说呢？

格：是的，当然。

苏：我们是否应该试着找到一个共同的基础，问问自己立法者在制定法律和组织国家时的主要目的是什么，什么是最大的善，什么是最大的恶，然后考虑我们之前的描述是否带有善或恶的印记？

格：通过各种方式。

苏：还有什么比不和谐和分散注意力，以及在本该团结一致的地方实行多元化更邪恶的呢？还有什么比团结的纽带更美好的呢？

格：不能有。

苏：如果有共同的快乐和痛苦——所有的公民在相同的快乐和悲伤的场合都感到高兴或悲伤，那就有了统一性？

格：毋庸置疑。

苏：是的。如果没有共同的而只是私人的感情，一个国家就会被打乱——当你有一半的世界在胜利，而另一半却在城市或公民发生的同样事件中陷入悲痛？

格：当然。

苏：这种分歧通常起源于对"我的"和"不是我的"，"他的"和"不是他的"等术语使用的分歧。

格：正是如此。

苏：而这不就是秩序最好的国家吗？在这个国家里，绝大多数人都以同样的方式将"我的"和"不是我的"这两个词应用于同一事物。

格：相当正确。

苏：或者是最接近个人状况的说法——在身体中，当我们中的一个人的手指受伤时，整个框架被作为中心的灵魂所吸引，并在其中的统治

167

力量下形成一个王国，感受到伤害，并与受影响的部分一起同情，我们说这个人的手指有疼痛感。同样的说法也用于身体的任何其他部分，它们对痛苦的感觉或对痛苦的缓解有愉悦感。

格：非常正确，我同意你的观点，在秩序最好的国家里，最接近你所描述的这种共同感受。

苏：那么，当任何一个公民经历任何好事或坏事时，整个国家都会把他的情况作为自己的情况，并与他一起欢喜或悲伤？

格：是的，这就是在一个秩序良好的国家会发生的事情。

苏：现在是时候了，我们要回到我们的国家，看看这种形式或其他形式是否最符合这些基本原则。

格：非常好。

苏：我们的国家像其他国家一样有统治者和人民？

格：确实如此。

苏：所有的人都会互相称呼对方为公民？

格：当然了。

苏：但是，难道在其他国家，人们对他们的统治者就没有另一种称呼吗？

格：一般来说，他们称他们为主人，但在民主国家，他们只是称他们为统治者。

苏：而在我们国家，除了公民之外，人民还给予统治者什么其他的称呼呢？

格：他们被称为救世主和帮助者。

苏：那么统治者是如何称呼人民的呢？

格：他们的维护者和养父。

苏：在其他国家他们怎么称呼人民呢？

格：奴隶。

苏：而在其他国家，统治者们又是如何相互称呼的呢？

格：同行的人。

苏：而我们的是什么？

格：同行的护卫者。

苏：你是否知道在任何其他国家有这样的例子：一个统治者会把他的一个同事说成是他的朋友，而把另一个同事说成不是他的朋友？

格：是的，非常频繁。

苏：他认为和描述的朋友是他有兴趣的人，而另一个人是他没有兴趣的陌生人？

格：正是如此。

苏：但是，你的任何一个护卫者会把其他护卫者当作陌生人来看待或谈论吗？

格：他当然不会。因为他们遇到的每一个人都会被他们视为兄弟或姐妹，或父亲或母亲，或儿子或女儿，或作为那些与他有这种关系的人的孩子或父母。

苏：说的好。但让我再问你一次。他们是否只在名义上是一个家庭，还是在他们的所有行为中都要名副其实？例如，在使用"父亲"这个词时，是否意味着父亲的照顾，以及法律所要求的对父亲的孝敬、责任和服从。违反这些责任的人是否会被视为不虔诚、不正直的人，不可能在上帝或人的手中得到很多好处？这些是或不是——孩子们将听到的所有公民在他们耳边重复的关于那些被暗示为他们的父母和其他亲戚的人的声音？

格：这些，没有其他。还有什么比他们只用嘴唇说出家庭关系的名字而不在精神上行动更可笑的呢？

苏：然后，在我们的城市里，和谐与和睦的语言将比其他任何城市都更常听到。正如我之前所描述的，当任何人生病或好转时，普遍的说

169

法将是"在我这里是好的"或"是坏的"。

格：最为真实。

苏：按照这种思维和说话方式，我们不是说他们将有共同的快乐和痛苦吗？

格：是的，他们也将如此。

苏：他们将对同一事物有共同的兴趣，他们将同样称之为"我自己的"，有了这种共同的兴趣，他们将对快乐和痛苦有共同的感觉？

格：是的，远远多于其他国家。

苏：而这一原因，在国家的一般制度以外，将是护卫者将共有妇女和儿童吗？

格：这将是主要原因。

苏：我们承认这种感觉的统一是最大的好处，正如我们自己把一个有秩序的国家比作身体的各个部位，当受到快乐或痛苦的影响时，就隐含了这种息息相关？

格：我们承认这一点，而且是非常正确的。

苏：那么，我们公民共有妻儿显然是国家最大善意的来源？

格：当然。

苏：这与我们所确认的另一项原则一致，即护卫者不得拥有房屋或土地或任何其他财产。他们的报酬是他们的食物，他们从其他公民那里获得，他们不得有任何私人开支。因为我们打算让他们保持其护卫者的真实身份。

格：对。

苏：正如我所说的，财产共有和家庭共有都倾向于使他们成为更真正的护卫者。他们不会因为对"我的"和"不是我的"有分歧而把城邦撕成碎片。每个人都把他所获得的任何东西拖进自己独有的房子，在那里有只属于他一个人的妻子和孩子以及快乐和痛苦。但所有人都会尽可能地受到同样的快乐和痛苦的影响，因为他们对与他们接近和亲爱的东西都有一个看法，因此他们都倾向于一个共同目标。

格：当然。

苏：由于他们除了自己的人之外没有任何东西可以称为自己的，诉讼和抱怨在他们中间将不存在。他们将从所有那些以金钱或孩子或关系为由的争吵中解脱出来。

格：他们当然会。

苏：攻击或侮辱的审判也不可能在他们中间发生。因为平等的人应该对平等的人进行自我保护，我们将认为这是光荣和正确的。我们将使保护人身成为必要的事情。

格：这很好。

苏：是的。而且法律还有一个好处。即如果一个人与另一个人发生争吵，他将在当时就满足他的怨恨，而不是进行更危险的事情。

格：当然。

苏：长老应被分担统治和责备年轻人的责任。

格：很明显。

苏：也不能怀疑年轻人不会对长者进行殴打或采取任何其他暴力，除非行政长官命令他。他也不会以任何方式轻视他。因为有两个护卫者，即羞耻和恐惧，有力地阻止他：羞耻，它使人们避免对那些与他们有父母关系的人动手。恐惧，受伤的人将得到其他兄弟、儿子、父亲的帮助。

格：一点也不错。

苏：那么在各个方面，法律都会帮助公民保持彼此间的和平？

格：是的，将不会缺乏和平。

苏：由于护卫者之间永远不会争吵，所以不会有城市其他地方被分化的危险，无论是反对他们还是相互反对。

格：没有任何东西。

苏：我甚至不愿意提及他们要摆脱的那些小的卑鄙行为，因为它们不值得注意：例如，穷人对富人的奉承，以及男人在养家糊口中经历的所有痛苦和煎熬，他们要找钱为家庭购买必需品，借了又还，不择手段把钱交给女人和奴隶保管——人们以这种方式遭受的许多种罪恶，已经足够卑鄙和明显，不值得一提了。

格：是的，人不需要眼睛就能察觉到。

苏：他们将从所有这些邪恶中得到解脱，他们的生活将像奥林匹克胜利者的生活一样得到祝福，而且更加幸福。

格：怎么说呢？

苏：奥运会的胜利者被认为是幸福的，因为他只得到了我们的公民所获得的一部分祝福，而我们的公民赢得了更辉煌的胜利，并以公共成本获得了更完整的维护。因为他们所赢得的胜利是整个国家的救赎。他们和他们的孩子所戴的冠冕是生命所需要的一切的充实。他们活着的时候从国家手中得到奖赏，死后有一个体面的葬礼。

格：是的，而且是光荣的奖赏。

苏：你是否记得，在之前的讨论过程中，有一个不愿意透露姓名的人指责我们让我们的护卫者不快乐——他们什么都没有，却可以拥有所有的东西——我们回答说，如果有机会，我们也许以后会考虑这个问题，但是，按照目前的建议，我们会让我们的护卫者真正成为护卫者，而且我们建立国家的目的是为了获得最大的幸福，不是任何特定阶层，而是整个国家的。

格：是的，我记得。

苏：现在我们的护卫者的生活被证明比奥林匹克胜利者的生活要好得多、高尚得多，你怎么说呢？

格：当然不是。

苏：同时，我应该在这里重复我在其他地方说过的话，如果我们的任何一个护卫者试图以这样一种方式获得幸福，以至于他不再是一个护卫者，并且不满足于这种安全和谐的生活，在我们看来这种生活是所有生活中最好的，反而被一些幼稚愚蠢的幸福观念所迷惑，这种观念进入他的头脑，试图将整个国家归于自己，那么他将不得不学习赫西俄德说过的话，即"一半比全部多"是多么明智的。

格：如果他要咨询我，我应该对他说。当你有这样的生活机会时，请留在原地。

苏：那么你同意男人和女人要有一种共同的生活方式，就像我们所描述的那样——共同的教育，共同的孩子。他们要共同看管公民，不管是住在城里还是出去打仗。他们要一起看守，像狗一样一起打猎。在所有的事情上，只要他们有能力，女人要和男人一起分享？在这样做的时候，他们会做最好的事情，不会违反，且保持两性之间的自然关系。

格：我同意你的观点。

苏：还有一个问题要问，这样的群体是否可能——在其他动物中，在人中也是如此——如果可能，以何种方式可能？

格：你已经预见到了我要建议的问题。

苏：不难看出战争将如何由他们进行。

格：如何？

苏：他们当然会一起出征。并且会带着他们的任何一个足够强壮的孩子，以便像工匠的孩子那样，看着他们长大后必须做的工作。除了看着，他们还必须在战争中帮忙和发挥作用，并伺候他们的父亲和母亲。在技艺领域，你难道没有观察过陶工的孩子们在接触轮子之前，是如何观察和帮助的吗？

格：是的，我有。

苏：而陶工们在教育他们的孩子，让他们有机会看到并实践他们的职责时，是否应该比我们的护卫者更加谨慎？

格：这个想法是荒谬的。

苏：还有对父母的影响，对他们来说，就像对其他动物一样，他们孩子的存在将是对勇敢的最大激励。

格：这是非常正确的，苏格拉底。然而，如果他们被打败了，这在战争中可能经常发生，那是多么大的危险啊！孩子们会和他们的父母一样失去，而国家将永远无法恢复。

苏：没错，但你永远不会允许他们冒任何风险吗？

格：我从来没有这么说过。

苏：好吧，但如果他们要冒险，就不应该在某些场合这样做，因为如果他们逃过了灾难，他们会因此而变得更好。

格：很明显。

苏：未来的士兵在他们年轻的时候是否看到过战争，这是一个非常重要的问题，为了这个问题可以公平地承担一些风险。

格：是的，非常重要。

苏：因此，这必须是我们的第一步，即让我们的孩子成为战争的观众。但我们也必须设法使他们免受危险。然后一切都会好起来。

格：确实如此。

苏：他们的父母可能不应该对战争的风险视而不见，而是在人类的预见能力范围内，知道哪些探险是安全的，哪些是危险的？

格：这可能是假设。

苏：他们会带着他们进行安全的探险，对危险的探险则持谨慎态度？

格：确实如此。

苏：他们将把他们置于有经验的老兵的指挥之下，这些老兵将成为他们的领袖和老师？

格：非常正确。

苏：然而，战争的危险并不总是可以预见的。其中有很大的偶然性。

格：确实如此。

苏：那么，为了应对这样的机会，必须立即为孩子们配备翅膀，以便在需要的时候他们可以飞走和逃跑。

格：你是什么意思？

苏：我的意思是，我们必须在他们最年轻的时候就让他们骑上马，等他们学会了骑马，就带他们到马背上看战争：马不能是活泼好战的，而是可以得到的最驯服而又最迅速的马。这样，他们就能很好地了解今后自己的事情。如果有危险，他们只要跟着他们的长辈、领导就能逃脱。

格：我相信你是对的。

苏：接下来，关于战争。你们的士兵彼此之间和与敌人之间的关系是什么？我倾向于建议，退役或扔掉武器的士兵，或犯有任何其他懦弱行为的士兵，应被降级为农夫或工匠。你怎么看？

格：应该说，通过各种方式。

苏：允许自己被俘的人，也可以作为礼物送给他的敌人。他是他们合法的猎物，让他们随心所欲地处置他。

格：当然。

苏：但是，对于那些表现突出的英雄，应该如何对待他呢？首先，他应在军队中得到他年轻的战友们的荣誉。他们中的每一个人都应陆续为他加冕。你怎么说？

格：我赞成。

苏：大家还应该紧握他的右手表示欢迎吧？

格：对这一点，我也同意。

175

苏：但你很难同意我的下一个提议。

格：你的建议是什么？

苏：他应该亲吻大家并被每一个人亲吻。

格：当然，而且我还想进一步说。在远征期间，不要让他想亲吻的人拒绝接受他的亲吻。这样，如果军队里有情人，不管他的爱人是青年还是少女，他都会更渴望赢得英勇的奖赏。

苏：好极了。勇敢的人要比别人有更多的妻子，这一点已经确定了：他要比别人在这种事情上有优先选择权，以便他可以有尽可能多的孩子？

格：同意。

苏：另外，根据荷马的说法，还有一种方式，勇敢的年轻人应该受到尊敬。因为他讲述了阿雅斯在战斗中表现突出后，如何得到了全副脊肉的奖励，这似乎是对一个处于青春期的英雄的适当赞美，不仅是一种荣誉的赞美，也是一种非常强大的东西。

格：确实是。

苏：在这一点上，荷马将是我们的老师。我们也将在祭祀和类似的场合，根据勇士的勇敢程度，无论是男人还是女人，用赞美诗和我们提到的其他区别来表彰他们。也用

高位的座位，肉食和满杯的酒。

而在尊重他们的同时，我们也将对他们进行培训。

格：这很好。

苏：是的，当一个人在战争中光荣地死去，我们是不是应该首先说，他是黄金种族的？

格：肯定是。

苏：不，我们不是有赫西俄德的权威吗，他说，当他们死后

他们是地上的圣洁天使，

是善的创造者，是恶的避免者，

是有语言天赋的人的守护者？

格：是的。而且我们接受他的权威。

苏：我们必须从神那里了解我们如何安排神圣和英雄人物的葬礼，以及他们的特殊区别是什么。我们必须按照他的要求做？

格：没有别的方式吗？

苏：在未来的岁月里，我们将敬重他们，在他们的墓前跪拜，如同跪拜英雄的坟墓。不仅是他们，任何被认为是优秀的人，无论他们是死于年龄，还是死于任何其他方式，都将被允许享有同样的荣誉。

格：这是非常正确的。

苏：接下来，我们的士兵应如何对待他们的敌人？

格：你的意思是在哪方面？

苏：首先，关于奴隶制的问题？你认为希腊人应该奴役希腊国家，或者允许别人奴役他们，如果他们能够帮助的话，这样做合适吗？考虑到有一天整个民族都可能陷入野蛮人的桎梏中，他们的习惯难道不应该是放过他们吗？

格：饶恕他们是无限的好。

苏：那么任何希腊人都不应该被他们作为奴隶拥有。这是他们将遵守的规则，并建议其他希腊人遵守。

格：当然，他们将以这种方式团结起来对抗野蛮人，并将彼此保持距离。

苏：接下来是关于被杀者的问题。征服者应该除了他们的盔甲之外，什么都不拿吗？掠夺敌人的做法难道不能成为不迎战的借口吗？儒夫们在死人身边溜达，假装他们在履行职责，在这之前，许多军队都因为这种对掠夺的热爱而损失。

格：非常正确。

苏：抢夺尸体难道不是不自由和贪婪吗？当真正的敌人飞走了，只留下他的战斗装备时，与尸体为敌也是一种卑鄙和妇人之仁——这不就像一只狗无法对付他的攻击者，而与击中他的石头争吵吗？

格：非常像一只狗。

苏：那么，我们必须禁绝糟蹋死者或妨碍他们的埋葬？

格：是的，我们当然必须这样做。

苏：如果我们想与其他希腊人保持良好的关系，我们也不能在神庙里献上武器，更不能献上希腊人的武器。事实上，我们有理由担心，除非有神的命令，否则献上从亲戚那里夺来的战利品可能是一种污染？

格：非常正确。

苏：同样，对希腊领土的破坏或焚烧房屋，应采取何种做法？

格：我可以有幸听听你的意见吗？

苏：根据我的判断，这两样东西都应该被禁止。他们应该只运走一年的收成。要我告诉你为什么吗？

格：祈祷吧。

苏：为什么，你看，"不和"和"战争"这两个名字是有区别的，我想它们的性质也是有区别的。一个是表达内部和国内的东西，另一个是外部和国外的东西。两者中第一个被称为不和，只有第二个被称为战争。

格：这是一个非常恰当的区分。

苏：我是不是可以同样恰当地指出，希腊人的种族都是由血缘和友谊的纽带结合在一起的，对野蛮人来说是陌生的？

格：非常好。

苏：因此，当希腊人抵抗野蛮人，或野蛮人侵略希腊时，他们将被我们描述为争斗，从本质上说是敌人，这种对立应被称为战争。但当希腊人相互争斗时，我们应说，希腊当时处于混乱不和的状态，他们从本质上说是朋友。这种敌意应被称为不和。

格：我同意。

苏：请考虑一下，当我们所承认的不和发生时，一个城市被分割，如果双方都毁坏对方的土地，烧毁对方的房屋，这种争斗就显得多么邪恶了。没有一个真正爱国的人愿意把自己的衣食父母和祖国撕成碎片。征服者剥夺被征服者的收获可能是有道理的，但他们心中仍会有和平的想法，不会打算永远继续战斗下去。

格：是的，那种想法更文明些。

苏：你们所建立的城市，是希腊的城市吗？

格：应该是这样的。

苏：那么公民不就会变得善良和文明了吗？

格：是的，非常文明。

苏：他们岂不爱护希腊，把希腊当作自己的土地，分享共同的庙宇？

格：当然了。

苏：他们之间出现的任何分歧，都会被他们视为不和——朋友之间的争吵，这不叫战争？

格：当然不是。

苏：那么他们会不会像那些打算在某天和解的人一样争吵呢？

格：当然。

苏：他们将使用友好的纠正，但不会奴役或摧毁他们的对手。他们将是纠正者，而不是敌人？

格：就是这样。

苏：由于他们本身就是希腊人，他们不会破坏希腊，也不会烧毁房屋，更不会认为一个城市的全体居民——男人、女人和孩子都同样是他们的敌人，因为他们知道，战争的罪过总是局限于少数人，许多人是他们的朋友。由于所有这些原因，他们将不愿意浪费他们的土地，毁坏他们的房屋。他们对他们的敌意只会持续到许多无辜的受难者迫使少数有罪的人给予满足？

格：我同意我们的公民应该这样对待他们的希腊敌人。并像希腊人现在互相对待一样对待野蛮人。

苏：那么让我们也为我们的护卫者制定这一法律——他们既不能破坏希腊人的土地，也不能烧毁他们的房屋。

格：同意。我们也可以同意这样的看法，即这些法律和我们以前的所有法律一样，都非常好。

但我还是要说，苏格拉底，如果允许你这样继续下去，你就会完全忘记在讨论开始时被你推到一边的另一个问题：这样的事情是否可能，以及如何，如果有的话？因为我很愿意承认，你所提出的计划，只要是可行的，就会对国家有各种好处。我要补充的是，你所遗漏的是，你的公民将成为最勇敢的战士，而且永远不会离开他们的队伍，因为他们都会互相认识，每个人都会称呼对方为父亲、兄弟、儿子。如果你假设妇女加入他们的军队，无论是在同一级别还是在后方，无论是作为对敌人的恐怖，还是在需要时作为辅助人员，我知道，她们将是绝对不可战胜的。还有许多国内优势也可以提及，我也完全承认这些。但是，既然我承认所有这些好处，而且你愿意承认更多的好处，只要你的这个国家存在，我们就不需要再多说什么了。那么，假设国家存在，我们现在就来讨论可能性和方式方法的问题，其他的可以不谈。

苏：如果我闲逛片刻，你马上就会对我发起攻击，而且毫不留情。我几乎没有躲过第一波和第二波攻击，而你似乎没有意识到，你现在正在给我带来第三波攻击，这是最大和最重的攻击。当你看到和听到第三波浪潮时，我想你会更加体谅，并会承认，对于一个像我现在要陈述和调查的如此特别的提议，有些恐惧和犹豫是自然的。

格：你的这种呼吁越多，我们就越坚决要求你告诉我们这样的国家是如何做到的：马上说出来。

苏：让我首先提醒你们，我们是在追寻正义和不正义的过程中找到这里的。

格：没错，但那又如何呢？

苏：我只是想问，如果我们发现了它们，我们是否要要求正义的人在任何情况下都要达到绝对的正义。或者我们是否可以满足于接近，并在他身上达到比在其他人身上发现的更高程度的正义？

格：近似值就足够了。

苏：我们在探究绝对正义的本质，探究完全正义者的特征，探究不正义和完全不正义者，以便我们能有一个理想。我们研究这些，是为了根据他们所展示的标准和我们与他们相似的程度来判断我们自己的幸福和不幸福，但不是为了表明他们可以实际存在。

格：的确。

苏：一个画家会不会因为用精湛的技艺描绘了一个完美的美男子的理想之后，却无法证明任何这样的人曾经存在过而变得更糟？

格：他将不会有任何损失。

苏：那么，我们不是在创造一个完美国家的理想吗？

格：必须的。

苏：而我们的理论是一个更糟糕的理论，因为我们无法证明一个城市以所述方式被订购的可能性？

格：当然不是。

苏：这就是事实。但是，如果在你的要求下，我试图说明如何以及在什么条件下这种可能性最大，那么我必须要求你，考虑到这一点，重复你以前的承认。

格：承认什么？

181

苏：我想知道，理想在语言中是否能完全实现？难道文字所表达的不比事实更多吗？无论一个人怎么想，实际的东西难道不总是在事物的本质上达不到真理吗？你怎么说？

格：我同意。

苏：那么你就不要强求我证明实际的国家在各方面都与理想的国家相一致；如果我们能够发现哪怕一个城邦几乎按照我们的建议进行治理，你就会承认我们已经发现了你所要求的可能性。并且会感到满足。我确信我应该感到满意，你呢？

格：是的，我会的。

苏：接下来，让我努力说明国家的错误是什么，这是造成它们目前管理不善的原因，以及什么是能使一个国家进入更真实的形式的最起码的变化。如果可能的话，让这种变化只涉及一件事，或者，如果不是，涉及两件事。至少，让这种变化尽可能少，尽可能轻微。

格：当然。

苏：我认为，只要做出一个改变，就有可能对国家进行改革，这不是一个轻微或容易的改变，尽管仍然是一个可能的改变。

格：这是什么？

苏：现在，我去迎接那个被我比喻为最大的波浪。然而，即使波浪把我淹没在笑声和耻辱中，这话也要讲出来。你们要记住我的话。

格：继续。

苏：除非哲学家成为国王，或者这个世界的国王和王子拥有哲学的精神和力量，政治上的伟大和智慧合二为一，而那些追求其中一种而排斥另一种的平民本性则被迫靠边站，否则城市永远不会从它们的罪恶中得到休息，人类也是如此，正如我所相信的那样，只有这样，我们这个国家才有可能获得生命，看到白天的光芒。亲爱的格劳孔，这就是我的想法，如果不是显得太过奢侈，我真想把它说出来。因为要确信在任何其他国家都不可能有私人或公共的幸福,这的确是一件难事。

格:苏格拉底,你这是什么意思?我想让你考虑一下,你说的这句话会让许多人,而且是非常体面的人,在一瞬间脱下外套,拿起手边的任何武器,在你知道你在哪里之前,就会大张旗鼓地冲向你,打算做天知道的事情。如果你不准备回答,让自己处于躲避状态,你就会被他们的聪明才智所击倒,这是毫无疑问的。

苏:你让我陷入困境。

格:而我是非常正确的,我将尽我所能使你摆脱困境。但我只能给你善意和良好的建议,而且,也许我可能比别人更适合回答你的问题,这就是全部。而现在,有了这样一个辅助者,你必须尽力向不信的人证明你是正确的。

苏:既然你给了我如此宝贵的帮助,我就应该试试。我认为,如果我们有机会逃脱的话,我们必须向他们解释,当我们说哲学家将在国家中进行统治时,我们指的是谁。然后我们就能为自己辩护。我们会发现,有些人的天性促使他们应该学习哲学并成为国家的领导者,而另一些人则不是天生的哲学家,他们应该是追随者而不是领导者。

格:那么现在来个定义。

苏:请跟我来,我希望我能以某种方式给你一个满意的解释。

格:继续。

苏:我敢说你还记得,因此我不需要提醒你,一个情人,如果他配得上这个名字,就应该表明他的爱,不是对他所爱的某个部分,而是爱这个东西的全部。

格:我真的不明白,因此恳请你帮助我记忆。

苏:另一个人可能会像你这样回答。但像你这样的人应该知道,所有处于青春期的人都会以某种方式在情人的心中引起悸动或感动,并被他认为是值得他深情款待的。这不就是你们对待美女的方式吗?一个人的鼻子很短，你们称赞他的脸蛋很迷人。另一个人是钩鼻，你们说他有皇家风范。而那些既不短也不钩的人，则有正规的风度。黝黑的脸庞是男子汉，白皙的脸庞是神的孩子。至于人们所说的甜美的"蜜色苍白"，这个名字不过是为了甜言蜜语哄骗情人而发明的，而且如果出现在年轻人的脸颊上，他也不反感脸色苍白。总而言之，为了不失去一朵在青春的春天里绽放的花朵，没有什么借口是你不愿意找的，也没有什么话是你不愿意说的。

格：如果你让我成为爱情问题上的权威，为了争论，我同意了。

苏：那你说爱酒的人怎么样呢？你没有看见他们也是这样吗？他们乐于用任何借口来喝任何酒。

格：非常好。

苏：有野心的人也是如此。如果他们不能指挥军队，他们愿意指挥一个档案。如果他们不能得到真正伟大和重要的人的尊敬，他们也会很高兴得到较低贱和较卑微的人的尊敬，但某种形式的尊敬他们必须拥有。

格：正是如此。

苏：让我再问一次。渴望任何一类商品的人，是渴望整个类别还是只渴望一部分？

格：整个。

苏：我们是否可以说，哲学家是一个情人，不是只爱智慧的一部分，而是爱整个智慧？

格：是的，整体的。

苏：不喜欢学习的人，特别是在青年时期，当他没有能力判断什么是好和什么是坏的时候，这样的人我们认为不是哲学家或知识爱好者，就像拒绝食物的人不可以说他们不饿，可以说是他挑食而不是喜好美食？

格：非常正确。

苏：而对各种知识都有兴趣的人，对学习有好奇心的人，永不满足的人，可以正义地被称为哲学家？我说得不对吗？

格：如果好奇心使人成为哲学家，你会发现许多奇怪的人都有资格得到这个名字。所有热爱风景的人都喜欢学习，因此必须包括在内。音乐爱好者也可以算在其中，但一定显得与哲学家格格不入，因为他们是世界上最不愿意参加任何类似于哲学讨论的人，而他们却在祭典上跑来跑去，好像他们竖起耳朵去听每一个合唱。无论演出是在城市还是乡村——这没有区别，他们都在那里。现在我们要坚持认为所有这些人和任何有类似品味的人，以及那些相当次要的技艺的教授，都是哲学家？

苏：当然不是，它们只是看起来像罢了。

格：那么谁是真正的哲学家呢？

苏：那些热爱真理愿景的人。

格：这也很好。但我想知道你是什么意思？

苏：对另一个人，我可能难以解释。但我相信你会承认我即将提出的一个建议。

格：命题是什么？

苏：既然美是丑的反面，那么它们就是两个？

格：当然。

苏：既然他们是两个人，他们每个人都是一个人？

格：又是真的。

苏：对于正义和不正义，善和恶，以及其他每一类，都有同样的说法：单独来看，它们每一个都是一个。但从它们与行为和事物以及彼此之间的不同组合来看，它们在各种光线下被看到，并显得很多？

格：非常正确。

苏：这就是爱好视觉、爱好技艺、爱好实用的阶层与我们现在讨论的那些人之间的区别，只有他们才配得上哲学家的称号。

格：你如何区分他们？

苏：声音和景象的爱好者，正如我所设想的那样，喜欢精美的色调、颜色和形式，以及由它们制成的所有人工产品，但他们的心灵却无法看到或爱上绝对的美。

格：的确。

苏：能够达到这种程度的人是很少的。

格：非常正确。

苏：如果一个人对美丽的事物有感觉，但对绝对的美却没有感觉，或者如果别人引导他认识这种美，他却不能跟随，你认为这样的人，他是醒着还是在梦中？思考一下：做梦的人，不管是睡着还是醒着，不都是把不同的东西进行比对，把复制的东西放在真实物体的位置上吗？

格：我当然应该说，这样的人是在做梦。

苏：但是，就另一个人来说，他认识到绝对美的存在，并且能够区分这些理念和参与理念的对象，既不把对象放在理念的位置上，也不把理念放在对象的位置上——他是一个做梦者，还是一个清醒者？

格：他是清醒的。

苏：我们是不是可以说，有这种认知的人的头脑有知识，而另一个人的头脑，只是认为，有意见？

格：当然。

苏：但是，假设后者与我们争吵，并对我们的陈述提出异议，我们能否向他提供任何安慰或劝告，而不向他透露他的智慧中存在着可悲的紊乱？

格：我们当然要给他一些好的建议。

苏：那么，来吧，让我们想想该对他说些什么。我们是否应该首先向他保证，我们欢迎他拥有任何知识，并且我们为他拥有这些知识而感到高兴。但我们想问他一个问题。拥有知识的人是知道什么还是不知道什么？（你必须为他回答。）

格：我回答说他知道些什么。

苏：是存在的东西还是不存在的呢？

格：存在的东西。因为不存在的东西怎么可能被知道？

苏：而且，在从许多角度看问题之后，我们是否确信，绝对的存在是或可能是绝对已知的，但完全不存在的东西是完全未知的？

格：没有什么能比这更确定的了。

苏：好。但是，如果有什么东西具有这样一种性质，既是又不是，那它将在纯粹的存在和存在的绝对否定之间有一个中间位置？

格：是的，在它们之间。

苏：既然知识对应于存在，而无知必然对应于不存在，那么在存在与不存在之间的中间环节，必须发现无知与知识之间的相应中间环节，如果有的话？

格：当然。

苏：我们承认意见的存在吗？

格：无疑是的。

苏：是与知识相同，还是另一种能力？

格：另一种能力。

苏：那么意见和知识与不同种类的物质有关，并与两者能力的差异相对应？

格：是的。

苏：而知识是相对于存在而言的，并且知道存在。但在我进一步讨论之前，我将做一个划分。

格：怎么划分？

苏：首先，我将把"能力"放在一个单独的类别中：它们是我们和

187

所有其他事物中的能力，通过它们，我们可以做我们所做的事。例如，视觉和听觉，我应该称之为能力。我是否已经清楚地解释了我所指的那一类？

格：是的，我非常理解。

苏：那么让我告诉你我对它们的看法。我看不到它们，因此，使我能够辨别某些事物的差异的形状、颜色和类似的区别，并不适用于它们。在谈到一种能力时，我只想到它的范围和它的结果。具有相同范围和相同结果的，我称之为同一能力，但具有另一范围和另一结果的，我称之为不同。这是你的说话方式吗？

格：是的。

苏：请你再回答一个问题好吗？你会不会说知识是一种能力，或者你会把它放在哪个等级？

格：当然，知识是一种能力，而且是所有能力中最强大的能力。

苏：而意见也是一种能力？

格：当然，因为意见就是我们能够形成意见的能力本身。

苏：然而你刚才还在承认，知识与意见是不一样的？

格：是的，任何有理智的人怎么能把无误的东西和错误的东西联系起来呢？

苏：一个很好的回答，证明了我们对它们之间的区别有相当清醒的认识。

格：是的。

苏：那么具有不同能力的知识和意见也有不同的领域或主题？

格：这一点是肯定的。

苏：存在是知识的范畴或主题，而知识是为了了解存在的本质？

格：是的。

苏：而意见就是要有意见？

格：是的。

苏：我们知道我们的意见吗？或者意见的主题与知识的主题是一样的吗？

格：不，这已经被推翻了。如果能力的不同意味着领域或主题的不同，如果像我们所说的那样，意见和知识是不同的能力，那么知识的领域和意见的领域就不可能相同。

苏：那么，如果存在是知识的主题，那么其他东西一定是意见的主题？

格：是的，别的东西。

苏：那么，不存在是意见的主题吗？或者说，关于不存在，怎么会有意见呢？反思：当一个人有意见时，他不是对某件事情有意见吗？他能有一个关于无的意见吗？

格：不可能的。

苏：有意见的人对某一件事有意见？

格：是的。

苏：而不存在不是一个东西，正确地说，是没有东西？

格：确实如此。

苏：我们本来假定，无知与不存在相关，知识与存在相关吧？

格：的确。

苏：那么观点既不关心存在也不关心不存在？

格：两者都没有。

苏：因此，既不可能是无知，也不可能是知识？

格：这似乎是真的。

苏：但是，是否能在这两者之外寻求意见，在比知识更清晰的地方，或在比无知更黑暗的地方？

格：不能。

苏：那么我想，在你看来，这种观点似乎比知识更黑暗，但比无知更光明？

格：两者都有，而且程度都不小。

苏：也要在他们内部和之间？

格：是的。

苏：那么你会推断出意见是中间性的吗？

格：没有问题。

苏：但是，我们以前不是说过，如果任何东西出现在一种同时是和不是的情况下，那种东西也会出现在纯粹的存在和绝对的不存在之间的间隔中。而相应的能力既不是知识也不是无知，而是将在它们之间的间隔中被发现？

格：确实如此。

苏：而在这段时间里，现在已经发现了一些我们称之为意见的东西？

格：是的。

苏：那么，有待发现的是同样具有存在和不存在性质的对象，而且不能正确地称为任何一种，纯粹的和简单的。这个未知的术语，一旦发现，我们可以真正称为意见的主题，并把每个人分配给他们适当的能力，极端的人分配给极端的能力，平均的人分配给平均的能力。

格：确实如此。

苏：在此前提下，我想问问那些认为不存在绝对的或不可改变的美的观点的先生——在他看来，美是多种多样的——你的美景爱好者，他不相信美本身是"一"，正义本身是"一"，以及其他东西本身是"一"，等等。我要向他呼吁，说：先生，你能不能好心地告诉我们，在所有这些美丽的东西中，是否有一种不会被发现是丑的。正义的，不会被发现不正义。圣洁的，也不会被发现不圣洁？

格：不，美丽的东西在某些方面会被发现是丑陋的。其他方面也是如此。

苏：许多双倍的东西不也可以是一半的吗？换句话说，某种东西即是一种东西的双倍，也是另一种东西的一半？

格：相当正确。

苏：大的和小的，重的和轻的，正如它们被称为的那样，用这些来表示不会比用相反的名称来表示更多？

格：是的。这些名字和相反的名字都将永远附加在所有的人身上。

苏：在那些被称为特定名称的众多事物中，是否有任何一个可以被说成是这个而不是这个？

格：它们就像宴会上的双关谜语，或者儿童谜语中的太监瞄准蝙蝠，他用什么打他，就像谜语中说的，蝙蝠坐在什么上面。我所说的个别物体也是一个谜，而且有双重意义：你也不能把它们固定在你的头脑中，要么是存在的，要么是不存在的，要么是两者都是，要么都不是。

苏：那么你将如何处理它们？它们能有一个比存在和不存在之间更好的位置吗？因为它们显然不在比不存在更黑暗或否定的地方，也不在比存在更充满光明和存在的地方。

格：这很正确。

苏：因此，我们似乎已经发现，众人关于美丽和所有其他事物的许多想法，都是在某个介于纯粹的存在和纯粹的不存在之间的区域里折腾的？

格：是的。

苏：而且我们之前已经同意，我们可能发现的任何这类东西都应被描述为意见的问题，而不是知识的问题。是被中间能力抓住并扣留的中间通量。

格：相当正确。

191

苏：那么，那些看到许多美丽的东西，但既没有看到绝对的美丽，也不能跟随任何指明方向的向导。那些看到许多正义的东西，但没有看到绝对的正义，等等，这些人可以说是有意见而没有知识？

格：这一点是肯定的。

苏：但那些看到绝对的、永恒的、不可改变的东西的人，可以说是知道的，而不是仅仅有意见？

格：这一点也不能否认。

苏：一个人喜欢并拥抱知识的主题，另一个人喜欢并拥抱意见的主题？后者也是如此，我敢说你会记得，他们听着甜美的声音，注视着美丽的色彩，却不能容忍绝对美的存在。

格：是的，我记得。

苏：那么，我们称他们为热爱观点而不是热爱智慧的人，是否会有任何不当之处呢，他们会不会因为我们这样描述他们而非常生气呢？

格：我将告诉他们不要生气。没有人应该为真实的事情而生气。

苏：但那些在每一件事上都热爱真理的人，应该被称为热爱智慧的人，而不是热爱意见的人。

格：确实。

第六卷　政治哲学

苏：就这样，格劳孔，在争论了很久之后，真假哲学家终于出现在人们的视野中了。

格：要知道，欲速则不达呀。

苏：我想不会，然而我相信，如果讨论能够局限于这一个主题，如果没有许多其他的问题在等待着我们，我们可能会对这两个问题有更好的看法，想要了解正义者的生活与不正义者的生活在哪些方面不同的人必须考虑这些问题。

格：下一个问题是什么？

苏：当然，我说的是，按顺序接下来的那一个。鉴于只有哲学家才能掌握永恒和不变的东西，而那些在众多和可变的领域中徘徊的人不是哲学家，我必须问你，这两类人中哪一类应该成为我们国家的统治者？

格：而我们怎样才能正确地回答这个问题呢？

苏：无论这两个人中的哪一个最能守护我们国家的法律和制度，让他们成为我们的护卫者。

格：非常好。

苏：也不可能有任何疑问，要保留任何东西的护卫者应该有眼睛而不是没有眼睛。

格：这一点毋庸置疑。

苏：那些对每件事物的真实存在确实缺乏了解的人，在他们的灵魂中没有明确的模式，不能像画家的眼睛一样看清绝对的真理并对其进行修复，并且对另一个世界有完美的看法，在这个世界没有有关美、善、正义的法律时予以制订，并守护和维护它们的秩序，我请问，像这种人，不就是睁眼瞎吗？

格：确实，他们在这种情况下差不多。

苏：当有其他人，除了在经验上与他们相当，在德行上不比他们差之外，还知道每件事情的真相时，他们应该成为我们的护卫者吗？

格：没有任何理由拒绝那些拥有这种最伟大品质的人。他们必须始终占据首位，除非他们在其他方面失败。

苏：那么我们确定下他们能在多大程度上将这一优点和其他优点结合起来。

格：当然。

苏：首先，正如我们一开始所观察到的，哲学家的性质必须得到确认。我们必须对他有一个了解，当我们这样做的时候，如果我没有弄错的话，我们也应该承认，这种品质的结合是可能的，那些被结合在一起的人，而且只有那些人，应该成为国家的统治者。

格：你是什么意思？

苏：让我们假设，哲学的头脑总是喜欢那种向他们展示不因生成和腐败而变化的永恒本质的知识。

格：同意。

苏：此外，让我们同意他们是所有真实存在的爱好者。没有任何部分是他们愿意放弃的，不管是大的还是小的，或者是更多的还是更少的荣誉。正如我们之前说的情人和有野心的人。

格：确实如此。

苏：如果他们要成为我们所描述的那样，难道没有另一种他们也应该具备的品质吗？

格：什么品质？

苏：真实性：他们绝不会故意接受虚假的东西进入他们的头脑，这是他们所厌恶的，他们会爱上真理。

格：可能是的。

苏：我的朋友，不是"可能"这个词，而是"必须肯定"：因为他的天性是对任何东西都有兴趣，不能不爱所有属于他的或与他的感情对象相似的。

格：对。

苏：还有什么比真理更接近智慧的吗？

格：怎么会有呢？

苏：同样的天性，能不能既爱智慧又爱虚伪？

格：从来没有。

苏：那么，真正热爱学习的人必须从他最年轻的时候开始，只要他有能力，就必须渴望一切真理。

格：不错。

苏：但是，正如我们的经验所知，在一个方向上欲望强烈的人，在其他方向上的欲望就会减弱。它们就像被引向另一个渠道的溪流。

格：确实如此。

苏：他的欲望被各种形式的知识所吸引，就会沉浸在灵魂的愉悦中，几乎感觉不到身体的愉悦。我的意思是，真正而非冒充的哲学家，一定是这样的。

格：这是最肯定的。

苏：这样的人肯定是有节制的，与贪婪相反。因为促使他人渴望拥有和消费的动机，不会被他们重点对待。

格：非常正确。

苏：还必须考虑另一个具有哲学性质的标准。

格：那是什么？

苏：你可别疏忽了任何一点胸襟偏窄的毛病。因为哲学家在无论神还是人的事情上总是追求完整和完全的，没有什么比器量窄小和哲学家的这种心灵品质更相反的了。

格：这是最真实的。

苏：那么，一个拥有宏大心胸的人，作为所有时间和所有存在的旁观者，怎么会对人类生活有太多的想法呢？

格：他不能。

苏：或者说，这样的人能够说明死亡是可怕的吗？

格：确实没有。

苏：那么懦弱和卑鄙的本性在真正的哲学中没有任何作用？

格：当然不是。

苏：或者再说：一个和谐的人，一个不贪婪、不吝啬、不自夸、不懦弱的人——他在待人处世中能不能不正义、不苛刻？

格：不可能的。

苏：那么你很快就会观察到一个人是正义和温和的，还是粗鲁和不善交际的。这些都是即使在青年时期也能区分出哲学性和非哲学性的标志。

格：确实如此。

苏：还有一点需要注意。

格：什么意思？

苏：他是否有学习的乐趣。因为没有人会喜欢给他带来痛苦的东西，而且在这一过程中，虽然付出大量的努力，但他几乎没有任何进展。

格：当然不是。

苏：再说，如果他健忘，记不住所学的东西，那他不就成了一个空瓶子吗？

格：这一点是肯定的。

苏：徒劳无功，他必须以憎恨自己和他毫无结果的职业而告终？

格：是的。

苏：那么，一个会遗忘的灵魂就不能被列入真正的哲学本性之中。我们必须坚持认为，哲学家应该有一个好的记忆力？

格：当然。

苏：再一次，不和谐和不体面的性质只能趋于不相称？

格：无疑是的。

苏：而你认为真理是类似于比例的，还是类似于不相称的？

格：要按比例。

苏：那么，除了其他品质外，我们必须努力找到一个自然匀称和亲切的心灵，它将自发地走向万物的真实存在。

格：当然。

苏：那么，我们所列举的所有这些品质不都是相辅相成的吗？在某种程度上，它们难道不是一个灵魂所必需的，因为它要有充分和完美的存在参与？

格：它们是绝对必要的。

苏：这难道不应该是一项无愧于心的研究吗？只有那些具有良好记忆力的人，才能够追求这种研究，而且学得很快，高尚、亲切，是真理、正义、勇气、节制的朋友，他们是他的同类。

格：嫉妒之神本人对这样的研究找不到任何错误。

苏：像他这样的人，在经过岁月和教育的洗礼之后，你才能把国家交给他们。

阿德曼托斯在这里插话说：苏格拉底，对于这些说法，没有人能够作出回答。但是当你这样说话的时候，你的听众心中会有一种奇怪的感觉。他们认为，由于他们自己缺乏提问和回答问题的技巧，他们在争论的每一步都被带入了歧途。这些小问题不断积累，在讨论结束时，他们发现自己被大大地推翻了，他们以前的所有观念似乎都被颠覆了。就像不熟练的棋手最后被更熟练的对手封死，没有棋子可走一样，他们最后也发现自己被封死了。因为他们在这个新游戏中无话可说，而语言就是棋子。但他们一直都是正确的，现在发生的事情让我看到了这一点。因为我们中的任何一个人都可以说，尽管他不能在论证的每一步都与你相遇，但他们看到一个事实，即哲学的拥护者，当他们进行研究时，不仅在青年时期作为教育的一部分，而且作为他们成年后的追求，他们中的大多数成为奇怪的怪物，更不用说成为流氓，而那些可能被认为是他们中最好的人，由于你所称赞的研究而对世界变得无用。

苏：那么，你认为那些这样说的人是错的吗？

阿：我不能说，但我想知道你的意见是什么。

苏：我认为他们是非常正确的。

阿：那么，当我们承认哲学家对城市没有用处的时候，你怎么有理由说在哲学家统治城市之前，城市不会停止邪恶呢？

苏：你问了一个问题，对这个问题的回答只能用一个比喻。

阿：是的，苏格拉底。我想，这是一种你根本不习惯的说话方式。

苏：我知道你对我陷入这种无望的讨论感到非常好笑。但现在听听这个寓言，你就会对我想象力的贫乏感到更加好笑。因为最好的人在他们自己的国家里受到的待遇是如此的悲惨，以至于地球上没有任何东西可以与之相比。因此，如果我要为他们的事业辩护，我必须求助于虚构，把一个由许多东西组成的形象放在一起，就像图片上出现的山羊和雄鹿的神话般的结合。想象一下，在一支舰队或一艘船上，有一个船长，他比任何一个船员都要高大强壮，但他有点耳聋，视力也有类似的缺陷，他的航海知识也没有好多少。水手们正在为掌舵的事互相争吵——每个人都认为他有权掌舵，尽管他从未学过航海术，也说不出是谁教他的，什么时候学的，还会进一步断言，这是教不来的，他们准备把任何说反话的人碎尸万段。他们簇拥着船长，乞求和祈祷他把舵交给他们。如果在任何时候他们没有得逞，而其他人比他们更喜欢，他们就杀死其他人或把他们扔到海里，并首先用饮料或某种麻醉药使高贵的船长丧失理智，他们叛变并占有船只，随意使用物资。这样，他们吃喝玩乐，以人们期望的方式继续航行。凡是与他们同流合污，巧妙地帮助他们策划把船从船长手中弄到自己手中的人，不管是用武力还是用劝说，他们都以水手、领航员、能干的海员的名义加以赞美，而对另一种人则加以辱骂，他们称之为一无是处。但是，真正的领航员如果想真正胜任船舶的指挥工作，就必须注意年份、季节、天空、星星和风，以及属于他的技艺的其他东西，而且不管其他人是否喜欢，他必须也将成为舵手——这种权力与舵手的技艺相结合的可能性从未认真进入他们的思想，也没有成为他们工作的一部分。现在，在那些处于叛变状态的船只上，在那些叛变的水手面前，真正的领航员将被如何看待？难道他不会被他们称为空谈者、梦想家和废物吗？

阿：当然。

苏：你几乎不需要听我对这个比喻的解释，因为你已经明白了，它描述了真正的哲学家与国家的关系。

阿：当然。

苏：那么，假设你现在把这个寓言拿给那位惊讶地发现哲学家在他们的城市里没有荣誉感的先生。向他解释，并试图说服他，他们有荣誉感会更特别。

阿：我会的。

苏：你对他说，他认为最优秀的哲学家对世界百无一用这句话是对的。但也要告诉他，把哲学家的无用归咎于那些不愿意使用他们的人，而不是他们自己。领航员不应该谦卑地乞求水手听从他的指挥——这不是自然界的秩序。"聪明人也不应该到富人的门前去"——留下这句俏皮谚语的人撒了谎，但事实是，当一个人生病时，无论他是富人还是穷人，他都必须去找医生，而想要被治理的人，也要去找能够治理的人。有所作为的统治者不应该乞求他的人民接受他的统治。尽管目前人类的统治者具有不同的特征。他们可以正义地比作叛变的水手，而真正的舵手则比作那些被他们称为废物和梦想家的人。

阿：正是如此。

苏：由于这些原因，在这些人中间，哲学，这个最崇高的追求，不可能被那些相反派别的人所尊重。不是说它的反对者对它造成了最大和最持久的伤害，而是它自己自称的追随者，也就是你认为指控者说的那些人，他们中的大多数人是无赖，最好的人是无用的。我同意这种看法。

阿：是的。

苏：而现在已经解释了善者无用的原因？

阿：确实如此。

苏：那么，我们是否应该继续说明，大多数人的腐败也是不可避免的，而这不应该比其他方面更多地归咎于哲学？

阿：应该。

苏：让我们依次提问和回答，首先回到对温柔和高贵的天性的描述。你们会记得，真理是他的领袖，他总是在所有事情上追随它。在这一点上失败了，他就是一个冒牌货，在真正的哲学中没有任何作用或命运。

阿：是的，这句话说过了。

苏：那么，这一个品质，更不用说其他的了，难道不是与现在对他的观念大相径庭吗？

阿：当然。

苏：我们难道没有权利为他辩护，真正的知识爱好者总是在努力追求存在，这是他的本性。他不会停留在只是表象的多重个体上，而是继续前进——他的锋芒不会减弱，追求欲望的热情也不会减弱，直到他通过灵魂中的一种同情和同类的力量达到对每一种本质的真正性质的认识，通过这种力量接近、混合并与本体结合，孕育思想和真理，他将拥有知识，将真正生活和成长，直到那时，他才会停止工作。

阿：没有什么能比对他的这种描述更正义了。

苏：哲学家的天性中会有对谎言的热爱吗？他不会完全讨厌谎言吗？

阿：他讨厌谎言。

苏：当真理是队长的时候，我们就不能怀疑他所领导的队伍有任何罪恶？

阿：不可能的。

苏：正义和健康的心态将成为队伍的一员，而节制将紧随其后？

阿：的确。

苏：我也没有任何理由再把哲学家的美德排列出来，因为你无疑会记得，勇气、宏伟、理解力、记忆力，都是他的天赋。你反对说，虽然没有人可以否认我当时所说的话，但是，如果你离开文字而看事实，这样描述的人中有些人显然是无用的，而更多的人是完全堕落的。我们于是被引导去探究这些指责的理由，现在已经到了问为什么大多数人是坏的地步，这个问题必然使我们回到对真正哲学家的考察和定义。

阿：正是如此。

苏：接下来我们要考虑哲学本性的败坏，为什么这么多人被糟蹋，

201

而很少有人能逃脱糟蹋，我说的是那些被说成是无用但不邪恶的人，当我们处理完他们之后，我们将谈论哲学的模仿者，他们是什么样的人，奢望从事一种他们所不能也不配高攀的职业，然后，通过他们多方面的不一致，给哲学和所有哲学家带来世人的普遍指责。

阿：这些腐败是什么？

苏：我看我能否向你解释一下。每个人都会承认，具有我们在哲学家身上所要求的所有品质的天性，是一种罕见的天性，在人类中很少见。

阿：确实很罕见。

苏：破坏这些罕见天性的原因多不胜数。

阿：什么原因？

苏：首先是他们自己的美德，他们的勇气、节制和其他的美德，每一个值得被称道的品质（这是一个最奇特的情况）都会破坏和分散拥有这些品质的灵魂的哲学。

阿：那是非常奇特的。

苏：然后是生活中所有的普通物品——美貌、财富、力量、等级和在国家中的巨大关系——你明白这类东西——这些也有腐蚀和分散注意力的作用。

阿：我明白，但我想更确切地知道你对他们的意思。

苏：要从整体上把握真理，而且要以正确的方式把握。这样你就不难理解前面的言论，它们对你来说也就不再陌生。

阿：那我该怎么做呢？

苏：我们知道，所有的胚胎或种子，无论是植物还是动物，当它们没有遇到适当的营养或气候或土壤时，愈是强壮，离期望的生长程度就愈远，它们会对缺乏合适的环境更加敏感，因为邪恶对好的东西比对不好的东西来说是一个更大的敌人。

阿：非常正确。

苏：我们有理由认为，最优秀的天性，在不合适的条件下，受到的伤害比劣等的更大，因为反差更大。

阿：当然。

苏：我们是不是可以说，阿德曼托斯，最有天赋的头脑，当他们受到不良教育时，就会变得特别坏？难道伟大的罪行和纯粹的邪恶精神不是来自被教育破坏的丰富的天性，而不是来自任何劣势，而软弱的天性几乎不可能有任何非常大的善或非常大的恶？

阿：我认为你是对的。

苏：我们的哲学家也是如此，他就像一株植物，如果得到适当的培育，必然会成长和成熟为所有的美德，但是，如果播种和种植在一个陌生的土壤中，就会成为所有杂草中最有害的，除非他被某种神圣的力量保护。你真的认为，就像人们经常说的那样，我们的年轻人被诡辩家腐蚀了，或者私人的技艺教师在任何值得一提的程度上腐蚀了他们吗？说这些话的人难道不是所有诡辩家中最伟大的吗？难道他们没有把年轻人和老人、男人和女人都教育得完美无缺，并按照他们自己的意愿来塑造他们吗？

阿：这是什么时候完成的？

苏：当他们聚集在一起，世人坐在集会上，或在法庭上，或在剧院里，或在营地里，或在任何其他流行的地方，出现了巨大的骚动，他们赞美一些正在说或做的事情，指责其他事情，同样夸大两者，大喊大叫，拍手叫好，岩石的回声和他们聚集的地方使赞美或指责的声音加倍，在这种时候，年轻人的心难道不会像人们所说的那样，在他内心跳跃起来？什么样的私下训练能使他站稳脚跟，抵御大众铺天盖地的舆论洪流，而屹立不倒？他能不随波逐流吗？他难道不会有公众所拥有的善恶观念吗？他将像他们那样做，他将成为那样的人。

阿：是的，苏格拉底。形势比人强嘛。

苏：然而，还有一个更大的必要性，这一点还没有被提及。

阿：那是什么？

苏：剥夺权力，没收财产，或者死刑。如你所知，这些新的诡辩家和教育家，也就是公众，在他们的话语无能为力的情况下，是不惜运用它们的。

阿：的确如此，而且是认真的。

苏：现在，在这样一场不平等的较量中，任何其他的诡辩家，或者任何个人的意见，都可以被期望战胜。

阿：没有。

苏：不，的确，即使是做这种尝试也是非常愚蠢的。除了公众舆论所提供的，在过去、现在、将来，都不可能有任何不同类型的人物，他们没有接受过其他的美德训练。我的朋友，我说的只是人的美德。正如谚语所说，比人更多的东西并不包括在内：因为我不想让你不知道，在目前政府的邪恶状态下，任何被拯救和向善的东西都是靠上帝的力量得到的，正如我们可以真正地说。

阿：我非常同意。

苏：那么，请允许我就进一步的观察征得你们的同意。

阿：你打算怎么说？

苏：为什么呢，所有那些被许多人称为诡辩家、被他们认为是他们的对手的唯利是图的人，事实上，除了许多人的意见，也就是说，他们的集会的意见之外，什么都不教。这就是他们的智慧。我可以把他们比作一个人，他应该研究一只被他喂养的强大野兽的脾气和欲望，他将学会如何接近和处理它，也将学会在什么时候，由于什么原因他是危险的或安全的，以及他的几种叫声是什么意思，当另一个人发出这些声音时，他是被抚慰还是被激怒。你可以进一步设想，当他通过不断地关注，在所有这些方面变得完美时，他把他的知识称为智慧，并把它变成一种系统或技艺，他开始传授这些知识，尽管他对他所说的原则或激情没有真正的理解，都是根据那只巨大野兽的品味和脾气，把这个称为光荣，那个称为不光荣，或善或恶，或正义或不正义。他说，善是野兽喜欢的东西，恶是野兽不喜欢的东西。他除了说正义和高贵是必要的以外，没有别的说法，因为他自己从来没有见过，也没有能力向别人解释这两种东西的性质，或者它们之间的差别，这是很巨大的。天啊，这样的人难道不是一个罕见的教育家吗？

阿：确实罕见。

苏：而那些认为智慧是针对大众人群的脾气和口味辨别的，无论是在绘画或音乐方面，还是最后在政治方面，与我所描述的人有什么不同呢？因为当一个人与众人打交道，向他们展示他的诗歌或其他技艺作品或他为国家所做的贡献，在他没有义务的情况下让他们成为他的评判者时，所谓的迪俄墨德斯的必要性将迫使他创造他们所欣赏的东西。然而，他们为了证实他们自己关于光荣和善良的观念而提出的理由是完全可笑的。你有没有听过任何一个不是这样的？

阿：没有，我也不可能听到。

苏：你认识到我所说的事实吗？那么，我请你进一步考虑，是否会促使世界相信绝对的美而不是许多美的存在，或者相信每一种中的绝对美而不是每一种中的许多美？

阿：当然不是。

苏：那么，大众是成不了哲学家喽？

阿：不可能的。

苏：因此，哲学家必须不可避免地受到世人的指责？

阿：他们必须。

苏：还有那些与暴民打成一片并试图取悦他们的个人？

205

阿：这是很明显的。

苏：那么，你认为有什么办法可以让哲学家在他的使命中保持到最后呢？记得我们对他的评价，他要有敏捷、记忆、勇气和伟大——这些都被我们承认是真正的哲学家的天赋。

阿：是的。

苏：这样的人岂不是从小就在所有的事情上都是第一，特别是如果他的身体天赋和他的精神天赋一样好的话？

阿：当然。

苏：而他的朋友和同胞们会想在他长大后为自己的目的利用他吗？

阿：没有问题。

苏：他们倒在他的脚下，向他提出要求，给他面子，奉承他，因为他们现在就想把他有朝一日拥有的权力拿到自己手里。

阿：这种情况经常发生。

苏：在这种情况下，尤其是如果他是一个大城市的公民，富有而高贵，而且是一个高大的青年，那么像他这样的人可能会做什么？他难道不会充满无限的愿望，认为自己能够管理希腊人和野蛮人的事务，而且在他的头脑中产生了这种想法之后，他难道不会在充满虚荣和无意义的骄傲中膨胀和提升自己吗？

阿：可以肯定的是，他会的。

苏：现在，当他处于这种心理状态时，如果有人温和地走到他面前，告诉他，他是个傻瓜，必须得到理解，而这种理解只能通过为之付出劳动才能得到，你认为在这种不利的情况下，他会很容易被诱导听从吗？

阿：当然不会。

苏：即使有一个人由于内在的善良或自然的合理性，他的眼界被打开了一点，并被哲学所征服，当他的朋友们认为他们可能会失去他们希望从他的同伴那里得到的好处时,他们会如何表现呢?他们会不会不顾一切地阻止他屈服于自己更好的本性,使他的老师无能为力,并为此利用私人阴谋和公诉?

阿:这一点是毋庸置疑的。

苏:这样的人怎么能成为一个哲学家呢?

阿:不可能的。

苏:那么我们是不是可以说,即使一个人拥有成为哲学家的品质,如果他没有受过良好的教育,也可能使他偏离哲学,就像财富及其伴随物和其他生活物品一样。

阿:我们说得很对。

苏:因此,我的好朋友,我所描述的那些最适合于所有最好的追求的天性的毁灭和失败就是这样来的。我们认为这些天性在任何时候都是罕见的。这类人是对国家和个人造成最大伤害的人。当潮流把他们带向那个方向时,也会带来最大的好处。但一个小人物从来不是对个人或国家做任何大事的人。

阿:这是最真实的。

苏:因此,哲学被遗弃了,它的婚姻仪式没有完成:因为它自己的人已经离开并抛弃了它,当他们过着虚假和不合适的生活时,其他不值得的人,看到它没有亲戚做她的保护者,就进入并羞辱她。并把你所说的,它的责备者说出的责备加在她身上,他们肯定了它的选民,有些人一无是处,而更多人应该受到最严厉的惩罚。

阿:这当然是人们所说的。

苏:是的。当你想到那些看到这片土地向他们开放——这片土地充斥着美丽的名字和炫耀的头衔——就像囚犯从监狱跑到避难所一样,从他们的行业中跳出来进入哲学。那些这样做的人可能是他们自己悲惨的行业中最聪明的人,你还能指望什么呢?因为,尽管哲学是在这种邪恶的情况下，但她仍然有一种尊严，这是技艺中所没有的。许多人因此被她所吸引，他们的本性并不完美，他们的灵魂因其卑劣而残缺不全，就像他们的身体因其行业和手艺而毁坏一样。这难道不是不可避免的吗？

阿：是的。

苏：他们难道不正是像一个刚从苦难中走出来的秃头小工匠，发了一笔横财。他洗了个澡，穿上了新衣，打扮得像个新郎，要去娶他主人的女儿，而他的女儿却被遗弃在穷乡僻壤？

阿：不能再像啦。

苏：这种婚姻会有什么样的孩子呢？他们不是邪恶卑贱的吗？

阿：这一点毋庸置疑。

苏：当那些不配接受教育的人接近哲学，并与高于他们的人结盟时，可能会产生什么样的想法和意见？难道它们不会是诱人的诡辩，其中没有真正的东西，也不值得或类似于真正的智慧？

阿：毫无疑问。

苏：那么，阿德曼托斯，有价值的哲学弟子将只是一小部分人。也许有一些高尚的、受过良好教育的人，因流亡而为它服务，在没有腐败影响的情况下，仍然献身于它。或者有一些崇高的灵魂，出生在一个卑微的城市，他对这个城市的政治表示怀疑和忽视。也许有少数有天赋的人离开了他们所鄙视的技艺，来到了它的身边。也可能有一些人被我们的朋友塞亚革斯的缰绳所束缚。因为塞亚革斯生活中的一切都在密谋使他远离哲学，但健康状况不佳使他远离政治。至于我自己的情况则完全是例外，那是神迹，是以前很少有别人遇到过的，或者压根儿就从来就不曾有人碰到过的。那些属于这个小阶层的人已经尝到了哲学是多么甜蜜和幸福的财产，也看够了众人的疯狂。他们知道，没有一个政治家是诚实的，也没有任何正义的捍卫者，他们可以在他们身边战斗并得到拯救。这样的人可以比作一个堕落在野兽中的人，他不愿意加入同伴的恶行,但他也无法单独抵抗他们所有的凶猛本性,因此看到自己对国家和朋友都没有用处,并想到自己将不得不抛弃自己的生命,而对自己和他人都没有任何好处,于是他保持沉默,走自己的路。他就像一个人,在狂风肆虐的沙尘暴中,退到墙的庇护下。看到人类的其他部分充满了邪恶,他就满足了,只要他能过好自己的生活,远离邪恶或不义,在和平和善意中离开,带着美好的希望。

阿:是的,在他离开之前,他将完成一项伟大的工作。

苏:一项伟大的工作——是的,但不是最伟大的,除非他找到一个适合他的国家。因为在一个适合他的国家,他将有更大的发展,成为国家和自己的救星。

哲学被冠以如此恶名的原因现在已经得到了充分的解释:对它的指控的不正义性已经显现——你还有什么想说的吗?

阿:在这个问题上没有什么好说的了。但我想知道,在你看来,现在的政治制度中哪一个是适合它的。

苏:一个也没有。这正是我对他们提出的指控——他们中没有一个人配得上哲学的本性,因此,这种本性被扭曲和疏远了。——就像在异国他乡播下的异国种子变得不自然,并且经常被压倒,在新的土壤中失去自己,甚至哲学的这种生长,不是持续下去,而是退化,接受另一种特征。但是,如果哲学能在国家中找到它本身所具有的完美性,那么我们就会看到,它实际上是神圣的,而所有其他事物,无论是人的本性还是机构,都不过是人。——而现在,我知道,你会问,国家是什么?

阿:不,你错了,因为我想问的是另一个问题——它是我们的创始人和发明者的国家,还是其他国家?

苏:是的,在大多数方面是我们的。但你可能记得我以前说过,在国家里总是需要一些活生生的权威,对宪法有同样的想法,当你作为立法者制定法律时,这些想法指导着你。

阿：说完这句话。

苏：是的，但不是以令人满意的方式。你通过提出反对意见来吓唬我们，这当然表明讨论将是漫长而困难的。而现在仍然存在的是反面的轻松。

阿：剩下的是什么？

苏：哲学研究如何能够有序地进行而不至于成为国家的废墟的问题。所有伟大的尝试都伴随着风险。正如人们所说，"困难是好事"。

阿：不过，让这一点得到澄清，然后调查就会完成。

苏：我不会因为缺乏意志而受到阻碍，但如果有的话，也会因为缺乏力量而受到阻碍：我的热情你们可以亲眼看到。请注意，在我接下来要说的内容中，我是多么大胆和毫不犹豫地宣布，各国应该追求哲学，而不是像现在这样，应以一种不同的精神追求。

阿：以什么方式？

苏：目前，学哲学的人都很年轻。当他们还没有过完童年的时候，他们就开始把从赚钱和做家务中节省下来的时间用于这种追求。甚至那些被认为最具有哲学精神的人，当他们看到这个课题的巨大困难，我指的是辩证法，自己脱离了学习。在以后的生活中，当被别人邀请时，他们也许会去听一场讲座，对此他们会大吵大闹，因为他们认为哲学不是他们的正业；最后，当他们年老时，在大多数情况下，他们比赫拉克利特的太阳更真实地熄灭了，因为他们再也没有亮起。（赫拉克利特说，太阳每天晚上熄灭，每天早上重新点燃）。

阿：但他们应该怎么做呢？

苏：反其道而行。在童年和青年时期，他们的学习，以及他们所学的哲学，应该适合他们稚嫩的年龄：在这个时期，当他们成长为男子汉的时候，应该对他们的身体给予主要和特别的照顾，以便他们可以用它们来为哲学服务。随着生活的进步和智力开始成熟，让他们增加心灵的锻炼。但是当我们公民的力量衰竭，并且已经过了民事和军事职责的时候，那么就让他们随意地进行，不要从事任何繁重的劳动，因为我们打算让他们在这里幸福地生活，并且在另一个世界以类似的幸福为今生的目标。

阿：苏格拉底，你是多么真诚啊！我确信这一点。然而你的大多数听众，如果我没有弄错的话，可能会更加真诚地反对你，而且永远不会被说服，色拉叙马霍斯更是如此。

苏：不要在最近成为朋友的色拉叙马霍斯和我之间发生争吵，尽管我们确实从来都不是敌人。因为我将继续努力，直到我使他和其他人皈依，或者做一些可能对他们有利的事情，以便他们重新投胎做人，并在另一种生存状态下进行类似的讨论。

阿：你说的是一个不是很近的时间。

苏：与永恒相比，时间算不了什么。然而，我并不奇怪许多人拒绝相信。因为他们从未见过我们现在所说的实现。他们看到的只是对哲学的传统模仿，由人为的词语组成，而不像我们的这些词语具有自然的统一性。但是，一个在语言和工作中被完美地塑造成美德的比例和形象的人——这样的人在一个具有相同形象的城市中执政，他们从未见过，无论是一个还是许多人——你认为他们曾经见过吗？

阿：确实没有。

苏：不，我的朋友，他们很少听到自由和高尚的情感。当人们为了知识而认真地、千方百计地寻求真理时，就会说出这样的话，而他们对争论的微妙之处冷眼旁观，因为争论的目的是意见和争斗，无论他们在法庭上还是在社会上遇到。

阿：他们对你所说的这些话很陌生。

苏：这就是我们所预见的，也是真理迫使我们不无恐惧和犹豫地承认的原因，即无论是城市、国家还是个人都不会达到完美的境界，除非被我们称为无用但不腐败的一小部分哲学家,无论他们是否愿意,都被天命所迫,去照顾国家,除非国家也必须服从他们。或者直到国王,或者如果不是国王,就是国王或王子的儿子,被神圣地激发对真正哲学的真正热爱。我认为没有理由肯定这些选择中的任何一个或两个都是不可能的:如果是这样,我们可能确实会被嘲笑为梦想家和幻想家。我说得不对吗?

阿:很对。

苏:那么,如果在过去的无数个时代,或者在现在,在某个遥远的、我们无法理解的外国时代,完善的哲学家现在或过去或将来会被一种高级的力量强迫负责国家的事务,我们准备至死不渝地断言,我们的宪法过去是这样,现在是这样,而且只要哲学的缪斯是女王,就会这样。这一切并不是不可能的。有困难,我们自己也承认。

阿:我的意见与你一致。

苏:但你的意思是说,这不是众人的意见吗?

阿:我想不会。

苏:哦,我的朋友,不要攻击众人:他们会改变主意的,如果不是以攻击性的精神,而是以温和的方式,为了安抚他们,消除他们对过度教育的厌恶,你向他们展示你的哲学家们的真实面貌,像你刚才那样描述他们的性格和职业,那么人类就会看到,你所说的他并不是他们所想象的那样——如果他们以这种新的眼光看待他,他们肯定会改变对他的观念,并以另一种方式回答。谁能与一个爱他们的人为敌呢?谁自己是温和的,没有嫉妒的,会嫉妒一个没有嫉妒的人呢?不,让我来回答你,在少数人身上可能会发现这种苛刻的脾气,但在大多数人身上不会。

阿:我非常同意你的观点。

苏:你不也和我一样认为,许多人对哲学所抱有的恶劣情绪源于那些装模作样的人，他们不请自来，总是辱骂他们，找他们的麻烦，他们把人而不是事物作为他们谈话的主题。没有什么比这更不符合哲学家的身份了。

阿：这是最不合适的。

苏：因为他，阿德曼托斯，他的心被固定在真正的存在上，肯定没有时间看不起地球上的事情，或充满恶意和嫉妒，与人争斗。他的眼睛永远是指向固定和不变的事物，他看到这些事物既不互相伤害，也不互相损害，而是都在按理移动。他模仿这些事物，而且他将尽可能地使自己符合这些事物。一个人能够帮助模仿与他保持恭敬交谈的东西吗？

阿：不可能的。

苏：哲学家与神圣的秩序对话，在人的本性允许的范围内，变得有秩序和神圣。但像其他人一样，他将受到损害。

阿：当然了。

苏：如果有必要让他不仅把自己，而且把一般的人性，无论是国家还是个人，都塑造成他在其他地方看到的样子，那么，你认为他将是一个不熟练的正义、节制和每一种公民美德的制造者吗？

阿：绝不会的。

苏：如果世人察觉到我们所说的关于他的事实，他们会对哲学感到愤怒吗？当我们告诉他们，没有一个国家能够幸福，它不是由模仿天国模式的艺术家设计的，他们会不相信我们吗？

阿：如果他们理解，就不会生气。但他们将如何制订你所说的计划？

苏：他们将从国家和人的举止开始，像从桌面上擦掉一样，从中擦出图片，留下一个干净的表面。这不是一件容易的事。但无论是否容易，他们与其他立法者的区别就在于此——他们与个人或国家都没有关系，在他们找到或自己创造出一个干净的表面之前，他们不会制定任何法律。

阿：他们会非常正确。

苏：在实现了这一点之后，他们将着手描画宪法的轮廓。

阿：毋庸置疑。

苏：而当他们在填写工作时，正如我所设想的那样，他们会经常把眼睛向上和向下看。我的意思是，他们会先看绝对的正义、美丽和节制，然后再看人类的副本，并将生命的各种元素混合起来，调和成一个人的形象。他们会根据另一种形象来构思，这种形象在人类中存在时，荷马称之为上帝的形式和样式。

阿：非常正确。

苏：他们要抹去一个特征，又要加上另一个特征，直到他们尽可能地使人的方式与神的方式相一致？

阿：事实上，无论如何，他们都无法做出更公平的画面。

苏：现在，我们是否开始说服那些被你描述为强势地冲向我们的人，让他们知道宪法的作者就是我们所赞美的这样一个人。他们对他非常愤慨，因为我们把国家交到了他的手中。而他们听到刚才的话后，是否渐渐冷静下来了？

阿：平静多了，如果他们有任何意义的话。

苏：为什么，他们还能在哪里找到反对的理由？他们会怀疑哲学家是一个热爱真理和存在的人吗？

阿：他们不会如此不讲道理。

苏：或者说，他的本性，就像我们所描述的那样，是与最高的善相近的？

阿：他们也不能怀疑这一点。

苏：但是，他们会不会告诉我们，这样的天性，放在有利的环境下，如果有的话，也不会是完全善良和明智的？或者他们会选择那些被我们拒绝的人吗?

阿:当然不会。

苏:那么他们还会对我们的说法感到愤怒吗?即在哲学家承担统治责任之前,国家和个人都不会从邪恶中得到休息,我们想象中的这个国家也不会实现。

阿:我认为,他们的愤怒会减少。

苏:我们是否应该假设他们不仅不那么愤怒,而且相当温和,他们已经改过自新,而且如果没有其他原因,也不能拒绝达成协议,因为非常羞愧?

阿:是的。

苏:那么,让我们假设和解已经实现了。有人会否认另一点吗,即可能有国王或王子的儿子天生就是哲学家?

阿:当然没有人否认。

苏:当他们出现时,有人会说他们必须被毁灭吗?他们很难被拯救,这一点连我们都不否认。但在整个时代的过程中,他们中没有一个人能够逃脱,谁敢肯定这一点?

阿:确实没人!

苏:但是,一个人就够了。让一个人拥有一个顺从他意志的城市,他就可能带来世界上如此难以置信的理想政体。

阿:是的,一个就够了。

苏:统治者可以强加我们所描述的法律和制度,而公民有可能愿意服从它们吗?

阿:当然。

苏:其他人应该赞同我们所赞同的,这不是什么奇迹或不可能的事吧?

阿:我想不会。

苏：但我们已经充分表明，在前面的内容中，所有这些，如果只是可能的话，肯定是最好的。

阿：我们有。

苏：现在我们不仅说，我们的法律，如果能够颁布，将是最好的，而且还说，颁布这些法律虽然困难，但并非不可能。

阿：非常好。

苏：就这样，在痛苦和劳累中，我们已经达到了一个主题的终点，但还有更多的问题需要讨论——如何以及通过什么研究和追求来创造宪法的救世主，以及他们在什么年龄段要应用于他们的各种研究？

阿：当然。

苏：我省略了娶妻生子和任命统治者这些麻烦的事情，因为我知道完美的国家会受到嫉妒，而且很难实现。但这种聪明的做法对我没有什么帮助，因为我必须对它们进行同样的讨论。妇女和儿童现在已经处理好了，但另一个关于统治者的问题必须从一开始就进行调查。正如你们所记得的，我们说过，他们要热爱自己的国家，经受快乐和痛苦的考验，既不在困难中，也不在危险中，更不在任何其他关键时刻丧失爱国主义精神——谁失败了，谁就会被拒绝，而那些总是纯洁的，就像在炼金炉中试炼的黄金，就会被任命为统治者，并在生前和死后获得荣誉和奖赏。这就是正在说的那种事情，然后争论转到一边，遮住了她的脸。不喜欢挑起现在已经出现的问题。

阿：我完全记得。

苏：是的，我的朋友，我当时不敢冒昧地说。但现在让我大胆地说——完美的护卫者必须是一位哲学家。

阿：是的，让这一点得到肯定。

苏：不要以为会有很多这样的人。因为被我们认为是必不可少的天赋很少能出现在一个人身上。它们大多是以碎片和补丁的形式出现。

阿：你是什么意思？

苏：你知道快速的智慧、记忆力、敏锐、聪明和类似的品质，并不经常一起成长，拥有这些品质的人，同时又是高风亮节和宽宏大量的人，从本质上来说，并不是那么有秩序地生活，以和平和安定的方式生活。他们被他们的冲动所驱使，所有坚实的原则从他们身上消失。

阿：非常正确。

苏：另一方面，那些可以更好地依靠的坚定的天性，在战斗中坚不可摧的恐惧和不可动摇的天性，在有什么需要学习的时候也同样不可动摇。他们总是处于一种无精打采的状态，对任何智力上的劳作都很容易打哈欠、犯困。

阿：相当正确。

苏：然而，我们说的是，这两种品质在那些要被传授高等教育的人和要分享任何职位或命令的人身上都是必要的。

阿：当然。

苏：他们会是一个很少被发现的阶层吗？

阿：是的，确实如此。

苏：那么，有志之士不仅要在我们之前提到的那些劳动、危险和快乐中接受考验，而且还有一种我们没有提到的考验，他还必须在许多种知识中接受锻炼，看看灵魂是否能够承受所有最高的知识，还是会像其他研究和锻炼一样，在这些知识中晕倒。

阿：是的，你测试他是非常正确的。但你说的所有最高的知识是什么意思？

苏：你可能记得，我们把灵魂分为三部分。并区分了正义、节制、勇气和智慧的几种性质？

阿：的确，如果我忘记了，我就不配再听了。

苏：你还记得在讨论它们之前的那句警句吗？

阿：你指的是什么？

苏：我们说，如果我没有弄错的话，想要看到它们的完美美感的人必须走一条更长、更迂回的路，在这条路的尽头，它们会出现。但我们可以在与前面的讨论相同的水平上对它们进行通俗的阐述。你回答说，这样的论述对你来说就足够了，于是就以一种在我看来非常不准确的方式继续进行了询问。你是否满意，这要由你自己说了。

阿：是的，我和其他人都认为，你给了我们一个公平的事实尺度。

苏：但是，我的朋友，对这种事情的衡量，如果在任何程度上不符合整个事实，就不是公平的衡量。因为没有什么不完美的东西是衡量的，尽管人们太容易满足，认为他们不需要进一步寻找。

阿：当人们懒散的时候，这并不是一个罕见的情况。

苏：是的，在一个国家和法律的护卫者身上，不可能有任何更严重的错误。

阿：确实如此。

苏：必须要求护卫者走更长的路，在学习和体操方面付出努力，否则他将永远无法达到最高的知识，正如我们刚才所说的，这是他应有的使命。

阿：有什么比这更高的知识——比正义和其他美德更高的知识？

苏：有的。对于美德，我们也不能只看轮廓，就像现在这样——没有什么比最完整的图画更让我们满意。当一些小事被精心设计，以使它们呈现出完整的美和最大的清晰度时，我们不认为最高的真理值得达到最高的精度，这是多么可笑啊！我们应该把它看作是一个完整的过程。

阿：一个正确的高尚思想。但你认为我们会不问你这个最高的知识是什么吗？

苏：不，如果你愿意，就问吧。但我确信，你已经听过很多次答案了，现在你要么不明白我的意思，要么，正如我所认为的那样，你想找麻烦。因为你经常被告知,善的观念是最高的知识,所有其他事物只有通过对它的使用才变得有用和有利。你不可能不知道我将要讲的是这个,正如你经常听到我说的,我们对它所知甚少。而且,没有它,任何其他知识或任何种类的拥有都对我们没有好处。你认为,如果我们不拥有善,那么拥有所有其他事物就有任何价值吗?或者如果我们没有对美和善的了解,那么对所有其他事物的了解就有任何价值吗?

阿:当然不是。

苏:你还知道,大多数人肯定快乐是好的,但更精明的人说它是知识?

阿:是的。

苏:你也知道,后者无法解释他们的知识是什么意思,而不得不说是关于善的知识?

阿:多么荒唐!

苏:是的,他们应该从责备我们对善的无知开始,然后推定我们对善的了解——他们把善定义为对善的了解,就像我们在他们使用"善"这个词时理解他们一样——这当然是很荒谬的。

阿:确实。

苏:而那些以快乐为己任的人也同样感到困惑。因为他们不得不承认,有坏的快乐,也有好的快乐。

阿:当然。

苏:因此要承认坏和好是一样的?

阿:确实如此。

苏:毫无疑问,这个问题涉及的困难很多。

阿:不可能没有。

苏:此外,我们难道没有看到,许多人愿意做或拥有或看起来是正义和光荣的事,而没有现实。但没有人满足于善的外表——现实是他们所追求的。在善的情况下，外表被每个人所鄙视。

阿：非常正确。

苏：那么，对于这一点，每个人的灵魂都在追求，并把善作为他所有行为的目的，有一种预感，即有这样一个目的，但却犹豫不决，因为既不知道它的性质，也没有像对其他事物那样的把握，因此在其他事物中失去了任何好处，对于这样一个如此伟大的原则，我们国家最好的人，一切都被委托给他们，应该处于无知的黑暗之中？

阿：当然不是。

苏：我确信，不知道美丽和正义同样是善的人，将只是一个遗憾的守护者。我怀疑，不知道善的人，不会对他们有真正的了解。

阿：这是你的一个精明的怀疑。

苏：如果我们只有一个拥有这种知识的护卫者，我们的国家就会有完美的秩序？

阿：当然，但我希望你能告诉我，你是否认为这个善的最高原则是知识或快乐，或者与两者都不同？

苏：是的，我一直都知道，像你这样一个快活的绅士是不会满足于其他人对这些事情的想法的。

阿：没错，苏格拉底。但我必须说，像你这样一生都在研究哲学的人，不应该总是重复别人的观点，而从不说自己的观点。

苏：好吧，但任何人都有权利正面说他不知道的事情吗？

阿：不是以肯定的方式保证。他没有权利这样做：但他可以说他的想法，作为一个意见问题。

苏：你难道不知道，所有单纯的意见都是不好的，最好的意见也是盲目的？你不会否认，那些没有智慧而拥有任何真正观念的人，只是像盲人一样，在路上摸索着走。

阿：非常正确。

苏：当别人告诉你光明和美丽的时候，你还希望看到盲目的、畸形的和卑贱的东西吗？

格：不过，我必须恳求你，苏格拉底，不要在你即将到达目标时转身离去。如果你只对善作这样的解释，就像你已经对正义、节制和其他美德所作的解释一样，我们就会满意。

苏：是的，我的朋友，我至少也会得到同样的满足，但我不能不担心我会失败，担心我轻率的热情会给我带来嘲弄。不，亲爱的先生们，我们现在不要问善的实际性质是什么，因为要达到我现在所想的，对我来说是一种太大努力。但是，如果我可以确定你们想听的话，我很想谈一谈最像他的善的孩子，否则，就不谈了。

格：无论如何，请告诉我们孩子的情况，反正你下次还要还债，给我们讲父亲的。

苏：我确实希望我可以偿清债务，而你也可以收到，父母的账目，而不是像现在这样，只支付后代的账目。不过，后者是以利息的方式，同时要注意我不要做假账，尽管我没有欺骗你的意思。

格：是的，我们将采取一切可能的谨慎措施，请继续。

苏：是的，但我必须首先与你达成谅解，并提醒你我在这次讨论过程中，以及在其他许多时候提到的内容。

格：什么？

苏：古老的故事，有许多美丽的东西和许多好的东西，以及我们描述和定义的其他东西。对所有这些东西都适用"许多"一词。

格：的确。

苏：有一种绝对的美和一种绝对的善，而对于"许多"一词所适用的其他事物，也有一种绝对的东西。因为它们可以被置于一个单一的概念之下，这被称为每个事物的本质。

格：非常正确。

苏：正如我们所说的，许多人被看到但不知道，而思想被知道但不被看到。

格：正是如此。

苏：那么，我们是用什么看到可见事物的呢？

格：眼睛的视觉。

苏：我们用听觉来听，用其他感官来感知其他感官的对象？

格：确实如此。

苏：但你是否注意到，视觉是迄今为止感官工匠所设计的最昂贵和最复杂的作品？

格：不，我从来没有。

苏：那么请想一想，耳朵或声音是否需要任何第三种或额外的性质，以便一个人能够听到，另一个人也能够被听到？

格：没有这样的事。

苏：不，确实如此，如果不是所有的其他感官，大多数也是如此，你不会说它们中的任何一个需要这样的补充？

格：当然不是。

苏：但你看到，如果没有其他性质的加入，就没有看见或被看见？

格：你是什么意思？

苏：我认为，视力在眼睛里，有眼睛的人就想看。颜色也在眼睛里，除非有第三种性质特别适合这一目的，否则眼睛的主人将什么也看不见，颜色也看不见。

格：你说的是什么性质？

苏：关于你所说的光。

格：的确。

苏：那么，将视力和能见度联系在一起的纽带是高贵的，而且因其性质的不同而大大超过其他纽带。因为光是它们的纽带，而光不是卑鄙的东西。

格：不，是无耻的反面。

苏：你会说天上的哪个神是这个元素的主宰？那使眼睛完全看清，使可见的东西出现的光是谁的？

格：你是指太阳，正如你和全人类所说的那样。

苏：视觉与这一神灵的关系难道不能描述如下吗？

格：如何？

苏：视觉和视觉所在的眼睛都不是太阳？

格：不是。

苏：然而，在所有的感觉器官中，眼睛是最像太阳的？

格：到目前为止是最像的。

苏：而眼睛所拥有的力量是一种从太阳发出的射流？

格：正是如此。

苏：那么太阳不是视觉，而是视觉的原因，他被视觉所识别？

格：的确。

苏：这就是我所说的善的孩子，善按照他自己的样子生下他，在可见的世界里，就视觉和可见事物而言，善在智力世界里，就心灵和心灵的东西而言，就是这样。

格：你能不能说得更清楚一点？

苏：你知道，当一个人把眼睛对准那些不再有日光照射的物体，而只有月亮和星星的时候，眼睛看得很模糊，几乎是盲目的。它们似乎没有清晰的视觉。

格：非常正确。

苏：但是，当它们被引向太阳所照耀的物体时，它们就能清楚地看到，并且在它们身上有视觉？

格：当然。

苏：灵魂就像眼睛：当停留在真理和存在所照耀的地方时，灵魂就能感知和理解，并焕发出智慧的光芒。但当转向成为和灭亡的黄昏时，她就只有意见，到处乱跑，先是一种意见，然后是另一种意见，似乎没有智慧？

格：就是这样。

苏：现在，把真理传给被认识者，把认识的能力传给认识者的，就是我想让你们称为善的概念，你们会认为这是科学的原因，也是真理的原因。真理和知识都很美，但善的理念比这两者都美，你们会正确地认为这另一种性质比任何一种都更美。就像在前一个例子中，光和视觉可以被真正地说成是像太阳，但又不是太阳，所以在另一个领域，科学和真理可以被认为是像善，但又不是善。善有一个更高的荣誉地位。

格：这一定是一个美丽的奇迹，它是科学和真理的创造者，但在美感上却超过了它们。因为你肯定不会说快乐就是善？

苏：上帝保佑，但我可以请你从另一个角度考虑这个形象吗？

格：在什么观点下？

苏：你会说，不是吗，太阳不仅是所有可见事物的创造者，而且是生成、滋养和生长的创造者，尽管他自己不是生成者。

格：当然。

苏：同样，可以说善不仅是所有已知事物的知识的创造者，而且是它们的存在和本质的创造者，但善不是本质，而是在尊严和力量上远远超过了本质。

格：以一种可笑的认真态度。靠着天堂的光，多么令人惊奇啊！

苏：是的，责任在你。因为你让我说出了我的幻想。

格：请继续说下去。无论如何，让我们听听关于太阳的模拟是否还有什么可说的。

苏：是的，还有大量的内容。

格：那么就不要省略任何东西，无论多么轻微。

苏：我将尽力而为。但我认为有很多东西必须省略。

格：我希望不会。

苏：那么，你必须想象，有两种统治力量，其中之一被设置在智力世界，另一个被设置在可见世界。我不说"天"，以免你认为我在玩弄术语。我想，你已经把可见的和可知的这一区别固定在你的脑海中了吧？

格：是的。

苏：现在把一条线切成两个不相等的部分，然后按同样的比例再把它们分开，并假定这两个主要的部分是对应的，一个是可见的，另一个是可知的，然后就它们的清晰性和不清晰性进行比较，你会发现，在可见领域的第一部分由图像组成。我所说的图像，首先是指阴影，其次是指水和固体、光滑和抛光的物体的反射，以及类似的东西。你明白吗？

格：是的，我明白。

苏：想象一下，现在，另一个部分，这只是相似的部分，包括我们看到的动物，以及所有生长或制造的东西。

格：非常好。

苏：难道你不承认这种划分的两个部分都有不同程度的真实性，而且复制件对原件就像意见领域对知识领域一样？

格：毫无疑问。

苏：接下来，我们要考虑划分知识领域的方式。

格：以什么方式？

苏：因此：——有两个分支，在其中较低的分支中，灵魂使用前一个分支给出的数字作为图像。询问只能是假设性的，而不是上升到一个原则，下降到另一端。在两个分支中较高的分支中，灵魂走出假设，上升到一个高于假设的原则，不像前一种情况那样使用图像，而是只在观

225

念中并通过观念本身进行。

格：我不太明白你的意思。

苏：那我就再试一次。当我做了一些初步的说明之后，你会更好地理解我。你知道几何学、算术和同类科学的学生在他们的几个科学分支中假定了奇数、偶数、数字和三种角度等。这些是他们的假设，他们和每个人都被认为是知道的，因此他们不愿意向自己或别人说明这些假设。但他们从这些假设开始，一直到最后，以一致的方式，得出他们的结论。

格：是的，我知道。

苏：你难道不知道，虽然他们利用可见的形式并对它们进行推理，但他们所想的不是这些，而是它们所类似的理想。不是他们所画的图形，而是绝对的正方形和绝对的直径，等等——他们所画或制造的形式，以及它们自身在水中的影子和反射，被他们转化为图像，但他们真正寻求的是事物本身，这只有用心灵的眼睛才能看到。

格：这倒是真的。

苏：我所说的这种东西是可理解的，尽管在寻找它的过程中，灵魂不得不使用假设。不是上升到第一原则，因为她无法超越假设的区域，而是利用下面的影子是相似的物体，反过来作为图像，它们与影子和反射的关系更清晰，因此价值更高。

格：我明白，你说的是几何学和相似学问的范畴。

苏：当我说到可知事物的另一种划分时，你会明白我说的是理性本身通过辩证法的力量所获得的另一种知识，它不是把假说作为第一原则，而只是作为假说，也就是说，作为进入一个高于假说的世界的台阶和出发点，以便她可以超越假说，达到整个事物的第一原则。并且在达到绝对原理之后，又回过头来把握那些以绝对原理为根据提出来的东西，最后下降到结论，她在没有任何感性对象的帮助下再次下降，从理念出发，通过理念，在理念中结束。

	影像	臆测	
可见世界			**意见**
	实际事物	相信	

	数字对象	理解	
可知世界			**知识**
	理念	理性	

认知对象   **认知能力**

格：我理解你，不是完全理解，因为在我看来，你描述的是一项非常艰巨的任务。但是，无论如何，我理解你是说，辩证法科学所思考的知识和存在，比技艺的概念更清晰，因为它们被称为只从假说出发。这些概念也是由理解力而不是由感官来考虑的：然而，由于它们是从假设开始的，没有上升到一个原则，那些考虑它们的人在你看来没有对它们行使更高的理性，尽管当它们被加上一个第一原则时，它们是可以被更高的理性所认识的。而与几何学和同类科学有关的习惯，我想你会称之为理解而不是理性，因为它介于意见和理性之间。

苏：你已经完全理解了我的意思。现在，与这四个部分相对应，让灵魂中有四种状态——理性是最高的，理智是第二的，信仰（或信念）是第三的，对阴影的感知是最后的——让它们有一个刻度，让我们假设这几种能力的清晰程度与它们的对象的真实程度相同。

格：我明白，我同意了，并按照你的意见把它们排列起来。

第七卷 论教育的影响与现实

苏：现在，让我用一个寓言来说明我们的本性在多大程度上是开化或未开化的——人类生活在一个地下洞穴里，这个洞穴有一个朝向光亮的口，沿着洞穴一直延伸。他们从小就在这里，他们的腿和脖子被锁住，所以他们不能移动，只能看到他们前面，被锁链阻止转过头。在他们的上方和身后，有一团火在远处燃烧着，在火和囚犯之间有一条路。如果你看的话，你会看到沿路建有一堵矮墙，就像木偶演员在他们面前的屏幕，他们在上面展示木偶。

格：我明白了。

苏：你看到了吗，有人沿着墙走过，拿着各种各样的器皿，还有用木头、石头和各种材料做成的雕像和动物形象，出现在墙的上方。他们中有些人在说话，有些人在沉默。

格：你给我看了一个奇怪的图像，他们是奇怪的囚犯。

苏：和我们一样。他们只看到自己的影子，或者彼此的影子，而这些影子是火光投射在洞穴的对面墙上的？

格：是的，如果他们从来不被允许移动头部，他们怎么能看到除了影子以外的东西呢？

苏：而以同样方式搬运的物体，他们只会看到影子？

格：是的。

苏：如果他们能够彼此交谈，他们会不会认为他们正在命名他们面前实际存在的东西呢？

格：非常正确。

苏：再假设监狱有来自另一边的回声，那么，当一个路人说话时，他们会不会肯定地认为他们听到的声音是来自经过的影子？

格：没有问题。

苏：对他们来说，真相除了图像的影子外，简直什么都不是。

格：这一点是肯定的。

苏：现在再来看看，如果囚犯被释放并摆脱了他们的错误，自然会发生什么。起初，当他们中的任何一个人被释放，并被迫突然站起来，转过脖子，向着光线走去，他将遭受剧烈的疼痛。强光会使他感到痛苦，他将无法看到现实，而在他以前的状态下，他看到的是阴影。然后设想有人对他说，他以前看到的是幻觉，但现在，当他接近存在，他的眼睛转向更真实的存在，他有一个更清晰的视野——他将如何回答？你可以进一步想象，其他人在物体经过时指着它们，要求他说出它们的名字，他不会感到困惑吗？他难道不会认为他以前看到的影子比现在展示给他的物体更真实吗？

格：远远更真实。

苏：如果他被迫直视光线，他的眼睛会不会有一种痛苦，使他转过身去，躲避他能看到的视觉对象，而且他将认为这些对象实际上比现在展示给他的东西更清楚？

格：的确。

苏：再假设，他被不情愿地拖上陡峭崎岖的山路，并被紧紧抓住，直到他被迫来到太阳面前，难道他不会感到痛苦和恼怒吗？当他接近光线时，他的眼睛会感到眩晕，而且他根本无法看到现在所谓的现实。

格：的确不是一下就能看见的。

苏：他将需要逐渐习惯于对上层世界的观察。首先他将看到最好的影子，接下来是人和其他物体在水中的反射，然后是物体本身。然后他将凝视月亮和星星的光芒，以及斑斓的天空。他将在晚上看到天空和星星，比白天的太阳或太阳的光芒更好？

格：当然。

苏：最后，他将能够看到太阳，而不仅仅是他在水中的反射，但他将看到他在他自己适当的位置，而不是在另一个位置。他将按他的本体考虑他。

格：当然。

苏：然后，他将继续论证，这就是给予季节和年份的人，是可见世界中一切事物的守护者，并且在某种程度上是他和他的伙伴们习惯于看到的一切事物的原因？

格：显然，他将首先看到太阳，然后再推理他。

苏：当他想起他以前的住处，以及巢穴和他的同伴们的智慧时，你难道不认为他会为这一变化感到高兴，并怜悯他们？

格：当然，他会的。

苏：如果他们习惯于把他们之间的荣誉授予那些最能观察到过往影子的人，评论他们中哪些人走在前面，哪些人跟在后面，哪些人在一起。因此他们最能得出未来的结论，你认为他会关心这些荣誉和荣耀，或嫉妒拥有它们的人吗？他难道不会和荷马一样说：

宁可做穷主人的穷仆人。

并忍受一切，而不是像他们那样思考，按照他们的方式生活？

格：是的，我想他宁可承受一切，也不愿接受这些错误的观念，以这种悲惨的方式生活。

苏：再想象一下，这样一个人突然从阳光下走出来，被替换到他原

231

来的位置。他岂不是一定会满眼漆黑？

格：是的。

苏：如果有一场比赛，在他的视力还很弱，眼睛还没有稳定下来的时候，他就得和那些从未走出过洞穴的囚犯们比试测量影子（获得这种新的视觉习惯可能需要相当长的时间），他岂不是很可笑？人们会对他说，他在没有眼睛的情况下上山和下山。甚至最好不要想上山。如果有人试图松开另一个人，把他带到光明处，只要让他们抓住罪犯，就会把他处死。

格：没有问题。

苏：亲爱的格劳孔，你现在可以把这整个寓言附加到前面的论证中去。牢房比喻为可见世界，火光就是太阳，如果你根据我的信念，把向上的旅程解释为灵魂进入知识世界的上升，你就不会误解我了。但是，无论真假，我的看法是，在知识的世界里，善的观念是最后出现的，只有在努力的情况下才能看到。而且，一旦看到，还可以推断出它是一切美好和正确事物的原因，是这个可见世界中的光和光之王的父母，是知识中的理性和真理的直接来源。这就是在公共或私人生活中要理性行事的人必须盯着的力量。

格：我同意，就我能够理解你而言。

苏：此外，你不要奇怪，那些达到这种幸福景象的人不愿意下到人间。因为他们的灵魂一直在加速进入他们渴望居住的上层世界。他们的这种愿望是非常自然的，如果我们的寓言故事可以相信。

格：是的，非常自然。

苏：而一个人从神圣的沉思转入人的邪恶状态，以可笑的方式误入歧途。如果当他的眼睛还在眨动，还没有习惯周围的黑暗，他就被迫在法庭上，或在其他地方，为正义的形象或形象的影子而斗争，并努力满足那些还没有见过绝对正义的人的观念，这有什么奇怪的呢？

格：任何事情都不令人惊讶。

苏：任何有常识的人都会记得，眼睛的迷惑有两种，产生的原因也有两种，要么是从光线中出来的，要么是从光线中进去的，这对心灵的眼睛是如此，对身体的眼睛也是如此。当他看到任何一个人的视力困惑和虚弱时，如果他记得这一点，就不会太容易发笑。他首先会问这个人的灵魂是否从光明的生活中走出来，因为不习惯黑暗而看不清，或者在从黑暗中转到白天后被过多的光亮弄晕了。他将计算一个人在他的状况和生存状态中的幸福，他将怜悯另一个人。或者，如果他有心嘲笑从下面进入光明的灵魂，这将比迎接从光明中返回洞穴的人的笑声更有理由。

格：这是一个非常正义的区别。

苏：但是，如果我是对的，那么某些教育学教授就一定是错的，他们说他们可以把以前没有的知识放进灵魂，就像把视力放进瞎子的眼睛。

格：他们无疑是这样说的。

苏：然而，我们的论证表明，学习的力量和能力已经存在于灵魂之中。就像眼睛没有整个身体就无法从黑暗转向光明一样，知识的工具也只能通过整个灵魂的运动从变化的世界转向存在的世界，并逐渐学会适应存在的视觉，以及存在中最明亮和最好的视觉，或者换句话说，就是善。

格：非常正确。

苏：难道不应该有一些技艺能以最简单、最快速的方式实现这种转变吗？不是植入视觉能力，因为它已经存在了，但却被转向了错误的方向，正在远离真理？

格：是的，这样的技艺可以被推定。

苏：而其他所谓的灵魂美德似乎类似于身体素质，因为即使它们最初不是与生俱来的,也可以通过习惯和锻炼在后来被植入,而智慧的美德比其他任何东西都包含一个神圣的元素,它始终保持着,并通过这种转换而变得有用和有益。或者,在另一方面,有害和无用。难道你从来没有观察过从一个聪明的流氓的敏锐的眼睛中闪现的狭隘的智慧——他是多么渴望,他那微不足道的灵魂是多么清楚地看到通往他的目的的道路。他的微不足道不在于视力低下,但他敏锐的眼力被迫为邪恶服务,他的恶毒与他的聪明程度成正比?

格:非常正确。

苏:但是,如果在他们年轻的时候就对这种天性进行了割礼。他们已经脱离了那些感性的快乐,比如吃和喝,这些快乐就像铅块一样,在他们出生时就附着在他们身上,把他们拖下来,把他们灵魂的视野转向下面的东西——如果他们已经从这些障碍中释放出来,转向相反的方向,他们身上同样的能力就会像他们现在看到他们的眼睛一样敏锐地看到真理。

格:很有可能。

苏:是的,还有一件事是可能的,或者说是从前面的内容中必然推断出来的,那就是没有受过教育和不了解真相的人,以及那些从未结束过教育的人,都不会成为合格的国家部长。前者不是因为他们没有单一的责任目标,作为他们所有行动的准则,不管是私人的还是公共的。后者也不是因为他们根本不会行动,除非受到强迫,幻想他们已经单独居住在幸福的岛屿。

格:非常正确。

苏:然后,我们这些国家的创始人的事情将是迫使最好的头脑达到我们已经表明是最伟大的知识——他们必须继续上升,直到他们到达好的地方。但当他们上升并看够了,我们决不允许他们像现在这样。

格:你是什么意思?

苏：我的意思是，他们留在上层世界，但这是不允许的。必须让他们再次下到巢穴中的囚犯中，并分享他们的劳动和荣誉，无论它们是否值得拥有。

格：这不是不正义的吗？我们应该给他们更糟糕的生活，而他们可以有更好的生活。

苏：朋友，你又忘记了，立法者的意图，他的目的不是让国家中的任何一个阶层的幸福高于其他阶层。幸福是在整个国家中，他通过说服和必要的手段把公民团结在一起，使他们成为国家的受益者，因此也是彼此的受益者。为此，他创造他们，不是为了取悦自己，而是为了成为他约束国家的工具。

格：的确，我已经忘记了。

苏：格劳孔，请注意，强迫我们的哲学家关心和照顾他人不会有任何不公。我们将向他们解释，在其他国家，像他们这样的人没有义务参与政治的劳作，这也是合理的，因为他们按照自己的意愿成长起来的，不是政府有意培养造就的。由于是自学成才，不能指望他们对从未接受过的文化表现出任何感激之情。但我们把你们带到这个世界上，是为了成为蜂巢的统治者，成为你们自己和其他公民的国王，我们对你们的教育比他们的教育要好得多、完美得多，你们也更能分担双重责任。因此，你们每个人，当轮到他时，必须下到一般的地下住所，并养成在黑暗中看东西的习惯。当你们养成了这种习惯，你们的视力就会比洞穴里的居民好上一万倍，你们会知道那几个图像是什么，它们代表什么，因为你们在它们的真相中看到了美丽、正义和善良。因此，我们的国家，也是你们的国家，将成为现实，而不仅仅是一个梦想，并将以一种不同于其他国家的精神来管理，在这些国家中，人们只为影子而相互争斗，并在争夺权力的斗争中分心，在他们眼中，权力是一种伟大的利益。而事实是，统治者最不愿意治理的国家是被治理得最好、最安静的国家，而他们最热衷的国家则是最糟糕的国家。

格：非常正确。

苏：当我们的学生听到这些时，他们会不会拒绝轮流参加国家的劳作，当然另一方面，在大部分时间他们被允许一起住在上面沐浴天国的光辉？

格：不可能，因为他们是正义的人，我们强加给他们的命令也是正义的。毫无疑问，他们中的每一个人都会作为一种严格的需要而上任，而不是按照我们现在的国家统治者的方式。

苏：是的，我的朋友，这就是问题所在。你必须为你未来的统治者设计另一种比统治者更好的生活，然后你就会有一个秩序井然的国家。因为只有在提供这种生活的国家里，那些真正富有的人，不是在金银上，而是在美德和智慧上，这些才是生活的真正祝福。而如果他们去管理公共事务，又穷又饿地追求自己的私利，以为这样就能抢到主要的利益，那就永远不可能有秩序。因为他们会为了职位而争斗，由此产生的民事和家庭争斗会毁了统治者自己和整个国家的。

格：这是最真实的。

苏：而唯一看不起政治野心的生活是真正的哲学生活。你知道有什么其他的吗？

格：的确，我不知道。

苏：治理者不应该是任务的爱好者。因为，如果他们是，就会有敌对的爱好者，他们就会打架。

格：没有问题。

苏：那么，哪些人是我们要强迫他们成为护卫者的呢？当然，他们将是那些对国家事务最明智的人，由他们来管理国家是最好的，同时又有其他荣誉和另一种比政治更好的生活的人。

格：他们是男人，我将选择他们。

苏：现在我们要考虑以何种方式培养这样的护卫者，以及如何将他们从黑暗中带到光明中去，——据说有些人已经从下面的世界升到了神灵？

格：通过各种手段考虑。

苏：这个过程不是牡蛎壳的翻转（暗指一种游戏，在这种游戏中，双方根据被扔到空中的牡蛎壳的暗面或亮面落下而逃跑或追赶），而是一个灵魂的翻转，从比黑夜好一点的白天到存在的真正的白天，也就是说，从下面上升，我们确认这是真正的哲学？

格：大概如此。

苏：我们难道不应该询问什么样的知识有能力产生这样的变化？

格：当然。

苏：有什么样的知识会把灵魂从变化转变为存在？我还想到了另一个问题。你会记得，我们的年轻人要成为战士型的运动员吗？

格：是的，这句话说过了。

苏：那么这种新的知识必须有一个额外的特质？

格：什么特质？

苏：在战争中的作用。

格：是的，如果可能的话。

苏：在我们以前的教育计划中，有两个部分，不是吗？

格：就是这样。

苏：有体操主持身体的生长和腐烂，因此可以被认为是与生成和腐败有关的？

格：确实如此。

苏：那么这不是我们所要发现的知识吗？

格：不是。

苏：但你对音乐怎么说呢，它也在一定程度上进入了我们以前的计划？

格：你会记得，音乐是体操的对应物，通过习惯的影响来训练护卫者，通过和谐使他们和谐，通过节奏有韵律，但不给他们科学。而这些话，不管是神话还是可能是真的，都有类似的节奏和和谐的元素在里面。但在音乐中，没有任何东西倾向于你现在所寻求的那种好处。

苏：你的回忆是最准确的。在音乐方面，当然没有这样的东西。但是，亲爱的格劳孔，既然所有有用的技艺都被我们认为是卑鄙的，那么还有什么知识的分支具有理想的性质呢？

格：毫无疑问。然而，如果音乐和体操被排除在外，技艺也被排除在外，还剩下什么？

苏：好吧，我们的特殊主题可能什么都没有了。然后我们将不得不采取一些不是特殊的，而是普遍适用的东西。

格：那可能是什么呢？

苏：一种所有技艺、科学和智能共同使用的东西，在教育的要素中，每个人首先要学习它。

格：那是什么？

苏：区分一、二、三的小事，总之是数字和计算：所有的技艺和科学不都是这样吗？

格：是的。

苏：那么，战争的技艺与它们有关系吗？

格：一定有。

苏：那么帕拉米迪斯，只要他在悲剧中出现，就证明阿伽门农不适合当将军，这很可笑。你有没有注意到，他是如何宣称自己发明了数字，并为特洛伊的船只编号，为军队列队。这意味着他们以前从未被编号过，阿伽门农看来也不知道自己有多少步兵，如果他对数字一无所知，他怎么可能数得过来？如果这是真的，那么他是个什么样的将军呢？

格：我应该说是一个非常奇怪的人，如果这正如你所说的。

苏：我们能否认一个战士应该有算术的知识吗？

格：当然，他应该这样做，如果他要对军事战术有最微小的了解，或者说，我更应该说，如果他要成为一个人的话。

苏：我想知道你对这项研究是否有和我一样的想法？

格：你的想法是什么？

苏：在我看来，它是我们正在寻求的那种研究，它自然地导致反思，但从未被正确地使用过，因为它的真正用途只是把灵魂引向存在。

格：你能解释一下你的意思吗？

苏：我会努力的。我希望你能和我一起探究，当我试图在自己的头脑中区分哪些知识分支具有这种吸引能力时，说"是"或"不是"，以便我们能更清楚地证明算术是，正如我所怀疑的，其中之一。

格：解释一下。

苏：我的意思是说，感觉的对象有两种。其中有些对象不需要思考，因为感觉是对它们的充分判断。而在其他对象的情况下，感觉是如此不可信，以至于必须进一步询问。

格：你显然指的是感官被距离强加的方式，以及被光影画强加的方式。

苏：不，这根本不是我的意思。

格：那么你的意思是什么呢？

苏：当谈到不吸引人的物体时，我指的是那些不会从一种感觉传递到另一种感觉的物体。吸引人的物体是那些吸引人的物体。在后一种情况下，无论在远处还是在近处，感觉到的物体都不会比它的反面更生动地显示出任何特定的概念。举个例子可以使我的意思更清楚：这里有三个手指——小指、无名指和中指。

格：非常好。

苏：你可能认为它们被看得很近。关键就在这里了。

格：它是什么？

苏：每根手指都是一样的，不管是在中间还是在两端，不管是白的还是黑的，不管是粗的还是细的，都没有区别。一根手指都是一根手指。在这种情况下，人们不会被迫问自己什么是手指，因为视觉从来没有向头脑暗示过一根手指不是一根手指。

格：确实如此。

苏：因此，正如我们所期望的那样，这里没有任何吸引或激发智慧的东西。

格：没有。

苏：但是，手指的大与小是否也是如此呢？难道一根手指在中间，另一根在两端的情况就没有区别吗？同样地，触觉是否能充分感知粗或细、软或硬的品质？其他感官也是如此。它们是否对这些问题给予完美的暗示？它们的操作方式难道不是这样的吗——关注硬的质量的感官必然也关注软的质量，而只是向灵魂暗示，同一事物被感觉是既硬又软的？

格：你说得很对。

苏：灵魂难道不应该为这种感觉上的暗示而感到困惑，即硬的也是软的？还有，如果轻的也是重的，重的也是轻的，那么轻和重的含义是什么呢？

格：是的，灵魂收到的这些暗示是非常好奇的，需要加以解释。

苏：是的，在这些困惑中，灵魂自然会召唤计算和智慧来帮助她，以便她可以看到向她宣布的几个对象是一个还是两个。

格：确实如此。

苏：如果他们变成了两个人，那么他们中的每一个不都是一个人吗？

格：当然。

苏：如果每个人都是一，而两个人都是二，她就会把这两个人设想为处于分裂状态，因为如果有不分裂的人，他们只能被设想为一？

格：确实如此。

苏：眼睛当然看到了小的和大的，但只是以一种混乱的方式，它们没有被区分出来。

格：是的。

苏：而思考的头脑，打算照亮混沌，被迫扭转进程，把小和大看成是独立的，而不是混淆的。

格：非常正确。

苏：这不就是"什么是大"和"什么是小"调查的开始吗？

格：正是如此。

苏：因此，出现了可见和可知的区别。

格：最为真实。

苏：这就是我所说的邀请智力的印象的意思，或者反过来说——那些与相反的印象同时出现的印象，会邀请思考。那些不同时出现的印象则不会。

格：我理解，也同意你的看法。

苏：那么统一性和数量属于哪一类呢？

格：我不知道。

苏：稍微思考一下，你就会发现前面的内容会提供答案。因为如果简单的统一性可以通过视觉或任何其他感官充分感知，那么，正如我们在手指的情况下所说的那样，就没有什么可以吸引我们走向存在。但当有一些矛盾始终存在，一是一的反面，涉及多元的概念，那么思想就会开始在我们内部被唤起，而困惑的灵魂想要达成决定，就会问"什么是绝对统一性？"这就是研究"一"的方式，它具有吸引和转换心灵的力量，使其对真正的存在进行思考。

格：这肯定发生在一个人的情况下。因为我们看到同一事物既是一个，又是无限多的？

苏：是的，这对一个人来说是真的，对所有的人来说也一定是真的？

格：当然。

苏：而所有的算术和计算都与数字有关？

格：是的。

苏：它们似乎能引导心灵走向真理？

格：是的，以一种非常显著的方式。

苏：那么，这就是我们所寻求的那种知识，具有军事和哲学的双重用途。因为打仗的人必须学习数字的技艺，否则他就不知道如何排列他的部队，哲学家也是如此，因为他必须从变化的海洋中升起，并抓住真正的存在，因此他必须是一个算术家。

格：这倒是真的。

苏：而我们的护卫者既是战士又是哲学家？

格：当然。

苏：那么这是一种立法可以适当规定的知识。我们必须努力说服那些将成为我们国家主要人物的人去学习算术，而不是作为业余爱好者，他们必须继续学习，直到他们只用头脑看清数字的性质。也不是像商人或零售业者那样为了买卖，而是为了他们的军事用途和灵魂本身。对灵魂而言，这将是它从变化到真理和存在的最容易的方法。

格：这很好。

苏：是的，现在说到这里，我必须补充说，这门科学是多么迷人！如果以哲学家而不是商店老板的精神来追求，它在许多方面都有助于实现我们的理想目标。

格：你是什么意思？

苏：我的意思是，正如我所说的，算术有非常大的提升作用，迫使灵魂对抽象的数字进行推理，并反抗将可见或有形的物体引入论证中。你知道这门技艺的大师们是多么坚定地排斥和嘲笑任何在计算时试图分割"一"的人，如果你试图用除法分割"一"的时候，他们就会用乘法，说什么也要让"一"继续为"一"，而不是在分数中迷失。

格：这是非常正确的。

苏：现在，假设有人对他们说。哦，我的朋友们，你们所推理的这些奇妙的数字是什么，正如你们所说，其中有一个你们所要求的统一体，每个单位都是平等的、不变的、不可分割的，他们会怎么回答？

格：他们会回答，正如我所设想的，他们说的是那些只能在思想中实现的数字。

苏：那么你看，这种知识可以真正称为必要的，因为它显然需要使用纯粹的智慧来实现纯粹的真理？

格：是的，这是它的一个显著特点。

苏：你是否进一步观察到，那些有计算天赋的人通常在其他每一种知识方面都很敏捷。即使是迟钝的人，如果他们接受过算术训练，尽管他们可能没有从中得到其他好处，但总是比他们之前要快得多。

格：非常正确。

苏：事实上，你不会轻易找到更难的研究，也不会有很多如此困难的研究。

格：是不会的。

苏：而且，由于所有这些原因，算术是一种最好的天性应该被训练的知识，而且决不能被放弃。

格：我同意。

苏：那么，让这成为我们教育的主题之一。接下来，我们是否应该询问一下同类科学是否也与我们有关？

格：你是说几何学？

苏：正是如此。

格：显然，我们关注的是几何学中与战争有关的部分。因为在安营扎寨、占领阵地、收拢或扩大军队战线或任何其他军事演习中，无论是在实际战斗中还是在行军途中，一个将军是否是几何学家都会有很大区别。

苏：是的，但为此目的，只要有一点几何学或计算学的知识就足够了。问题倒是与几何学中更大、更高级的部分有关——它是否在任何程度上使人们更容易看到善的概念。正如我所说的，所有迫使灵魂把目光转向那个地方的东西，那里是存在的完全完美，她应该通过各种方式看到它。

格：的确。

苏：那么，如果几何学迫使我们看待存在，那它与我们有关。如果只是变化，那它与我们无关？

格：是的，这就是我们所断言的。

苏：然而，任何对几何学有一点了解的人都不会否认，这种科学的概念与几何学家的普通语言是完全矛盾的。

格：怎么说呢？

苏：他们只考虑到实践，而且总是以一种狭隘和可笑的方式谈论平方、延伸和应用等，他们把几何学的必要性和日常生活的必要性混为一谈。而知识才是整个科学的真正目标。

格：当然。

苏：那么是不是必须进一步承认呢？

格：承认什么？

苏：几何学所要达到的知识是关于永恒的知识，而不是关于一切灭亡和短暂的知识。

格：这可以被轻易允许，而且是真实的。

苏：然后，我高贵的朋友，几何学将把灵魂引向真理，并创造出哲学精神，把现在不幸被允许倒下的东西扶起来。

格：没有什么会更有可能产生这样的效果。

苏：那么，没有什么比你们这座美丽城市的居民应该通过一切手段学习几何学更严厉的规定了。此外，这门科学还有间接影响，而且影响还不小。

格：什么类型的？

苏：有你所说的军事优势。在所有的知识领域，正如经验所证明的那样，任何一个学过几何学的人都比没有学过的人的理解力快得多。

格：是的，他们之间确实存在着无限的差异。

苏：那么，我们是否应该提议将此作为我们的年轻人将学习的第二个知识分支？

格：让我们这样做吧。

苏：假设我们把天文学作为第三种——你怎么说？

格：我强烈倾向于此。对季节和年月的观察对一般人来说就像对农民或水手一样重要。

苏：我对你对世界的恐惧感到好笑，这种恐惧使你防止出现坚持无用研究的情况。我完全承认很难相信在每个人身上都有一只灵魂之眼，当它被其他追求所迷失和暗淡时，它被这些净化和重新照亮。而且远比一万只身体的眼睛更珍贵，因为只有通过它才能看到真理。现在有两类人：一类人同意你的观点，把你的话当作启示。另一类人则认为这些话完全没有意义，他们自然会认为这些话是闲话，因为他们认为从这些话中得不到任何好处。因此，你最好马上决定你打算与这两种人中的哪一

245

种争论。你很可能会说两者都不是，你进行论证的主要目的是为了改善你自己。同时，你也不会责怪别人可能得到的任何好处。

格：我想，我更愿意主要以我自己的名义来进行争论。

苏：那就往后退一步吧，因为我们在科学的顺序上出了问题。

格：错在哪里呢？

苏：在平面几何之后，我们马上就开始了旋转中的实体，而不是从实体本身出发。而在第二维之后，第三维，也就是关于立方体和深度尺寸的问题，本应紧随其后。

格：这倒是真的，苏格拉底。但对这些问题似乎还知之甚少。

苏：是的，有两个原因：首先，没有政府资助它们。这导致人们在追求它们时缺乏活力，而且这个学科本身难度就很大。其次，除非有一个导演，否则学生无法学习它们。但这样一来，就很难找到一个导演，而且即使能找到，就目前的情况来看，那些非常自负的学生也不会理睬他。然而，如果整个国家成为这些研究的指导者并给予它们荣誉，情况就会不同。那么学生们就会愿意来，就会有持续和认真的探索，就会有发现。因为即使是现在，它们被世界所忽视，它们的公平比例被破坏，尽管它们的选民没有人能够说出它们的用途，但这些研究仍然以其自然的魅力强行前进，而且很可能，如果有国家的帮助，它们总有一天会出现在光明中。

格：是的，他们身上有一种非凡的魅力。但我不清楚顺序上的变化。你首先从平面几何学开始？

苏：是的。

格：而你把天文学放在了下一个位置，然后你又向后退了一步？

苏：是的，我的匆忙耽误了你的时间。按照自然的顺序，应该紧随其后，固体几何学的可笑状况，使我越过了这个分支，转到了天文学，或固体的运动。

格：的确。

苏：那么，假设现在省略的科学在国家的鼓励下会出现，让我们继续讨论天文学，这将是第四个。

格：正确的顺序。现在，苏格拉底，既然你斥责了我之前赞美天文学的粗俗方式，那么我的赞美也应以你的精神来进行。因为每一个人，正如我想的那样，必须看到天文学迫使灵魂向上看，并引导我们从这个世界走向另一个世界。

苏：除了我自己，每个人都是如此。对其他人来说，这可能是清楚的，但对我来说不是。

格：然后你会怎么说？

苏：我会说，那些将天文学提升为哲学的人在我看来是让我们向下看，而不是向上看。

格：你是什么意思？

苏：在你的头脑中，对我们对上面事物的认识有一个真正崇高的概念。我敢说，如果一个人把头向后仰，研究雕花的天花板，你仍然会认为他的头脑是感知者，而不是他的眼睛。你很可能是对的，而我可能是个傻瓜；但是，在我看来，只有关于存在和不可见的知识才能使灵魂向上看，无论一个人是仰望天空还是向地上眨眼，寻求学习某种特殊的感觉，我都否认他能学到，因为那种东西都不是科学问题。他的灵魂在向下看，而不是向上看，无论他获得知识的途径是水还是陆地，无论他是漂浮还是只是仰卧。

格：我承认，你的责备是正义的。不过，我还是想弄清楚，如何才能以更有利于我们所说的知识的方式学习天文学？

苏：我将告诉你，我们所看到的星空是在可见的基础上形成的，因此，尽管它是可见事物中最美丽和最完美的，但必须被认为远远不如绝对快和绝对慢的真正运动，它们是彼此相对的，并且在真正的数量和每

247

个真正的数字中都包含着它们。现在，这些可以通过理性和智慧来理解，但不能通过视觉来理解。

格：的确。

苏：斑斓的天堂应该作为一种模式，并着眼于那更高的知识。它们的美就像我们可能偶然看到的由代达罗斯或其他伟大艺术家的手出色地制作的人物或图画的美。任何几何学家看到它们都会欣赏其工艺的精湛，但他绝不会梦想在其中找到真正的相等或真正的两倍，或任何其他比例的真理。

格：不，这种想法是荒谬的。

苏：一个真正的天文学家在看星星的运动时难道不会有同样的感觉吗？他难道不会认为天堂和天堂里的东西是由创造它们的人以最完美的方式构成的吗？但他绝不会想象，黑夜和白天的比例，或两者与月份的比例，或月份与年份的比例，或星星与这些和彼此的比例，以及任何其他物质和可见事物的比例，也可以是永恒的，不受任何偏差的影响——这将是荒谬的。而花这么多精力去调查它们的确切真相，也同样是荒谬的。

格：我非常同意，尽管我以前从未想过这个问题。

苏：然后，在天文学中，就像在几何学中一样，如果我们想以正确的方式来处理这个问题，并使理性的自然天赋发挥真正的作用，我们就应该采用问题，而不去管天。

格：那是一项无限超越我们现在的天文学家的工作。

苏：是的，如果我们的立法要有任何价值，还有许多其他事情也必须有类似的延伸。但你能告诉我有什么其他合适的研究吗？

格：不，我一下子说不上来。

苏：运动有许多形式，而不仅仅是一种形式。其中有两种形式甚至对比我们高明的人来说也是很明显的。还有一些形式，正如我想象的那样，可以留给更聪明的人去做。

格：哪两种？

苏：除了这个天文学，还有就是那个和它正好对应的。

格：那可能是什么呢？

苏：相对于耳朵来说，第二种似乎就是第一种对眼睛的作用。因为我设想，正如眼睛是用来仰望星空的，耳朵也是用来聆听和谐的运动的。这些是姐妹科学——正如毕达哥拉斯学派的人所说，而我们格劳孔也同意他们的说法？

格：是的。

苏：但这是一项费力的研究，因此我们最好去向他们学习。他们会告诉我们这些科学是否有其他的应用。同时，我们也不能忽视我们自己的更高目标。

格：那是什么？

苏：有一种所有知识都应该达到的完美，我们的学生也应该达到这种完美，而不是像我说的那样，他们在天文学方面没有达到。因为在和谐学中，你可能知道，也发生了同样的事情。和谐学的老师们把只听到的声音和谐音进行比较，他们的劳动，就像天文学家的劳动一样，是徒劳无益的。

格：是的，天啊！听他们谈论他们所谓的浓缩音符，就像听戏一样好。他们把耳朵贴近琴弦，就像从邻居的墙上捕捉声音一样，其中一组人宣称他们分辨出了一个中间音，并找到了应该作为测量单位的最小间隔。另一组人坚持认为这两个音已经变成了同一个音，任何一方都把耳朵放在他们的理解之前。

苏：你是指那些挑逗和折磨琴弦，并把它们架在琴柱上的先生们。我可以继续打这个比方，按照他们的方式说说拨浪鼓的击打，并指责琴弦的落后和超前的声音。但这将是乏味的，因此我只想说，这些人不是，我指的是毕达哥拉斯派，我刚才正打算询问他们的和谐问题。因为他们也是错误的，就像天文学家一样。他们研究所听到的和谐的数字，但他们从来没有达到问题，也就是说，他们从来没有达到数字的自然和谐，也没有思考为什么有些数字是和谐的，有些则不是。

格：这是比凡人的知识更重要的事情。

苏：我更愿意称之为有用的东西。也就是说，如果是为了追求美好和善的东西。但如果以任何其他精神去追求，则是无用的。

格：非常正确。

苏：现在，当所有这些研究达到相互沟通和联系的地步，并在它们的相互关系中被考虑，那么，我认为，对它们的追求将对我们的目标有价值。否则，它们就没有任何好处。

格：我怀疑是这样。苏格拉底，但你说的，是一个巨大的作品。

苏：你是什么意思？前奏还是什么？难道你不知道这一切不过是我们要学习的实际应变的前奏？因为你肯定不会把熟练的数学家视为辩证法专家？

格：肯定不是。我几乎没有认识过一个能够推理的数学家。

苏：但你想象那些不能给出和接受理由的人，会有我们要求他们的知识吗？

格：这也不可能是假设。

苏：所以，格劳孔，我们终于到了辩证法的赞美诗了。这是只属于智力的，但视觉的能力也会被发现模仿。因为你可能记得，视觉在一段时间后被我们想象为看到了真正的动物和星星，最后是太阳本身。辩证法也是如此。当一个人只靠理性的光芒，在没有任何感官的帮助下，开始发现绝对的东西，并坚持不懈，直到通过纯粹的智慧达到对绝对的善的感知，他最后就会发现自己处于智力世界的尽头，就像视觉处于可见世界的尽头。

格：正是如此。

苏：那么这就是你们所说的辩证法的进步？

格：确实如此。

苏：但是，把囚犯从锁链中释放出来，把他们从阴影中转化为图像和光明，并从地下洞穴上升到太阳，而在他面前，他们徒劳地试图看动物和植物以及太阳的光，但即使用他们弱小的眼睛也能察觉到水中的图像（它们是神圣的），是真正存在的阴影（不是由火光投射的图像的阴影）。这种将灵魂中的最高原则提升到对存在中最美好的事物进行思考的能力，我们可以将作为身体之光的那种能力提升到对物质和可见世界中最明亮的事物进行观察的能力与之相比较——正如我所说，这种能力是由所有已经描述过的对技艺的研究和追求赋予的。

格：我同意你所说的，这可能很难相信，但从另一个角度来看，更难否认。然而，这不是一个可以顺便处理的主题，而是必须反复讨论的。因此，不管我们的结论是真的还是假的，让我们假设这一切，并立即从序幕或前言开始，到主要情节，并以同样的方式描述它。那么，说说辩证法的性质和划分是什么，以及通向那里的道路是什么。因为这些道路也将通向我们最后的休息。

苏：亲爱的格劳孔，你不可能跟着我到这里来，尽管我会尽力而为，你应该看到的不仅仅是图像，而是绝对的真理，按照我的观念。我告诉你的是否会成为现实，我不敢说。但你会看到类似现实的东西。对此我很有信心。

格：无疑。

苏：但我也必须提醒你，只有辩证法的力量才能揭示这一点，而且只对那些是以前科学的弟子的人来说。

格：对这一论断，你可以像对最后一个论断一样有信心。

苏：当然，没有人会争辩说，有任何其他方法可以通过任何正常的过程来理解所有真正的存在，或者确定每个事物在其本身的性质中是什么。因为一般来说，技艺涉及的是人的欲望或意见，或者是为了生产和建设，或者为了保护这种生产和建设而培养的。至于数学科学，正如我们所说的，对真正的存在有一些理解——几何学和类似的东西——它们只是梦想着存在，但只要它们不对它们所使用的假设进行审查，并且不能对它们作出说明，它们就永远无法看到清醒的现实。因为当一个人不知道他自己的第一原则，当结论和中间步骤也是由他不知道的东西构建出来的时候，他怎么能想象这样一种约定俗成的结构能成为科学？

格：不可能的。

苏：那么，辩证法，而且只有辩证法，才会直接进入第一原理，并且是唯一的科学，它摒弃了假说，以使她的基础稳固。灵魂的眼睛，实际上是埋在一个离奇的泥沼中，被她温柔地帮助向上提升。她把我们一直讨论的科学作为转换工作的助手和帮助者。习惯上称它们为科学，但它们应该有一些其他的名字，意味着比意见更清晰，比科学更不清晰：在我们之前的描述中，这被称为"理智"。但是，当我们有如此重要的现实问题需要考虑时，我们为什么要为名称而争论呢？

格：既然任何名字都能清晰地表达心中的想法，为什么还要这样做呢？

苏：无论如何，我们很满意，像以前一样，有四个部门。两个是智力，两个是意见，并把第一个部门称为科学，第二个是理解，第三个是信仰，第四个是对阴影的感知，意见是关于成为的，而智力是关于存在的。这样就形成了一个比例：正如"存在"之于"成为"，纯粹的智力之于观点也是如此。如同智力对意见，科学对信仰也是如此，理解对阴影的感知也是如此。但是，让我们推迟对意见和智力主题的进一步关联和细分，因为这将是一个漫长的探究，比现在的时间长很多倍。

格：在我能跟上你的范围内，我同意。

苏：你是否也同意把辩证法家描述为对每一事物的本质有概念的人？而不具备并因此不能传授这种概念的人，无论他在什么程度上失败，在那个程度上也可以说是智力上的失败？你会承认这一点吗？

格：是的，我怎么能否认呢？

苏：你对善的概念也会这么说吗？除非一个人能够抽象并合理地定义善的概念，除非他能够应对所有的反对意见，并准备反驳它们，不是通过诉诸意见，而是诉诸绝对的真理，在论证的任何一步都不动摇——除非他能够做到这一切，你会说他既不知道善的概念，也不知道任何其他的善。他只看到一个影子，如果有的话，那是由意见而不是由科学提供的。——在这一生中做梦和沉睡，在他在这里清醒之前，他到达了下面的世界，并有他最后的安静。

格：在所有这些方面，我最应该同意你的观点。

苏：你肯定不会让你正在培养和教育的理想国的孩子们——如果理想成为现实——你不会让未来的统治者像柱子（字面意思是"线"，可能是赛马场的起点）一样，没有任何理由，却被设置为最高事务的权威？

格：当然不是。

苏：那么你将制定一项法律，规定他们应接受这样的教育，使他们能够在提问和回答问题方面获得最大的技巧？

格：是的，你和我一起会成功的。

苏：那么，正如你们所同意的，辩证法是科学的基石，并被置于它们之上。没有其他科学能被置于更高的位置——知识的本质不能再进一步？

格：我同意。

苏：但是，我们要把这些研究分配给谁，以及以何种方式分配，是有待考虑的问题。

格：是的，很明显。

苏：你还记得，以前是如何选择统治者的吗？

格：当然。

苏：必须仍然选择同样的天性，并再次优先考虑最可靠和最勇敢的人，如果可能的话，也要优先考虑最美丽的人。而且，如果他们有高贵和慷慨的性格，他们也应该有有利于他们教育的自然天赋。

格：那么这些是什么呢？

苏：诸如敏锐性和随时掌握的能力等天赋。因为心灵更经常因学习的严厉性而晕倒，而不是因体操的严厉性而晕倒；劳累更完全是心灵自己的，而不是与身体分享。

格：非常正确。

苏：此外，我们要找的人应该有良好的记忆力，并且是一个在任何领域都热爱劳动的不倦的实干家。否则他将永远无法忍受大量的身体锻炼和经历我们要求他的所有智力训练和学习。

格：当然，他一定有天然的天赋。

苏：目前的错误是，学习哲学的人没有专业素养，而这一点，正如我之前所说的，是哲学不被看重的原因：她真正的儿子应该牵着她的手，而不是私生子。

格：你是什么意思？

苏：首先，她的信徒不应该有跛脚或停滞不前的想法——我的意思是，他不应该一半勤奋，一半无所事事；例如，当一个人热爱体操和狩猎，以及所有其他身体的运动，但讨厌而不是热爱学习或倾听或询问的劳动。或者他所从事的职业可能是相反的，而他可能有另一种瘸腿。

格：当然。

苏：至于真理，如果一个灵魂同样被认为是停滞不前的，它讨厌自愿的虚假，在自己和别人说谎话时极为愤慨，但对非自愿的虚假却很有耐心，并不介意像一只游荡的野兽一样沉浸在无知的泥沼中，对被发现也不感到羞耻，这难道不是吗？

格：确实。

苏：同样，在克制、勇气、慷慨和其他每一种美德方面，我们难道不应该仔细区分真正的儿子和私生子吗？因为在没有辨别这种品质的地方，国家和个人都会不自觉地犯错。国家把一个在美德的某些方面有缺陷的人作为统治者，把个人作为朋友，在某种程度上是瘸腿的人或私生子。

格：这是非常正确的。

苏：那么，所有这些事情都必须由我们仔细考虑。如果只有那些被我们引入这个庞大的教育和培训系统的人身心健全，正义本身就没有什么可说的，我们将成为宪法和国家的拯救者。但是，如果我们的学生是另一种类型的人，情况就会相反，我们将对哲学倾注比她现在所要忍受的更大的嘲笑。

格：这将是不可信的。

苏：当然不是，然而也许，这样化玩笑为认真，我也同样可笑。

格：在什么方面？

苏：我忘了我们不是认真的，说话时太激动了。因为当我看到哲学被人如此不应该地践踏在脚下时，我不禁对她的耻辱的制造者感到一种愤慨：我的愤怒使我过于激烈。

格：的确如此！我在听，但并没有这样想。

苏：但我，作为演讲者，觉得我是。现在让我提醒你们，虽然在以前的选拔中我们选择了老人，但在这次选拔中我们不能这样做。梭伦说，一个人老了可以学很多东西，这是一种错觉，因为他不可能学很多东西，就像他不可能跑很多路一样。年轻总是做繁重劳作的时候。

格：当然了。

苏：因此，计算和几何以及所有其他的教学内容，这些都是为辩证法做准备的，应该在童年时就呈现在头脑中。然而，不是在任何强迫我们的教育系统的概念下。

格：为什么不呢？

苏：因为自由人在获取任何种类的知识时都不应该成为奴隶。身体的锻炼，如果是强制性的，不会对身体造成伤害。但在强制下获得的知识，不会对心灵产生影响。

格：非常正确。

苏：那么，我的好朋友，不要用强迫的方式，而是让早期教育成为一种娱乐。这样你就能更好地发现自然的倾向。

格：这是一个非常理性的概念。

苏：你是否记得，孩子们也将被带到马背上观看战斗。如果没有危险，他们将被带到近处，像年轻的猎犬一样，让他们尝尝血的味道。

格：是的，我记得。

苏：在所有这些事情上都可以遵循同样的做法——劳动、教训、危险——谁在所有这些事情上最得心应手，谁就应该被选入一个特定的小组中。

格：在什么年龄段？

苏：在必要的体操结束的年龄：在这种训练中度过的两年或三年的时间对任何其他目的来说都是无用的。因为睡眠和运动对学习是不利的。而谁在体操方面领先的试验是我们的年轻人所要接受的最重要的考验之一。

格：当然。

苏：在那之后，那些从二十岁的班级中挑选出来的人将被提升到更高的荣誉，他们在早期教育中毫无秩序地学习的科学现在将被汇集在一起，他们将能够看到它们之间的自然关系以及与真实存在的关系。

格：是的，那是唯一一种能持久扎根的知识。

苏：是的，而这种知识的能力是辩证法人才的伟大标准：全面的头脑总是辩证的。

格：我同意你的观点。

苏：这些都是你必须考虑的问题。那些最有这种悟性的人，那些在学习和军事及其他指定职责方面最坚定的人，当他们到了三十岁的时候，必须由你从选定的阶层中选出，并提升到更高的荣誉。你将不得不通过辩证法的帮助来证明他们，以了解他们中谁能够放弃对视觉和其他感官的使用，并与真理一起达到绝对存在。在这里，我的朋友，需要非常谨慎。

格：为什么要非常谨慎？

苏：你难道没有注意到，辩证法所带来的罪恶有多大吗？

格：什么罪恶？

苏：学此技艺的学生都无法无天。

格：非常正确。

苏：你认为在他们的情况下有什么非常不自然或不可原谅的事情吗？或者你会对他们进行宽容吗？

格：以何种方式进行谅解？

苏：我想让你通过平行的方式，想象一个假想的儿子，他在巨大的财富中长大。他是一个伟大和众多的家庭中的一员，有许多奉承者。当他长大成人后，他得知他的所谓的父母并不是他真正的父母。但谁是真正的父母，他却无法发现。你能猜到在他不知道这种虚假关系的时候，以及在他知道之后，他可能会如何对待他的奉承者和他的养父母吗？或者由我来替你猜？

格：如果你愿意的话。

苏：那么我应该说，当他对真理一无所知时，他将有可能比那些奉

257

承者更尊重他的父亲和母亲以及他们之间的关系。他将不太愿意在需要时忽视他们，或做或说任何反对他们的话。他将不太愿意在任何重要问题上违背他们。

格：他将这么做。

苏：但当他发现后，我想他会减少对他们的尊敬和重视，而变得更加忠于奉承者。他们对他的影响会大大增加。他现在会按照他们的方式生活，公开与他们交往，除非他的性格特别好，否则他不会再为他的养父母或其他关系而烦恼。

格：嗯，所有这些都是非常有可能的。但这个形象如何适用于哲学的弟子呢？

苏：以这种方式：你知道有一些关于正义和荣誉的原则，这些原则在童年时就被教导给我们，在其父母的权威下，我们一直在成长，服从和尊重它们。

格：这倒是真的。

苏：还有一些相反的格言和享乐的习惯，它们奉承和吸引灵魂，但并不影响我们这些有正确意识的人，他们继续服从和尊重他们父辈的格言。

格：确实如此。

苏：现在，当一个人处于这种状态时，质疑的精神问什么是公平或光荣的，他按立法者教给他的回答，然后许多不同的论据反驳他的话，直到他被逼迫相信没有什么东西比不光荣的更光荣，或比相反的更正义和善良，因此在他最重视的所有概念中，你认为他还会像以前那样尊重和遵守它们吗？

格：不可能的。

苏：当他不再像以前那样认为它们是光荣的和自然的，而他又不能发现真正的东西时，还能指望他追求除满足他的欲望之外的任何生活吗？

格：他不能。

苏：他从一个守法的人变成了一个违法的人？

格：毋庸置疑。

苏：现在，所有这些在我所描述的哲学学生中是非常自然的，而且，正如我刚才所说，也是最有理由的。

格：是的，而且，我可以补充说，很可怜。

苏：因此，为了不让你们对我们现在三十岁的公民产生怜悯之情，在向他们介绍辩证法时必须谨慎行事。

格：当然。

苏：有一种危险，就是怕他们过早地尝试辩论。因为年轻人，你可能已经注意到，当他们第一次尝到这种滋味时，就会以争论为乐，并且总是模仿那些驳斥他们的人，反驳和驳斥别人。就像小狗一样，他们以拉扯和撕咬所有接近他们的人为乐。

格：是的，没有什么是他们更喜欢的。

苏：当他们在许多人手中取得了许多征服和失败时，他们就会猛然间迅速地进入一种状态，不相信他们以前所相信的任何东西，因此，不仅是他们，而且哲学和所有与之有关的东西都很容易在世界其他地方有一个坏名声。

格：太对了。

苏：但是，当一个人开始变老时，他将不再犯这种疯狂的毛病。他将模仿追求真理的辩证家，而不是为了娱乐而反驳的唱反调者。他性格中更多的节制将增加而不是减少追求的荣誉。

格：非常正确。

苏：当我们说哲学的弟子应该是有秩序的和坚定的，而不是像现在这样，是任何偶然的追求者或闯入者，我们不是对此做了特别规定吗？

格：非常正确。

苏：假设哲学研究取代了体操，并且勤勤恳恳、专心致志地持续了两倍于身体锻炼的年限，这就够了吗？

格：你说是六年还是四年？

苏：就说五年吧。时间结束后，他们必须再次被送入巢穴，并被迫担任任何年轻人有资格担任的军事或其他职务：这样他们就能获得生活经验，并有机会尝试当他们被诱惑以各种方式吸引时，他们是否会站稳或退缩。

格：而他们生命中的这个阶段会持续多久？

苏：十五年。当他们年满五十岁时，让那些仍然存活并在其生活的每一个行动和每一个知识分支中出类拔萃的人最终达到他们的顶峰。现在时机已到，他们必须把灵魂的目光投向照亮万物的宇宙之光，并看到绝对的善。因为这是他们安排国家和个人生活以及自己剩余生活的模式。把哲学作为他们的主要追求；但当轮到他们时，也要为政治和为公共利益执政——而不是像他们在进行某种英雄的行动，而只是作为一种责任。当他们在每一代人中都培养出像自己一样的人，并让他们在自己的位置上成为国家的管理者时，他们就会离开，到最幸福的岛屿上居住。如果毕达斯神谕同意，城市将为他们提供公共纪念品和祭品，像祭神那样地祭祀他们，但如果不同意，在任何情况下都是受祝福和神圣的。

格：苏格拉底，你是个雕塑家，为我们的总督制作了无懈可击的雕像。

苏：是的，格劳孔，还有我们的家庭教师。因为你不要以为我所说的只适用于男人，而不适用于女人的天性。

格：你说的对，因为我们让他们像男人一样分享所有的东西。

苏：好吧，你也会同意（不是吗？），关于国家和政府的说法并不只是一个梦想,虽然困难重重,但只有在所设想的情况下才可能。也就是说,当真正的哲学家国王在一个国家诞生时,他们中的一个或多个,鄙视他们认为卑鄙无耻的现世荣誉,把正确和从正确中产生的荣誉看得高于一切,并把正义视为所有事物中最伟大和最必要的,他们是谁的臣子,当他们把自己的城市安排好时,他们的原则将被抬高?

格:他们将如何进行?

苏:他们将首先把城市中所有十岁以上的居民送出乡村,并占有他们的孩子,这些孩子将不受父母习惯的影响。他们将用自己的习惯和法律,我是说用我们给他们的法律来训练他们:这样,我们所说的国家和宪法将最快和最容易达到幸福,拥有这种宪法的国家将获得最多的好处。

格:是的,这将是最好的办法。而且我认为,苏格拉底,你已经对这种构造的如何出现,做出了很好地描述。

苏:那么,关于完美的国家和承载其形象的人,就不难看出我们将如何描述他。

格:毫无疑问。我同意你的看法,认为不需要再说什么了。

第八卷　四种政体形式

苏：那么，格劳孔，我们得出的结论是，在完美的国家里，妻子和孩子是公有的。不论战时平时，各种事情男的女的一样干，最好的哲学家和最勇敢的战士将是他们的国王？

格：这一点已经被承认了。

苏：是的，而且我们还承认，国王在自己被任命时，将带着他们的士兵，把他们安置在我们所描述的那样的营地里，这些营地是大家共有的，不包含任何私人的东西。关于他们的财产，你还记得我们的约定吗？

格：是的，我记得，没有人可以拥有人类的任何一般财产。他们将成为战士的运动员和守护者，从其他公民那里得到的只是他们的生活费，而不是年薪，他们要照顾自己和整个国家。

苏：是的，现在我们的任务分工已经完成，让我们找到我们偏离的点，以便我们可以回到原路上。

格：回去并没有什么困难。你当时和现在一样，暗示你已经完成了对国家的描述：你说这样的国家是好的，响应国家的人也是好的，尽管如现在看来，你对国家和人都有更多优秀的东西要讲。你还说，如果这是真正的形式，那么其他的都是假的。关于假的形式，我记得你说过，有四种主要的制度，它们的缺陷，以及与它们相应的个人的缺陷，都值得研究。当我们看完所有的人，并最终商定谁是最好的，谁是最差的，我们要考虑最好的是否也是最幸福的，最差的是否是最悲惨的。我问你所说的四种政府形式是什么，然后玻勒马霍斯和阿德曼托斯说了他们的想法。然后你又开始了，并找到了我们现在到达的地方。

苏：你的记忆是最准确的。

格：然后，就像角斗士一样，你必须再次回到同样的位置上。让我问同样的问题，你是否给我你当时要给我的答案。

苏：是的，如果我可以，我会的。

格：我特别想知道你所说的四部制度是什么。

苏：这个问题很容易回答：我所说的四种政体，就其独特的名称而言，首先是克里特和斯巴达的政体，它们普遍受到赞扬。其次是所谓的寡头政治。这并没有得到同样认可，它是一种充满罪恶的政府形式：第三是民主，它自然紧随寡头政治，尽管非常不同；最后是僭主，它与它们都不同，是一个国家的第四种和最糟糕的政体。我不知道还有什么其他的政体，你知道吗？任何其他的制度都可以说有一个独特的特点。有一些可以世袭的领主和买卖的公国，以及其他一些中间形式的政府。但这些都是乏善可陈的，在希腊人和野蛮人中都可以找到。

格：是的，我们当然听说过他们中存在着许多奇怪的政府形式。

苏：你是否知道，政体随着人的性情不同而不同，而且，有多少种性格就有多少种政体？因为我们不能假设国家是由"橡树和岩石"构成的，而不是由它们中的人性构成的，而这些人的本性在某种程度上改变了习惯，并在它们之后引出了其他事物？

格：是的，国家就像人一样。它们从人的性格中发展而来。

苏：那么，如果国家的制度是五种，个人的性格也将是五种？

格：当然。

苏：我们已经描述了那个符合贵族制度的人，以及我们正确地称之为正义和善良的人。

格：我们有。

苏：那么，现在让我们来描述一下劣质的天性，即争强好胜和野心勃勃的人，他们符合斯巴达的政体。还有寡头政治、民主政治和僭主的人。让我们把最正义的人和最不正义的人放在一起，当我们看到他们时，我们就能比较那些过着纯粹正义或纯粹不正义生活的人的相对幸福或不幸福的情形。这样，调查就完成了。我们就会知道，我们是应该像色拉叙马霍斯建议的那样去追求不正义，还是按照论证的结论去选择正义。

格：当然，我们必须按你说的做。

苏：我们是否应该遵循我们之前的计划，即先谈国家，然后再谈个人，并从荣誉政府开始呢——我不知道这样的政府除了"荣誉统治"或"荣誉政制"之外还有什么名字。我们将与个人的类似性格进行比较。然后，考虑寡头政治和寡头式的人。然后，我们将再次把注意力转向民主和民主的人。最后，我们将去看看僭主之城，再一次审视独裁者的灵魂，并试图得出一个令人满意的决定。

格：这种看待和判断问题的方式将是非常合适的。

苏：那么，首先，让我们来探究一下荣誉统治（荣誉政府）是如何从贵族政治（好人政府）中产生的。显然，所有的政治变革都源于实际执政权力的分裂。一个团结的政府，无论其规模有多小，都不可能变动。

格：非常正确。

苏：那么，我们的城市将以何种方式被改变，辅助者和统治者将以何种方式在本阶层或阶层之间产生分歧？我们是否应该按照荷马的方式，祈求缪斯告诉我们"不和最初是如何产生的"？我们要不要想象她们在庄严扮相中，把我们当成孩子一样玩弄，用崇高的悲剧性的语气对我们讲话，让我们相信她们是认真的？

格：她们会如何说呢？

苏：大致如下，一个这样构建的城邦很难被颠覆。但是，看到一切有始有终，即使像你这样的社会组织结构也不会永远持续下去，也是一定要解体的。就像下面这样：在从地下长出的植物和在地球表面生长的动物中，它们的灵魂和躯体都有生育的有利时节和不利时节，当各自灵魂和身体转满一圈时，生育和绝嗣就会发生。活的时间长的东西周期也长，活的时间短的东西周期也短。但是，你们为城邦培训的统治者的所有智慧和教育都无法永远准确无误地为你们的种族选定生育的大好时节，所以纵使是统治者，也会在不恰当的时候把孩子带到世界上。现在，神圣的产生物有一个完善的数的周期（即循环数，例如6，它等于其因数1、2、3的总和，因此当圆圈或时间代表6完成后，由1、2、3表示的较小的时间或旋转也完成。）；而有灭亡的产生物周期只是一个最小的数——一定的乘法（控制的和被控制的，包括三级四项的）用它通过使有相同单位的有理数相似或不相似，或通过加法或减法，得出一个最后的得数。（可能是数字3、4、5、6，其中前三个是毕达哥拉斯三角形的三边。这些项将是3的立方、4的立方、5的立方，合起来等于6的立方，等于216）其4对3的基本比例，和5结合，再乘三次，产生出两个和谐；其中之一是等因子相乘和100乘同次方结合的产物（即 $3^4 \times 4^4 \times 5^4 = 6^4 \times 100^2 = 3600^2 = 4800 \times 2700$），另一是有的相等有的不相等的因子相乘的产物，即，其一是以五为边的正方形对角线的有理数（减"1"）的对角线平方乘100，或为无理数（减"2"）平方乘100，即 $(7^2-1) \times 100 = (5^2+5^2-2) \times 100 = 4800$；以及一百个边长为三的立方体（$3^3 \times 100 = 2700$）。这全部的几何数乃是这事（优生和劣生）的决定性因素。现在这个数字代表一个和谐，它控制着出生的善恶。因为当你的护卫者对出生的规律一无所知，并且在不是生育的好时节里让新娘和新郎结合时，生育的子女就不会是优秀的或幸运的。尽管人们从这些后代中选拔最优秀者来治理国家，但他们实际上不配担任他们父辈的职位，当他们作为护卫者掌权时，首先很快就会发现他们不重视音乐，没有能力照顾好缪斯女神。这种轻视很快就会蔓延到竞技方面。因此，你国家的年轻人将缺乏必备素养。从他们中挑选出来的统治者已经丧失了真正护卫者的那种分辨金种、银种、铜种、铁种——赫西俄德说过的，我们也说过的——的能力了。因此，铁将与银混在一起，铜与金混在一起，因此会出现差异、不平等和不和谐，这在任何地方都是引发仇恨和战争的原因。不论冲突在哪里发生，你都必须认为这就是这种血统的冲突。

格：是的，而且我们可以假设她们的回答是真实的。

苏：她们的回答当然是真实的。缪斯女神怎么会说假话呢？

格：缪斯女神接下来会说什么呢？

苏：当不和谐出现时，那么两个种族就被引向了不同的方向：铁和铜的人倒向了获取财货、土地、房屋和金银。但金和银的种族，不需要金钱，但在他们自己的本性中拥有真正的财富，倾向于德行和古老的秩序。他们之间发生了争斗，最后他们同意将土地和房屋分配给各人。他们奴役了他们的朋友和赡养人，他们以前以自由人的条件保护他们，并使他们成为平民和仆人。两族自己也参与战争，并对奴隶进行监视。

格：我相信你已经正确地设想了变化的起源。

苏：而由此产生的新政府将是介于寡头政治和贵族政治之间的形式？

格：非常正确。

苏：这将是一种变化，而在这种变化发生之后，他们将如何进行？显然，新的国家处于寡头政治和贵族国家之间，将部分地遵循一个，部分地遵循另一个，并且还将有一些特殊性。

格：的确。

苏：在给予统治者的荣誉方面，在武士阶层不肯从事农业、手工业和一般贸易方面，在共同用餐的制度方面，在对竞技和军事训练的关注方面——在所有这些方面，这个国家将与贵族政治相似。

格：确实如此。

苏：但是，在害怕接纳哲学家掌权方面，因为他们不再是单纯和认真的，而是由元素混合而成的。在从他们转向热情和不太复杂的人物方面，他们从本质上来说适合于战争而不是和平。在他们对军事策略和计谋的重视方面，以及在发动永恒的战争方面，这个国家大部分都是特殊的。

格：是的。

苏：这种人将觊觎金钱，就像那些生活在寡头政治中的人一样。他们将对金银有一种激烈的秘密渴望，他们将把金银囤积在黑暗的地方，有自己的密室和库房来存放和隐藏它们。还有城堡，这只是他们秘密的巢穴，他们将在其中花费大量的钱在他们的妻子身上，或在任何他们喜欢的其他人身上。

格：这是最真实的。

苏：他们之所以吝啬，是因为他们没有办法公开获得他们所珍视的金钱。他们会把别人的钱花在满足自己的欲望上，窃取他们的快乐，然后逃离法律——就像孩子逃避他们的父亲一样；他们不是靠温和的影响而是靠武力来教育，因为他们忽视了真正的缪斯女神——理性和哲学的伴侣——把竞技看得比音乐还重。

格：毫无疑问，你所描述的政府形式是善与恶的混合。

苏：本来就是混杂的嘛。但有一件事，而且只有一件事，是占主导地位的，那就是争斗和野心的精神。这些都是由于热情的或有活力的元素的盛行。

267

格：确实。

苏：这就是这个国家的起源，也是这个国家的特征，我们只描述了它的轮廓。我们不需要更完美的描述，因为一张草图就足以显示出最完美的正义和最完美的不正义的类型。而把所有的国家和人的不同特征都看一遍，一个都不漏掉，那将是一项无休止的劳作。

格：一点也不错。

苏：现在，什么人类似这种形式的政府呢——他是如何产生的，又是什么样子的？

阿：我认为，就他所具有的争论精神而言，他与我们的朋友格劳孔并无不同。

苏：也许在这一点上，可能和格劳孔一样。但在其他方面，他是非常不同的。

阿：在哪些方面？

苏：他应该有更多的自我主张，没有那么多的音乐和修辞的素养，但又不失为文化的朋友。他应该是一个很好的听众，但不善于演说。这样的人容易对奴隶动粗，不像受过教育的人，后者以这样的做法为耻。他也会对自由人彬彬有礼，而且非常服从权威。他热爱权力，热爱荣誉。他经常声称自己是统治者，不是因为他能言善辩，也不是因为类似的理由，而是因为他是个军人，而且功勋卓著。他也热爱竞技和打猎。

阿：是的，这就是荣誉制度的特征。

苏：这样的人只有在年轻时才会轻视财富。但随着年龄的增长，他将越来越被财富所吸引，因为他本性中就有一份贪婪，并不一心向着美德，因为他已经失去了最好的守护者。

阿：那是谁？

苏：用音乐来调剂的哲学。它如能在一个人的身边长存，才能使他毕生向善。

阿：很好。

苏：这样的青年才俊，与荣誉政治的国家类似。

阿：正是如此。

苏：他的来历如下：他往往是一个勇敢的父亲的年轻儿子，一家住在一个治理不善的城市，他拒绝了这个城市的荣誉职务，不愿意诉诸法律，也不愿意在任何方面发挥自己的作用，宁愿放弃自己的权利，以便逃避麻烦。

阿：那么儿子是如何产生的呢？

苏：当他听到他的母亲抱怨她的丈夫在政府中没有职位，以至于她在其他妇女中没有优先权时，儿子的性格就开始行程了。此外，当她看到她的丈夫对金钱并不热衷，不肯在法庭或议会上争吵和谩骂，而是平静地接受发生在他身上的任何事情。当她观察到丈夫的思想总是以自己为中心，而他对她也非常冷漠时，她很恼火，并对她的儿子说，他的父亲缺乏男子气概，过于随和了；再加上所有其他关于她自己受到虐待的抱怨，而女人是如此喜欢重提这些。

阿：是的，她们经常这样唠叨。

苏：你知道吗，那些被认为是与家庭有联系的老仆人也不时地以同样的口气与孩子儿子私下交谈。如果他们看到谁欠了父亲的钱，或者在任何方面对不起他，而他又不肯没有起诉，他们就会告诉年轻人，等他长大了，必须对这种人进行报复，而且要比他父亲更像一个男人。他只要到外面走走，就会听到和看到同样的事情：那些在城邦里安心做自己事情的人被称为傻瓜，不受尊重，而那些爱管闲事的人却受到尊敬和赞扬。结果是，年轻人听到和看到的所有这些事情——也听到他父亲的话，对他的生活方式有了更近一步的了解，并对他和其他人进行了比较——他就会被引向了相反的方向。当他的父亲在浇灌和滋养他灵魂中的理性原则时，其他人却在鼓励他的激情和欲望。他本来天性纯良，但由于交友不慎，最后被他们的共同影响带到了一个中间点，并将他的内心世界交给了中间的争斗和激情，从而变得傲慢和野心勃勃。

阿：在我看来，你已经完美地描述了他的本源。

苏：那么我们现在有第二种的政体形式和第二种的性格类型喽？

阿：不错。

苏：接下来，让我们看看另一种人，正如埃斯库罗斯所说：

被置于另一个国家之上。

或者，按照我们的计划要求，先从国家开始。

阿：都可以。

苏：我相信，寡头政体应该紧随其后。

阿：那么你所说的寡头政体是什么样的呢？

苏：一个建立在财产价值基础上的政府，富人拥有权力，穷人被剥夺权力。

阿：我明白啦。

苏：我是不是应该首先描述一下从荣誉政体到寡头政体的变化是如何产生的？

阿：是的。

苏：好吧，不需要眼睛就能看清这两者的更迭。

阿：如何？

苏：私人国库中黄金的积累造成了荣誉政治的毁灭。他们捏造了非法的支出方式。因为他们或他们的妻子从不关心什么法律？

阿：是的，确实如此。

苏：然后，一个人看到另一个人发财了，就想和他竞争，于是广大公民都成了财迷。

阿：很有可能。

苏：就这样，他们越是富有，就越想着发财，就越是不考虑美德。

因为当财富和美德一起放在天平上的时候,一个总是上升,另一个必然下降。

阿:不错。

苏:如果财富和富人在国家中越受尊重,那么美德和好人就越受轻视。

阿:很明显。

苏:受尊重的就被培养,不被尊重的就被冷落。

阿:这很明显。

苏:所以最后,人们不再爱知识和荣誉,而是成为贸易和金钱的拥趸。他们尊敬和仰视富人,以他为统治者,并蔑视穷人。

阿:他们是这样做的。

苏:接下来,他们又制定了一项法律,规定了公民资格的金额。这个金额在一个地方比较高,在另一个地方比较低,因为寡头政体或多或少都有排他性。他们不允许财产低于规定金额的人在政府中拥有发言权。他们通过武力来实现对制度的修改,如果恐吓还不能达到其目的的话。

阿:非常正确。

苏:一般说来,这就是寡头政体的建立方式。

阿:是的,但这种政府形式的特点是什么,我们所说的缺陷是什么?

苏:首先,要考虑资格的性质。试想一下,如果根据财产多寡来选择领航员,而一个穷人即使是一个更好的领航员,也会被拒绝,那将会发生什么呢?

阿:你是说他们会沉船?

苏:是的。任何事物的管理不都是这样吗?

阿:我想是的。

271

苏：政治除外？——或者你认为城邦的统治者也应包含在内？

阿：城邦的统治者最应该这样，因为城邦的统治是所有情况中最大和最困难的。

苏：那么，这将是寡头政体的第一个巨大缺陷？

阿：显然是嘛。

苏：这里还有另一个相当糟糕的缺陷。

阿：什么缺陷？

苏：不可避免的分裂：这样的国家不是一个整体，更像两个国家，一个属于穷人，另一个属于富人。他们虽生活在同一个地方，却总是互相勾结。

阿：那倒是同样的糟糕。

苏：另一个令人不齿的特点是，由于同样的原因，他们没有能力进行任何战争。他们可以让众人武装起来，然后就会害怕众人，远过于害怕敌人。或者，如果他们在战斗的时候不把众人召唤出来，他们就真成寡头了，因为他们很少有人会打仗，如同很少有人会统治。同时，他们对金钱的喜爱使他们不愿意交税。

阿：多么令人不齿啊！

苏：而且，正如我们之前所说，在这样的制度下，同一个人有太多的使命——他们是农夫、商人、战士，都是一体的。这看起来好吗？

阿：什么都好，就是不好。

苏：还有一个可能是最大的弊端，也是这个国家面临的首要问题。

阿：什么弊端？

苏：一个人可以卖掉他所有的东西，让另一个人获得他的财产。但在卖掉之后，他可以住在这个城市里，而他不再是这个城市的一部分，既不是商人，也不是工匠，也不是骑士，也不是步兵，而只是一个可怜的、无助的小人物。

阿：是的，这也是首次在这个制度下出现的问题。

苏：在那里当然不能防止这种问题的产生。因为寡头政体既有巨大的财富，也有彻底的贫困，这是个问题。

阿：确实如此。

苏：但再想想看。在他富裕的日子里，当他花钱的时候，这种人对国家、对公民有什么好处呢？或者说，他只是看上去是统治机构的一员，事实上他既不是统治者也不是公民，而只是一个花钱的败家子。

阿：正如你所说，他看上去是一个统治者，实际只是一个败家子。

苏：我们是不是可以说他是屋里的雄蜂，他就像蜂巢里的雄蜂一样，他对城邦造成的祸害，就像雄蜂对蜂巢的祸害一样？

阿：就是这样，苏格拉底。

苏：上帝创造了会飞的雄蜂，阿德曼托斯，它们都没有刺，而在行走的雄蜂中，他创造了一些没刺的一些有可怕刺的。没有刺的在年老时成为穷人。有刺的则成了他们口中的罪犯。

阿：不错。

苏：显然，每当你在一个国家看到穷人时，在那附近的某个地方就隐藏着小偷、扒手和强盗，以及各种各样的恶棍。

阿：很明显。

苏：好吧，在寡头国家你不是就能发现穷人吗？

阿：是的，几乎所有不是统治者的人都是一个穷光蛋。

苏：我们是否可以大胆地说，在这些人中还可以找到许多有刺的雄蜂，即罪犯，被当局用武力小心翼翼地约束着呢？

阿：当然，我们可以如此大胆地讲。

苏：这种人的存在要归咎于缺乏教育、训练不足和国家的邪恶制度？

阿：确实如此。

苏：那么，这就是寡头政体的形式及弊端，而且可能还有许多其他的问题。

阿：很有可能。

苏：那么寡头政体，或因个人财富而担任统治者的政府形式，现在可以不用再讲了。接下来，让我们考虑一下响应这个国家的个人的性格和本源吧。

阿：请吧。

苏：难道荣誉政体的人不会因此而变成寡头吗？

阿：怎么讲？

苏：荣誉政体的统治者有了一个儿子：起初他开始效仿他的父亲，亦步亦趋，但现在他看到父亲突然像船只触礁沉没一样，与整个国家背道而驰，从而自己和所拥有的一切都失去了。他可能是一位将军或其他高级官员，由于告密者的陷害被送上法庭，处决或者流放，并被剥夺公民的特权，所有财产也被剥夺充公。

阿：这是十分可能的。

苏：当儿子看到并知道了这一切，他就会走向崩溃，他的恐惧使他学会了把野心和激情从他心中的宝座上撵下来。他因贫穷而越发谦卑，开始拼命赚钱，并通过贪婪和吝啬的节俭和努力工作获得了一笔财富。这样的人难道不可能让贪婪坐在空缺的宝座上吗，并让它在他内心扮演伟大的国王，头戴皇冠，身佩绶带和波斯宝刀？

阿：这是最真实的。

苏：当他让理性和精神顺从地坐在君主两边，并教导它们安分守己时，他迫使一个只考虑如何把较小的钱变成更大的钱，另一个只允许崇拜和钦佩财富和富人，不允许对获得财富和获取方法之外任何事物有野心。

阿：在所有的变化中，没有一种变化能像好胜的年轻人转变为贪财的年轻人那样迅速且坚定了。

苏：贪婪的青年，就是寡头式的青年喽？

阿：是的，无论如何，他所转变成的这个人就像寡头政体所转变生成的制度。

苏：然后让我们考虑一下，它们之间是否有任何相似之处。

阿：非常好。

苏：那么，首先，他们在重视财富的价值方面彼此相似？

阿：当然。

苏：此外，他们还具有小气、操劳的特点。个人只满足其必要的需求，并将其支出限制在这些方面。他的其他需求被压制，认为这些欲望是无益的。

阿：确实如此。

苏：他是一个吝啬的家伙，他从所有的东西中节省出一些东西，为自己留下一些积蓄。而这就是那种世俗所称赞的人。难道这不是他所代表国家的真实形象吗？

阿：在我看来是这样的。无论如何，金钱对他和国家来说都是非常重要的。

苏：你看，他不是一个有修养的人。

阿：我想他不会是的，如果他受过教育，就不会让一个瞎眼财神指导他的唱诗班，也不会给他最大的荣誉。

苏：非常好！然而，请考虑一下。我们能否进一步承认，由于缺乏修养，在他身上会发现类似于穷人和流氓的欲望，这些欲望被他的一般生活习惯所强行压制？

阿：确实如此。

苏：你知道如果你想发现他的流氓行径，你要去哪里找吗？

阿：去哪里找？

苏：在他有机会做一些不诚实行为的时候，比如在领养一个孤儿的时候。

阿：赞成。

苏：那时就很清楚了，在他的日常交往中，所得到的诚实的声誉，在于他通过强制的美德观来压制他的不良欲望。不是让邪念看到它们的错误，也不是通过理性来驯服它们，而是通过必要的恐吓来约束，因为他为自己的财产而战栗。

阿：当然。

苏：确实如此，我亲爱的朋友，但你会发现，每当他花掉不属于自己的金钱时，他的自然欲望就会出现。

阿：是的，而且会很强烈。

苏：那么，这个人经常与自己交战。他将是两个人，而不是一个人。但是，总的来说，他的善良欲望通常可以战胜他的邪恶欲望。

阿：确实如此。

苏：由于这些原因，这样的人将比大多数人更值得尊敬。然而，身心和谐一致的真正美德将会弃他而去，永远都不会靠近他。

阿：我应该期望如此。

苏：当然，在一个国家中，吝啬鬼将是一个不光彩的竞争者，以争夺任何胜利的奖品，或其他光荣野心的目标。他不会把他的钱花在争夺荣誉的比赛中。他害怕唤醒他昂贵的欲望，并邀请它们加入斗争。在真正的寡头政体中，他只用他资源的一小部分进行战斗，结果通常是他失去了奖品，而保住了他的钱。

阿：非常正确。

苏：那么，我们还能再怀疑吗？"守财奴"和"赚钱奴"是与寡头政体相对应的。

阿：这一点毋庸置疑。

苏：接下来是民主。我们仍需考虑它的本源和特质。然后我们将探究民主人士的性格，并加以判断。

阿：这就是我们习惯的方法。

苏：那么从寡头政体到民主政体的变化是如何产生的呢？难道不是这样吗？这种国家的目标是尽可能地变得富有，这是一种无法满足的欲望。

阿：然后呢？

苏：统治者意识到他们的权力依赖于他们的财富，因此拒绝通过法律来限制挥霍无度的年轻人的奢侈行为，因为他们能从年轻人的浪费中获益。他们向青年收取利息，购买他们的财产，从而增加自己的财富并提高自己的重要性？

阿：当然是的。

苏：毫无疑问，对财富的热爱和节制的精神不可能在同一个国家的公民身上同时存在。两者必有一方将被忽视。

阿：这是很清楚的。

苏：而在寡头国家，由于奢侈和浪费的普遍蔓延，名门子弟常常会沦为乞丐？

阿：是的，经常如此。

苏：而他们仍然留在城市里。他们有刺，全副武装，随时准备蜇人。他们中有人欠了债，有人丧失了公民权，或者同时处于这两种困境。他们憎恨和阴谋反对那些得到他们财产的人，也反对其他所有人，并渴望革命的发生。

阿：这倒是真的。

苏：另一方面，商人们低头走路，甚至假装没有看到那些已经被他们毁掉的人，同时把他们的刺——也就是他们的钱——放贷给另外一些对他们没有戒心的人，然后再把本金和利息数倍地收回来，这样他们就使国家里的雄蜂和乞丐越来越多。

阿：是的，有很多这样的人——这一点是肯定的。

苏：邪恶像火一样燃烧起来。他们不会想着扑灭它，无论是通过限制一个人使用自己的财产，或者通过其他措施补救。

阿：其他什么措施？

苏：虽然不是最佳办法，但也不失为一良策，它的好处是迫使公民注意自己的人格：——让我们制定一条普遍的规则，即每个人签订合同时都应自担风险，这样就会减少这种丑恶的赚钱行为，而我们所说的弊端也会在国家中大大减少。

阿：是的，它们将被大大减少。

苏：目前，在我所提到的动机的诱导下，统治者们对待他们的人民很糟糕。而统治者和他们的追随者，特别是处于统治阶层的年轻人，都习惯于过一种奢侈的生活，身心都无所事事。他们什么都做不了，既不能抵抗快乐，也不能抵抗痛苦。

阿：非常正确。

苏：他们自己只关心赚钱，像乞丐一样对德行的培养漠不关心。

阿：是的，相当冷漠。

苏：这就是他们之间普遍存在的状况。统治者和他们的人民经常会碰到一起，不管是在旅途中还是在其他的会面场合，不管是朝圣还是行军，不管是作为士兵还是作为水手，他们都会遇到对方。是的，他们可以在危险的时刻观察对方的行为——因为在危险的地方，穷人不怕被富人瞧不起——而且很可能在战斗中，被太阳晒得瘦弱的穷人会被安排在一个皮肤保养的很好、有很多多余赘肉的富人身边，并肩作战——当穷人看到这样富人喘着粗气、一筹莫展时，他怎么能不得出结论，像这样的人之所以富有是因为没有人敢于掠夺他们？当他们私下见面时，人们难道不会互相议论"我们的战士，实在算不得什么"吗？

阿：是的，我很清楚这就是他们的说话方式。

苏：就像在一个不健康的身体里，如果有外来的刺激，就会引发疾病，有时即便没有外来的刺激，内部也会出现骚动——同样，只要国家有哪方面的弱点，哪方面就有可能出现疾病，只要有风吹草动，一方就会从外部引入他们的寡头盟友，另一方会引入他们的民主盟友，于是国家就病倒了，自己内部先打起来了。即使没有外部因素，有时也会引发争斗。

阿：是的，当然。

苏：然后，在穷人征服了他们的对手，屠杀了一些人，放逐了一些人，而对其余的人则给予平等的自由和权力之后，民主就出现了。这就是民主政体的形式，其中的行政长官通常是通过抽签选出的。

阿：是的，这就是民主的本质，无论革命是通过武器实现的，还是恐惧导致对面的人退出的。

苏：现在他们的生活方式是什么，他们有什么样的制度呢？因为政体如何，其对应的人就如何。

阿：显然是这样的。

苏：首先，他们不是自由的吗？城邦不是充满了自由和坦诚——一个人可以说他喜欢的话和做他喜欢的事吗？

阿：据说是这样的。

苏：而在自由的地方，个人显然能够按照自己的意愿为自己安排想要的生活？

阿：很明显。

苏：那么在这种国家里，将有最多样的人物性格喽？

阿：会有的。

苏：那么，这个国家似乎是最好的国家，就像一件绣满了各种花的袍子。就像妇女和儿童认为五彩缤纷是最迷人的一样，对许多人来说，这个绣着人类各种礼仪和性格的国家似乎是最好的国家。

阿：是的。

苏：老兄，这是最适合寻找各种政体制度的地方。

阿：为什么？

苏：由于那里的自由，他们可以有各种各样的制度。有心建立国家的人，就像我们一直在做的那样，都应该到民主政体里去，就像到集市上买东西一样，挑选适合自己的。然后，当他做出选择后，就可以建立自己的国家。

阿：他一定会找到想要的类型。

苏：即使你有能力，除非你有这样的意愿，也不必在这个国家执政，或者被治理。除非你有这样的意愿，也不必在其他人外出作战时参战，或者在其他人享受和平时和平——也没有必要因为某些法律禁止你担任公职或法官，你就不去担任公职或法官，只要你有兴趣——这难道不是一种目前极其令人高兴的生活方式吗？

阿：就目前而言，是的。

苏：而且，在某些情况下，他们对死刑犯的人道主义不是很有魅力吗？你难道没有注意到，在一个民主国家，许多人虽然被判处死刑或流放，却依旧留在原地自在逍遥——他们像个英雄似地大摇大摆，却没有人看到或关心？

阿：是的，我见过的就不少呢。

苏：你也看到了民主的宽容精神，看到了她对琐事的"不在乎"，看到了她对我们在建城时庄严规定的所有优良原则的漠视——就像我们说的那样，除了一些天赋异禀的人之外，永远不会有一个善良的人，从小就习惯于在美丽的事物中玩耍，并把它们当作一种乐趣去研究。民主政体是如何大张旗鼓地把我们所有这些美好的概念都踩在脚下，从不考虑造就政治家的学问，也不提倡尊重任何自称是人民朋友的人。

阿：是的，她那份精神，高贵极了。

苏：这些和其他类似的特征都是民主的应有之义，它是一种迷人的政体制度，充满了变化和混乱，对平等者和不平等者都给予了某种平等。

阿：我们很了解她。

苏：现在考虑一下，这个人是什么样的人，或者说，按这种国家的情况想想，考虑一下是如何产生的。

阿：好吧。

苏：难道不是这样吗——他是吝啬的寡头式的父亲的儿子，接受的是他父亲的习惯训练？

阿：正是如此。

苏：像他的父亲一样，他强力压制那些属于消费而非获取的快乐，也就是那些被称为不必要的快乐？

阿：很明显。

苏：为了清楚起见，你是否愿意区分一下哪些是必要的快乐，哪些是不必要的快乐？

阿：当然。

苏：必要的快乐难道不是那些我们无法摆脱的，而且满足后会对我们有好处的快乐吗？它们被正确地称为"必要的快乐"，因为我们的天性是既渴望有益的东西，又渴望必要的东西，而且无法改变这种天性。

阿：确实如此。

苏：因此，我们说它们是必要的，这有错吗？

阿：并没有错。

苏：如果从年轻时开始努力就可以摆脱的这些欲望，而且这些欲望的存在没有任何好处，在某些情况下反而有害——我们说所有这些都是不必要的，难道不对吗？

阿：当然是对的。

苏：假设我们从这两种情况中各选择一个例子，以便我们能对它们有一个一般性的概念？

阿：非常好。

苏：饮食的欲望。简单的食物和调味品，就其对健康和力量的要求而言，难道不属于必要的范畴吗？

阿：我想是必要的。

苏：饮食的乐趣在两个方面是必要的。它对我们有好处，而且它对生命的延续是必不可少的。

阿：是的。

苏：但是调味品只有在对健康有益的情况下才是必要的吧？

阿：当然。

苏：而超出这个范围的欲望，对更精致的食物，或其他奢侈品的欲望，如果在年轻时加以控制和训练，一般来说是可以摆脱的，而且这种欲望对身体有害，对追求智慧和美德的灵魂有害，可以称之为不必要的吗？

阿：完全可以。

苏：我们是不是可以说，这些欲望是花钱消费的，而其他的欲望是赚钱得利的，因为它们有助于生产？

阿：当然。

苏：那么，情爱的快乐和其他所有的快乐，也是一样的吗？

阿：确实如此。

苏：我们所说的雄蜂是指被这种快乐和欲望充实的人，是不必要的欲望的奴隶，而只受制于必要的人是吝啬的寡头？

阿：非常正确。

苏：同样，让我们看看民主的人是如何从寡头政体中蜕化出来的：

我想通常是下面这样。

阿：这个过程是什么样的？

苏：一个像我们刚才描述的那样，以世俗和吝啬的方式培养长大的年轻人，尝到了雄蜂的甘甜，并与能够为他提供各种精致和各种乐趣的有着凶猛和狡猾天性的人交往时，正如你可以想象的那样，他内心的寡头原则将开始转变为民主原则？

阿：这是不可避免地。

苏：就像在城市里，同类相助，变化是由来自外部盟友协助公民的一个派别实现的。同样的，外来的欲望，协助年轻人内心的欲望，不也是同类相互支持帮助嘛，他不也就可以改变了吗？

阿：当然。

苏：如果有任何盟友帮助他内心的寡头原则，无论是父亲的影响还是亲属劝告或责备，那么在他的灵魂中就会出现一个派别，一个反对的派别，他就会陷入内心的冲突。

阿：一定是这样的。

苏：也有一些时候，民主原则让位于寡头原则，当他的一些欲望消亡了，或者被放逐的时候。一种敬畏的精神进入年轻人的灵魂，秩序就恢复了。

阿：是的，这种情形有时会发生。

苏：然后，在旧的欲望被放逐之后，新的欲望又涌现出来，它们与旧的欲望相似，而且因为他们的父亲不知道如何教育它们，所以变得愈发凶猛和繁杂。

阿：是的，这很可能是这样。

苏：它们把他吸引到他的狐朋狗友那里，在他们秘密交往中滋养繁殖。

阿：非常正确。

苏：最后，他们攻占了这个年轻人的灵魂堡垒，因为他们发现这里没有任何荣誉成就、良好的学识和真情实感，而这些都是神所珍视的人的思想，也是他们最好的守护者和哨兵。

阿：没有比这更好的了。

苏：于是，虚假和浮夸的理论和意见向上攀升，占据了它们内心的位置。

阿：它们肯定会这样做。

苏：就这样，年轻人回到了吃忘忧果树的国度，当着所有人的面在那里住了下来。如果他的朋友向他的寡头部分提供了任何帮助，上述虚妄的自以为是的人就会关上堡垒大门。它们既不允许使节进入，如果私人顾问提供老年智者的建议，它们也不会听从或接待他们。在一场战斗中，它们取得了胜利，然后把它们称为愚蠢的谦虚无耻地放逐，把它们称为没有男子气概的节制践踏进泥潭中并弃之不顾。它们劝说人们，节制和有序的消费是庸俗和卑劣的，因此，在一群恶趣味的乌合之众的帮助下，它们把美德赶出了边界。

阿：的确这样。

苏：当它们把现在在它们控制下的年轻人内心的美德扫除干净，开始着手盛大的欢迎仪式时，接下来的事情就是把傲慢、放纵、浪费和无耻带回到它们的家里，它们头上戴着花环，一大群人和它们一起齐唱颂歌，用甜美的名词赞美他们。它们称傲慢为高贵，放纵为自由，浪费为慷慨，无耻为勇敢。就这样，年轻人离开了他在必要的学校里训练出来的原始本性，进入了不必要的无益快乐中的自由和放纵。

阿：是的，他身上的变化足够明显。

苏：在这之后，他继续生活下去，把他的金钱、精力和时间花在不必要的快乐上，与花在必要快乐上的一样多。但是，如果他是幸运的，而且他的头脑不是太混乱，当几年过去后，激情的时代结束了——假设他那时重新接纳了部分被放逐的美德，而不是完全把自己交给它们的继承者——在这种情况下，他能平衡下他的快乐，然后生活在一种平衡状态中，把自己交给首先出现并赢得转机的那一个。当它玩够了之后，再把自己交给另一种快乐。他不轻视任何一个，而是平等地满足它们。

阿：非常正确。

苏：他也不接受或让任何真正的建议进入内心堡垒。如果有人对他说，有些快乐是善良和高尚欲望的满足，有些是邪恶欲望的满足，他应该利用和尊重一些快乐，责备和掌握其他快乐——每当有人对他重复这些话时，他就摇摇头说，它们都是一样的，没有高下之分。

阿：是的，这就是他的方式。

苏：是的，他从早到晚都在放纵这一时的欲望。有时他在美酒和歌声中度过。转头他又只肯喝水，并试图让自己变瘦。然后他在竞技场上转了一圈。有时，他无所事事，什么都不在意，然后又过着哲学家的生活。他常常忙于政治，动不动就站起来，说一些做一些突然想到的事情。如果他对战士心存敬意，他就朝这个方向努力，如果对商人感兴趣，就掉头重来。他的生活既没有法则，也没有秩序。这种没有目的的生活被他称为快乐、幸福和自由，并坚持这么混下去。

阿：是的，他周身都是自由和平等的。

苏：是的，他的生活是杂乱无章的，可以说是许多人生活的缩影。他符合我们所说的公平和复杂的国家。许多男人和女人都以他为榜样，他身上有许多制度和许多礼仪的范例。

阿：就是这样。

苏：那么就把他与民主对比来看。他可以真正被称为民主人士了。

阿：算他是吧。

苏：最后的总是最美丽的，人和国家都一样，僭主政体和僭主。我们现在要考虑这些。

阿：非常正确。

苏：那么，我的朋友，你说，僭主是以什么方式产生的呢？——它有一个民主的起源，这是显而易见的。

阿：这很明显。

苏：僭主政体从民主政体中产生的方式与民主政体从寡头政体中产生的方式相同，我的意思是，从某种程度上来看？

阿：为什么？

苏：寡头政体为自己提出的善和维持它的手段是财富过剩——我说的不对吗？

阿：对的。

苏：贪得无厌的财富欲望和为了捞钱而忽视其他一切也是寡头政体毁灭的原因吧？

阿：确实如此。

苏：而民主有她自己的善，过分追求的欲望使她解体？

阿：有什么善呢？

苏：自由，他们告诉你，在民主制度下，自由是国家的荣耀，因此，只有在民主制度下，天性自由的人才愿意居住。

阿：是的。这句话在每个人的口中都有。

苏：我想说的是，对这些东西的贪婪和对其他东西的忽视，导致了民主的改变，这就造成了对僭主政体的需求。

阿：怎么说呢？

苏：当一个渴求自由的民主国家有邪恶的斟酒者主持宴会，并且喝了太多自由的烈酒，那么，除非她的统治者非常顺从，并给了充足的酒水，否则她会要求他们承担责任并惩罚他们，并说他们是被诅咒的寡头。

阿：是的，这种情形很常见。

苏：是的，忠诚的公民被她侮辱性地称为抱着锁链的奴隶和窝囊废。她要有像统治者一样的人民，和像人民一样的统治者：这样的人才符合她的心意，她在私下和公共场合都赞美和尊敬他们。在这样一个国家，自由能有任何限制吗？

阿：当然没有。

苏：渐渐地，无政府状态进入了私人家庭生活，最后进入动物中间并感染了它们。

阿：你是什么意思？

苏：我的意思是，父亲渐渐习惯于降到儿子的水平，甚至害怕他们，而儿子则与父亲平起平坐，对父母毫无敬畏之心。这就是他的自由，元老与公民平等，公民与元老平等，外邦人与任何一方都没有区别。

阿：是的，就是这样。

苏：而这些并不是唯一的罪恶，还有几个稍小点的。在这样的社会状态下，老师惧怕并迎合学生，而学生则轻视老师。年轻人和老年人都是一样的。年轻人与老年人平起平坐，随时准备在言行上与老年人争个高下。而老年人则屈尊于年轻人，充满了客气和恭维。他们不愿意被认为是阴沉和专横的，因此他们采用年轻人的方式。

阿：非常正确。

苏：大众自由的最后一个极端是，用钱买来的奴隶，不管是男是女，都和买主一样自由。我也不能忘记两性之间的自由和平等。

阿：为什么不象埃斯库罗斯所说的那样，想到什么就说什么？

苏：这就是我正在做的事情。我必须补充说，不知道的人不会相信，在民主制度下，受人支配的动物所拥有的自由比任何其他国家都大得多。因为真的，正如谚语所说，母狗变得像它们的女主人一样了，马和驴习惯像自由人一样在大街上横冲直撞。如果不给它们留出道路，它们就会冲向任何挡路的人；所有的东西都自由得快爆了。

阿：我在乡下散步时，经常遇到你所描述的情况。你和我真是志同道合啊。

苏：最重要的是，这所有作为的结果，看看使公民们变得多么敏感。他们对权力的最小约束都感到不耐烦，最后，如你所知，他们甚至不再关心法律，不管是书面的还是非书面的。他们不允许有任何人在他们之上。

阿：是的，我太了解它了。

苏：我的朋友，这就是僭主产生的美丽璀璨的开始。

阿：确实很璀璨。但下一步是什么呢？

苏：寡头政治的毁灭根源就是民主政治的毁灭根源。同样的疾病被自由放大和加剧后，就变成了民主政治的主宰——事实是，任何事物的过度增长往往会引起相反方向的反应。这不仅在季节、动植物的生命中是如此，特别在政体制度中更是如此。

阿：确实如此。

苏：无论是国家还是个人，过度的自由似乎只会变成过度的奴役。

阿：是的，这是自然规律。

苏：因此，僭主政体自然产生于民主政体，而最严重的僭主政体和奴隶制则产生于最极端的自由形式？

阿：正如我们想的那样。

苏：然而，我认为这不是你的问题，你更想知道，在寡头政体和民主政体中同样产生的，并且使两者毁灭的祸乱根源是什么？

阿：是这样的。

苏：我的意思是指那些游手好闲的败家子，他们中更勇敢的成为领导，胆小的成为随从，我们曾把他们比作雄蜂，有些没有刺，有些有刺。

阿：很恰当的比喻。

苏：这两类人是每个城市的毒瘤，他们在其中产生，就像黏液和胆汁对身体的作用一样。国家的好医生和立法者应该像聪明的养蜂人一样，与他们保持距离，如果可能的话，防止他们回巢。如果他们已经找到了返回的途径，那就应该尽快把他们和他们的蜂巢切除。

阿：是的，一定要这样。

苏：那么，为了使我们能够清楚地看到我们正在做什么，让我们设想一下，民主政体是怎样分化的，因为它确实被分成了三类。首先，自由在民主政体中创造了比寡头政体中更多的雄蜂。

阿：这倒是真的。

苏：而在民主政体，它们肯定会更加严重。

阿：怎么说呢？

苏：因为在寡头国家，他们被剥夺了执政资格，被赶出了公职系统，因此他们无法训练或聚集力量。而在民主国家，他们几乎是全部的执政力量，当比较敏锐的那种人说话和行动时，其余的人一直在讲台周围嗡嗡作响，不允许对方说一个字。因此在民主国家，几乎所有的事情都是由雄蜂管理的。

阿：非常正确。

苏：然后第二类，他们经常与大众脱节。

阿：是什么人？

苏：那种有秩序的阶层，在一个由商人组成的国家里，他们肯定是最富有的。

阿：当然了。

苏：它们是最方便压榨的人，并为雄蜂提供了最多的蜂蜜。

阿：是的，穷人身上榨不出油水。

苏：而这就是富人阶层，雄蜂依靠他们来供养。

阿：情况基本如此。

苏：普通平民是第三类，由那些用自己的双手工作的人组成。他们不是政治家，也没有什么经济来源。这个阶级，一旦集合起来，就是民主政体中最大最强力的阶级。

阿：是的。但平民很不愿意聚集在一起，除非他们能得到一点蜂蜜。

苏：他们会得到的。他们的领导者剥夺了富人的财产，将其分配给平民，同时又记得为自己留下最大的部分。

阿：是的，在某种程度上，平民确实可以得到一些好处。

苏：而那些财产被夺走的人则不得不在平民面前尽其所能地为自己辩护？

阿：他们还能做什么？

苏：然后，尽管他们可能没有改变的愿望，但却被指控阴谋反对人民，是寡头政体的朋友？

阿：确实如此。

苏：而结局是，当他们看到平民试图对他们不利，不是出于自愿，而是由于无知，被告密者欺骗，最后他们被迫成为现实中的寡头。他们并不希望成为寡头，但雄蜂的刺痛折磨着他们，让革命在他们身上滋生。

阿：这正是事实。

苏：于是就有了互相弹劾、控告和审判。

阿：不错。

苏：平民总是有一些护卫者，他们称其为带头人，将其培养成一代伟人。

阿：是的，这就是他们的方式。

苏：这就是僭主产生的根源。当他第一次从地下窜出来的时候，是以护卫者的身份出现的。

阿：是的，这很清楚。

苏：那么护卫者是如何开始转变为僭主的呢？很明显，当他扮演阿卡狄亚的吕克亚宙斯圣地的故事主人公的时候。

阿：什么故事？

苏：这个故事说，任何人只要尝过一块混在其他祭品中的人肉，便注定要成为狼。你没听说过吗？

阿：哦，我听过。

苏：人民的护卫者也是一样。有一群完全由他支配的暴徒，能够为所欲为的残害亲属。通过最喜欢的诬告方法，把他们带到法庭受审，草菅人命。他用恶毒的唇舌品尝同胞的鲜血。有些被屠杀，有些被放逐，同时暗示废除债务和分配土地：在这之后，他的命运会怎样？难道他不是死于敌手，或者变成豺狼吗，这不就是僭主吗？

阿：这是必然的。

苏：这就是那个反对富人的领导吧？

阿：就是他。

苏：一段时间后，他遭到驱逐，然后又不顾敌人的阻挠，凯旋而归，成了一个地道的僭主。

阿：这很明显。

苏：如果他们不能放逐他，或通过公开指控判处死刑，就会密谋暗杀他。

阿：是的，这是他们的一贯做法。

苏：然后，他就该依例请求保镖护卫，这是所有在僭主生涯中走到这一阶段的人的必要手段——他们会说，"不要让人民失去他们的朋友"。

阿：正是如此。

苏：人们欣然同意。他们只为他担忧——他们对自己没有一丝忧虑。

阿：非常正确。

苏：当富人也被指责为平民的敌人时，看到这种情形，那么，我的朋友，正如神谕对克劳索斯说的那样：

在鹅卵石的赫尔墨斯岸边，他逃亡而不休息，不怕被说成懦夫。

阿：这也很对，因为如果他那样做，就再也没有羞愧的机会了。

苏：但如果被抓住了，他就死定了。

阿：当然了。

苏：而我们所说的护卫者，看到的不是他拜服于地，而是在推翻许多人后，站在国家的战车上，手里拿着缰绳，从此不再是护卫者，而成了绝对的僭主。

阿：毫无疑问。

苏：现在让我们考虑一下这个人的幸福，以及产生像他这种人的国家的幸福。

阿：是的，让我们考虑下这个问题。

苏：起初，在他掌权的初期，他充满了笑容，向他遇到的每一个人致敬。他被称为僭主，在公开场合也在私下里作出许多承诺！解除债务，将土地分配给平民和他的追随者，并希望对每个人都像他那样仁慈和善良！

阿：当然。

苏：但是，他通过征服或条约处理了外敌，从此再也没有什么可担心的，他总是在挑起一些战争或冲突，以便人民可能需要一个领导者。

阿：一定的。

苏：他不是还有另一个目的吗，那就是让人民因为缴税而变得贫穷，从而奔波于满足他们的日常需求，因此不太可能密谋反对他。

阿：很明显。

苏：如果他们中的任何一人被他怀疑有自由的观念，或者有对他权威的打算，他就会有一个很好的借口来摧毁他们，把他们置于敌人的怜悯之下。出于所有这些原因，僭主总是在准备一场战争。

阿：他必须这样做。

苏：现在他开始变得不得人心了。

阿：这是必然的结果。

苏：然后，那些帮他攫取权力的人以及现在一些掌权的人，对他和彼此说了一些他们的想法，更有勇气地提出了一些建议。

阿：是的，这是可以预期的。

苏：而僭主，如果他打算继续统治，就必须摆脱他们。在他有略有见识的朋友或敌人时，他就无法停止。

阿：这是明摆着的。

苏：因此，他必须环顾四周，看看谁是勇敢的，谁是高尚的，谁是聪明的，谁是富有的。他可真是幸福得很啊，因为他是所有人的仇敌，无论他是否愿意，都必须寻找机会干掉他们，直到他净化了整个国家。

阿：是的，也是一次难得地净化。

苏：是啊，这不是医生对身体进行的那种净化，他们去除的是坏掉的部分，留下的是完好的部分，但他做的正好相反。

阿：如果他要继续统治，实在也没有别的办法了。

苏：这是多么美妙的抉择啊——他被迫只能和许多下等人住在一起，还要被他们憎恨，否则根本就活不下去。

阿：是的，这就是替代方案。

苏：他的行为越让人民厌恶，他就越需要更多的狐朋狗友和更大的忠心吧？

阿：当然。

293

苏：这批忠心的人是谁，他将从哪里找到他们呢？

阿：如果他肯出钱，就会有人蜂拥而至。

苏：被狗咬了！这里有更多的雄蜂，各式各样，来自各个城邦。

阿：是的。

苏：但他难道不就在当地补充一些吗？

阿：你是什么意思？

苏：他将抢劫公民的奴隶，让他们获得自由，并将他们纳入自己的保镖队伍。

阿：这是肯定的。而且他最能信任这些人。

苏：这个僭主一定是个有福之人。把其他人都处死了，而把这些人当作亲信。

阿：是的，这些跟他才是一丘之貉。

苏：是啊，这些就是他制造出的新公民，崇拜他，陪伴他，而善良的人则憎恨他，躲避他。

阿：自然是这样。

苏：然而悲剧是智慧的结晶，欧里庇得斯的确是伟大的悲剧家啦。

阿：为什么这么说？

苏：因为他这句意味深长的名言：

暴君因与智者共处而明智。

而他的意思显然是说，被僭主当作朋友的都是智者。

阿：是的，他还赞美僭主是神一样的存在。他和其他诗人还说了许多类似的话。

苏：因此，悲剧诗人是智者，如果我们不接受他们进入我们的国家，他们会原谅我们和任何其他按照我们的方式生活的人，因为他们是僭主的讴歌者。

阿：是的，那些有智慧的人无疑会原谅我们。

苏：但他们会继续去其他城邦，吸引暴民，雇佣动听、响亮、美妙的声音，把城邦引向僭主和民主。

阿：非常正确。

苏：此外，他们还因此得到报酬和荣誉——可以预料，最大的荣誉来自僭主，其次是来自民主政体。但他们在我们制度的山上爬得越高，他们的名声就越差，而且似乎因呼吸急促而无法继续前进。

阿：说的不错。

苏：但我们正在偏离这个主题。因此，让我们回到原路上问下，僭主将如何维持他那支美丽、庞大、繁杂、多变的军队。

阿：如果城邦里有神圣的宝藏，他将没收并使用它们。只要那些被打到的政敌的财富足够多，他就能减少本要强加给人民的税收。

苏：而当这些都不够了呢？

阿：很明显，那么他和他的博爱伙伴，无论男女，都将靠他父亲的遗产维持。

苏：你的意思是说，他养育的平民，将不得不维持他和他同伴的生活？

阿：是的，他们无法拒绝。

苏：但是，如果人们大发雷霆，说一个成年的儿子不应该由他的父亲抚养，而是父亲应该由儿子抚养呢？父亲把他生下来，让他在生活中安定下来，并不是为了在儿子长大成人后，自己反而接受自己奴隶的奴役，以便供养儿子和他那群奴隶和同伴。而是为了让他的儿子保护他，通过儿子的帮助，让他从富人和贵族的政府中解放出来，正如他们所称的那样。于是他让儿子和他的同伴离开，就像其他父亲把胡作非为的儿子和他的狐朋狗友赶出家门一样。

阿：上天保佑，到时候父母会发现他在自己生育培养和抬举了一个什么样的怪物。当他想把儿子赶出去的时候，他会发现自己很弱小，而儿子已经足够强大了。

苏：什么，你的意思是说僭主会使用暴力吗？如果父亲反对，他就打他们？

阿：是的，在他解除了父亲的武装之后。

苏：那么他就是一个弑父者，一个年迈父母的残酷护卫者。这就是真正的僭主，对它不会再有任何误解。俗话说，想逃避自由人的奴隶制烟雾的人，转身陷入了奴隶制僭主的火焰中。本想争取过分的极端自由的，却陷入了最严酷最痛苦的奴役之中。

阿：的确。

苏：很好。我们是不是可以正确地说，我们已经充分地讨论了僭主的本性，以及从民主到僭主的转换方式？

阿：是的，足够了。

第九卷 关于错误或正确的政体，
　　　　以及每个的乐趣

苏：最后是僭主式个人的问题。关于他，我们不得不再次问，他是如何从民主的人中形成的？他是如何生活的，是幸福还是痛苦？

阿：是的，他是唯一剩下的人。

苏：然而，有一个先前的问题仍未得到解答。

阿：什么问题？

苏：我不认为我们已经充分确定了欲望的性质和种类，在这一点完成之前，调查将始终是混乱的。

阿：现在补上这个遗漏还不算太晚。

苏：非常正确，请注意我想了解的这一点。我认为某些不必要的快乐和欲望是不合法的。每个人似乎都有这些东西，但在某些人身上，它们被法律和理性所控制，更好的欲望战胜了它们——要么它们被完全驱逐，要么它们变得少而弱。而在其他人身上，它们更强大，而且数量更多。

阿：你是指哪些欲望？

苏：我指的是那些在理智、人性和统治力沉睡时被唤醒的东西。这时，我们体内的兽性的和野性的部分在吃饱喝足后，就会醒来，摆脱睡眠，去满足自己的欲望。没有任何可以想象的愚蠢或犯罪——除了乱伦或任何其他非自然的结合，或弑父，或吃禁忌的食物——在这种时候，当他与所有羞耻和理智分开时，是他不肯随意犯下的。

阿：确实。

苏：但是，当一个人的脉搏是健康而有节制的，当他在入睡前唤醒了他的理性力量，给了它充分的质疑问难的机会，把自己集中在冥想中。在首先放纵了他的欲望，既不过分，也不过分，但却足以让它们入睡，并防止它们及其享受和痛苦干扰高级原则——他把它们留在纯粹抽象的孤独中，自由地思考和渴望对未知事物的认识，无论是过去、现在还是未来。当他再次平息了激情的因素，如果他对任何一个人有争执的话，当他在安抚了这两个非理性的原则之后，在他休息之前唤醒了第三个，也就是理性，那么，正如你所知道的，他最接近真理，并且最不可能成为幻想和无法无天的幻觉的对象。

阿：我非常同意。

苏：说到这里，我已经跑题了。但我想指出的一点是，在我们所有人身上，甚至在好人身上，都有一种无法无天的野兽本性，它在睡梦中就会显现出来。请考虑我说的是否正确，你是否同意我的看法。

阿：是的，我同意。

苏：现在请记住我们赋予民主人士的性格。他从年轻时起就被认为是在一个吝啬的父母手下接受训练的，这个父母鼓励他的储蓄欲望，但对那些不必要的，只为了娱乐和装饰的欲望则不屑一顾。

阿：确实如此。

苏：然后，他又和一种更风流、更放荡的人在一起，并接受了他们所有的浪漫方式，从对他父亲的卑鄙行为的憎恶中冲向了另一个极端。最后，作为一个比他的堕落者更好的人，他被吸引到两个方向，直到他在中途停下来，过着一种生活，不是粗俗和奴性的激情，而是他认为适度地放纵各种乐趣。在这种方式下，民主党人从寡头中产生了。

阿：是的，那是我们对他的看法，现在也是如此。

苏：现在几年过去了，你必须设想这个人，如他一样，有一个儿子，按照他父亲的原则长大。

阿：我可以想象他。

苏：那么，你必须进一步想象，发生在儿子身上的事情与发生在父亲身上的事情一样——他被卷入完全无法无天的生活，这被他的诱惑者称为完全的自由。他的父亲和朋友参与了他适度的欲望，而相反的一方则协助相反的欲望。一旦这些可怕的魔术师和暴君制造者发现他们正在失去对他的控制，他们就想方设法在他身上植入一种主宰的激情，成为他无所事事和挥霍无度的欲望的主宰———一种畸形的带翅膀的雄蜂，这是唯一能充分描述他的形象。

阿：是的，这是他唯一充分的形象。

苏：当他的其他情欲，在香氛、香水、花环和葡萄酒的云雾中，以及所有放荡不羁的生活乐趣中，在他周围嗡嗡作响，最大限度地滋长了欲望的刺痛，这些欲望植入了他无人知晓的本性，最后，这位灵魂的主宰，以疯狂作为他的护卫队长，爆发出狂热的情绪。如果他发现自己身上有任何好的观点或欲望正在形成，而且他身上还有任何羞耻感，他就会终止这些较好的原则，并把它们扔出去，直到他清除了节制，把疯狂完全引入。

阿：是的，这就是暴君的产生方式。

苏：这不正是古代爱情被称为暴君的原因吗？

阿：我不应该怀疑。

苏：此外，一个醉汉不也有暴君的脾气吗？

阿：他有。

苏：你知道，一个精神错乱、头脑不正常的人，会幻想自己不仅能统治人，还能统治神吗？

阿：那他会这样。

苏：而真正意义上的暴君是在天性、习惯或两者的影响下，变得酗酒、好色、疯狂时出现的？哦，我的朋友，难道不是这样吗？

阿：确实。

苏：他就是这样的人，他的出身就是这样的。接下来，他是如何生活的呢？

阿：假设，像人们面带微笑地说，你要告诉我。

苏：我想象，在他进步的下一步，会有宴会、酗酒、狂欢和纵欲，以及所有这类事情。情爱是他内心的主宰，并命令他灵魂的所有关切。

阿：这一点是肯定的。

苏：是的。每一天、每一夜，欲望都在增加，而且很可怕，它们的要求也很多。

阿：它们确实是这样。

苏：他的收入，如果有的话，很快就会被花光。

阿：确实如此。

苏：然后是债务和对其财产的砍伐。

阿：当然了。

苏：当他一无所有的时候，他的欲望就会像年轻的乌鸦一样挤在巢穴里，大声叫喊着寻找食物。而他在欲望的驱使下，特别是在情爱的驱使下，他在某种程度上是这些欲望的船长，就会陷入狂热，很想发现他可以欺骗谁或掠夺他的财产，以便他可以满足它们。

阿：是的，这肯定是事实。

苏：他必须有钱，无论如何，如果他要逃避可怕的痛苦和煎熬。

阿：他必须这样做。

苏：就像在他自己身上，有一连串的快乐，新的得到了旧的，夺走了他们的权利，所以他作为年轻人会要求拥有比他父亲和母亲更多的东西，如果他花光了自己的那份财产，他就会从他们那里分一杯羹。

阿：毫无疑问，他会的。

苏：如果他的父母不愿意让步，那么他就会首先尝试欺骗，欺骗他们。

阿：非常正确。

苏：如果他失败了，那么他将使用武力并掠夺他们。

阿：是的，可能。

苏：如果老人和妇女为他们自己而战，那又如何呢，我的朋友？那个怪物会不会觉得对他们施以暴政有什么不妥？

阿：不，我对他的父母一点也不放心。

苏：但是，天啊！阿德曼托斯，由于对一个妓女的新奇的爱，而这个妓女又不是什么必要的关系，你能相信他会打击作为他古老的朋友和他生存所必需的母亲，并将她置于另一个人的权威之下，当她与她被带到同一个屋檐下时。或者，在类似的情况下，他也会为了一些新发现的、不可缺少的娈童，而对他年迈的父亲，第一个和最不可缺少的朋友，做同样的事？

阿：是的，确实如此，我相信他会的。

苏：那么，一个暴虐的儿子可真是他父亲和母亲的福份啊。

阿：可不是嘛。

苏：他首先夺取他们的财产，而当这一切失败后，快乐开始在他灵魂的蜂巢中成群结队，那么他就会闯入一栋房子，或偷取一些夜间路人的衣服。接下来他就开始清理一座寺庙。同时，他小时候对善恶作出判断的旧观点，被那些刚刚被解放的其他观点所推翻，现在成为爱的护卫者，分享他的帝国。在他的民主时代，当他还受制于法律和父亲的时

301

候，这些只是在睡眠的梦中被释放出来。但现在他在爱的统治下，他总是在清醒的现实中成为他当时很少在梦中出现的人。他将犯下最肮脏的谋杀，或吃被禁止的食物，或犯任何其他可怕的行为。爱是他的暴君，在他身上霸道地生活，无法无天，他自己就是一个国王，引导他，就像一个暴君引导一个国家一样，去做任何鲁莽的行为，通过这些行为，他可以维持自己和他的同伙的乌合之众，不管是那些邪恶的通信从外部带来的人，还是那些他自己因为自己有类似的邪恶本性而允许在他体内失控的人。我们在这里不是看到了他的生活方式吗？

阿：是的，确实如此。

苏：如果国家里只有几个人，而其他的人都很好，他们就会离开，成为其他暴君的保镖或雇佣兵，而这些暴君可能会在战争中需要他们。如果没有战争，他们就呆在家里，在城市里做许多小的恶作剧。

阿：什么样的恶作剧？

苏：例如，他们是小偷、窃贼、扒手、劫道的强盗、人贩子。或者如果他们能够说话，他们就会变成告密者、做假证，并接受贿赂。

阿：小小的罪恶目录，即使这些罪恶的实施者人数不多。

苏：是的，但小和大都是相对而言的，所有这些东西，就它们对一个国家造成的痛苦和邪恶而言，都不在暴君的千里之内。当这个有害的阶层和他们的追随者越来越多，并意识到他们的力量，在人民的迷恋的帮助下，他们从他们中间选择一个在自己灵魂中最有暴君气质的人，而他就创造了他们的暴君。

阿：是的，而且他将是最适合做暴君的人。

苏：如果人民屈服了，很好。但如果他们反抗他，就像他开始时殴打自己的父亲和母亲一样，现在，如果他有能力，他也会殴打他们，并将使他亲爱的父国或母邦，如克里特人所说的那样，服从于他引入的年轻家臣，成为他们的统治者和主人。这就是他的激情和欲望的终点。

阿：正是如此。

苏：当这种人只是个人，在他们获得权力之前，这就是他们的性格。他们完全与自己的奉承者或准备好的工具交往。或者如果他们想从任何人那里得到什么，他们也同样准备在他们面前俯首称臣；他们声称对他们有各种好感。但当他们达到目的后，他们就不再认识他们。

阿：是的，真的。

苏：他们要么是主人，要么是仆人，从来不是任何人的朋友。暴君从来没有品尝过真正的自由和友谊。

阿：当然不是。

苏：我们是否可以正确地称这样的人为背叛者呢？

阿：没有问题。

苏：如果我们的正义观是正确的话，他们也是完全不正义的。

阿：是的，而我们是完全正确的。

苏：那么让我们用一句话来总结一下，最坏的人的特征：他是我们梦想中的清醒现实。

阿：最为真实。

苏：这就是那个本质上最像暴君的人，他承受着统治，他活得越久，就越像个暴君。

〔这时轮到格劳孔回答了。〕

格：那是肯定的。

苏：被证明是最邪恶的人，不也是最悲惨的人吗？施暴时间最长、最多，是最持续、最真实的悲惨。虽然这不一定是一般人的看法。

格：是的，不可避免地。

苏：僭主的人难道不应该像僭主的国家一样，民主的人不应该像民主的国家一样。其他的人也一样吗？

格：当然。

303

苏：正如国家对国家的美德和幸福，人对人的关系也是如此。

格：当然。

苏：那么，将我们原来在国王统治下的城市和在暴君统治下的城市进行比较，它们的德行如何呢？

格：它们是相反的两个极端，因为一个是非常好的，另一个是非常坏的。

苏：这是毫无疑问的，因此我将立即询问你是否会对他们的相对幸福和痛苦做出类似的决定。在这里，我们不能因为暴君的出现而惊慌失措，他只是一个单位，也许身边还有一些家臣。但让我们按部就班地走到城市的每个角落，四处看看，然后再发表我们的看法。

格：这是一个公平的邀请。我看到，每个人都必须看到，暴政是最可怜的政体形式，而国王的统治是最幸福的。

苏：在评价人的时候，我是不是也可以公平地提出一个类似的要求，那就是我应该有一个头脑能够进入并看透人性的法官？他不能像一个孩子一样，看着外面，对暴虐的本性在观察者面前所呈现的浮夸的一面感到眩晕，而是让他成为一个有清晰洞察力的人。我可以假设，由一个能够判断的人在我们所有人面前作出判断，他与他住在同一个地方，在他的生活中出现过，在他的家庭关系中认识他，在那里他可能被看到脱去悲剧的装束，又在公共危险的时刻，他将告诉我们与其他男人相比，暴君的幸福和痛苦？

格：这又是一个非常公平的建议。

苏：我是否可以假设我们自己是有能力和有经验的法官，并且在此之前已经见过这样一个人？这样我们就会有一个人回答我们的问题。

格：通过各种方式。

苏：让我请你不要忘记个人和国家的平行关系。记住这一点，并依次从它们中的一个看向另一个，你能告诉我它们各自的情况吗？

格：你是什么意思？

苏：从国家开始，你会说一个由暴君统治的城市是自由的还是被奴役的？

格：没有哪个城市能被更彻底地奴役。

苏：然而，如你所见，在这样的国家里，有自由人也有主人？

格：是的，我看到有——少数人。但一般说来，人民和他们中最好的人都悲惨地被贬低和奴役了。

苏：如果人就像国家一样，难道不应该有同样的规则吗？他的灵魂充满了卑鄙和粗俗——他身上最好的元素被奴役了。还有一小部分统治者，也是最糟糕和最疯狂的。

格：不可避免地。

苏：你会说这样一个人的灵魂是自由人的灵魂，还是奴隶的灵魂？

格：在我看来，他有一个奴隶的灵魂。

苏：而被暴君奴役的国家是完全没有能力自愿行动的？

格：完全没有能力。

苏：还有，在暴君手下的灵魂（我说的是整个灵魂），最不能做她想做的事。有一只牛虻在催促她，她就会充满烦恼和悔恨。

格：当然。

苏：而在暴君统治下的城市，是富足还是贫穷？

格：贫穷。

苏：而暴虐的灵魂必须永远贫穷和贪得无厌？

格：确实如此。

苏：这样的国家和这样的人难道不应该总是充满恐惧吗？

格：是的，确实如此。

苏：还有什么国家能让你找到更多的悲叹、忧伤、呻吟和痛苦呢？

格：当然没有。

305

苏：还有什么人，你会在他身上找到比暴虐的人更多的这种痛苦，他处于激情和欲望的狂暴之中？

格：不可能的。

苏：反思这些和类似的罪恶，你认为僭主国家是最悲惨的国家？

格：我这样说不对吗？

苏：当然，当你在暴君身上看到同样的恶行时，你对他怎么说？

格：到目前为止，他是所有男人中最悲惨的一个。

苏：在那里，我认为你开始走错了。

格：你是什么意思？

苏：我认为他还没有达到苦难的极致。

格：那么谁更悲惨呢？

苏：我将要讲的是其中一个。

格：那是谁？

苏：属于暴君性质的人，非但没有过上私人生活，反而被诅咒为公共暴君，这是进一步的不幸。

格：从已经说过的内容来看，我认为你是对的。

苏：是的，但在这个高难度的论证中，你应该更确定一点，而不是仅仅猜测。因为在所有的问题中，关于善与恶的问题是最大的。

格：非常正确。

苏：那么，让我给你提供一个例子，我想它可能对这个问题有所启发。

格：你的例子是什么？

苏：城市中拥有许多奴隶的富人的情况：从他们身上你可以对暴君的情况形成一个概念，因为他们都有奴隶。唯一的区别是他的奴隶更多。

格：是的，这就是区别。

苏：你知道他们生活得很安全，对他们的仆人没有什么可担心的吗？

格：他们应该害怕什么？

苏：没有什么。但你是否观察到这其中的原因？

格：是的。原因是，整个城市为保护每个人而联合起来。

苏：非常正确，但是，想象一下这些主人中的一个，比如说，有50个奴隶的主人，连同他的家人、财产和奴隶，被一个神带到了没有自由人帮助他的旷野，他难道不会感到恐惧，害怕他和他的妻子和孩子被他的奴隶杀死吗？

格：是的，他将处于极度恐惧之中。

苏：时候到了，他将被迫奉承他的许多奴隶，向他们许下许多自由和其他东西的承诺，这与他的意愿大相径庭，他将不得不哄骗自己的奴隶。

格：是的，这将是拯救自己的唯一途径。

苏：假设那个把他带走的神，在他周围有一些邻居，他们不愿意让一个人成为另一个人的主人，如果他们能抓住罪犯，就会取他性命？

格：如果你认为他到处被敌人包围和监视，那么他的情况会更糟糕。

苏：这不就是暴君要被束缚的那种监狱吗？他的本性就像我们所描述的那样，充满了各种恐惧和欲望。他的灵魂娇贵而贪婪，但在城里所有的人中，他从不被允许去旅行，也不被允许去看其他自由人想看的东西，而是像一个藏在家里的女人一样住在自己的洞里，并嫉妒任何其他公民去外国看任何感兴趣的东西。

格：非常正确。

苏：在这样的罪恶中，那些自己管理不善的人——我指的是暴君——你刚才认定他是最悲惨的人——当他不是过私人生活，而是被命运所迫成为公共暴君时，他不是更悲惨吗？他必须成为别人的主人，而他自己却不是主人；他就像一个患病或瘫痪的人，被迫度过他的一生，不是退休，而是与其他人战斗和斗争。

格：是的，这种相似性是最准确的。

苏：他的情况难道不是完全悲惨的吗？实际的暴君难道不比他的生活更糟糕，而你却认定他的生活是最糟糕的？

格：当然。

苏：真正的暴君，无论人们怎么想，他都是真正的奴隶，不得不实行最大的崇拜和奴役，成为最卑劣的人的奉承者。他有完全无法满足的欲望，他的需求比任何人都多，如果你知道如何检查他的整个灵魂，他就是真正的穷人；他一生都被恐惧所困扰，充满了抽搐和心烦意乱，就像他所相似的国家一样。这种相似性肯定是成立的？

格：非常正确。

苏：此外，正如我们之前所说的，他因拥有权力而变得更加糟糕：他变得而且必然比最初更加嫉妒、更加不忠实、更加不正义、更加没有朋友、更加不虔诚。他是各种恶习的传播者和珍惜者，其结果是他极其悲惨，他使其他人和他一样悲惨。

格：任何有理智的人都不会质疑你的话。

苏：来吧，就像戏剧比赛中的总裁判宣布结果一样，你是否也要决定在你看来谁在幸福的天平上排第一，谁排第二，以及其他的顺序：总共有五种——它们是王室的、政教合一的、寡头的、民主的、暴政的。

格：决定将很容易作出。他们将是登上舞台的合唱团，我必须按照他们进入的顺序，以美德和罪恶、幸福和痛苦的标准来判断他们。

苏：我们是否需要请一个传令官，或者由我来宣布，阿里斯顿（最好的）的儿子已经决定，最好和最正义的人也是最幸福的，这就是他，他是最尊贵的人，是自己的国王。最坏和最不正义的人也是最悲惨的，这就是他,他是自己的最大暴君,也是国家的最大暴君?

格:你自己宣布吧。

苏:我是否应该补充说:"无论神和人看见或看不见?"

格:让我们加上这句话。

苏:那么,这将是我们的第一个证据。还有一个,可能也有一些分量。

格:那是什么?

苏:第二个证据来自于灵魂的性质:看到个人的灵魂,像国家一样,被我们分为三个原则,我认为,这种划分可以提供一个新的证明。

格:什么性质的?

苏:在我看来,这三个原则对应着三种快乐,还有三种欲望和管理能力。

格:你的意思如何?

苏:正如我们所说的,有一个原则是人学习的,另一个原则是人生气的。第三个原则有许多形式,没有专门的名称,但用一般的术语欲望来表示,因为吃喝和其他感官的欲望特别强烈和激烈,而这些欲望是它的主要因素。还有爱钱的,因为这种欲望通常是通过金钱的帮助来满足的。

格:一点也不错。

苏:如果我们说这第三部分的爱和快乐与收益有关,那么我们就可以依靠一个单一的概念。并且可以真实而明智地将灵魂的这一部分描述为爱收益或金钱。

格:我同意你的观点。

苏:同样,充满激情的元素不是完全定位于统治和征服以及获得名声吗?

格:确实如此。

苏：假设我们把它称为有争议的或有野心的——这个词是否合适？

格：极其适合。

苏：另一方面，每个人都看到，知识的原则是完全针对真理的，而且比其他任何一种都更不在乎利益或名声。

格：少得多。

苏："爱好智慧的人""热爱知识的人"，这些都是我们可以恰当地应用于灵魂的那一部分的称号？

格：当然。

苏：一个原则在一类人的灵魂中占上风，另一个原则在另一类人中占上风，这可能发生吗？

格：是的。

苏：那么我们可以先假设有三类人——热爱智慧的人、热爱荣誉的人、热爱利益的人？

格：正是如此。

苏：对应着有三种快乐？

格：非常正确。

苏：现在，如果你审视这三类人，并依次问他们哪种生活最令人愉快，就会发现每个人都在赞美自己的生活，贬低别人的生活：赚钱的人将对比荣誉或学问的虚荣，如果它们没有带来金钱与金银的坚实优势？

格：的确。

苏：而热爱荣誉的人，他的看法会是怎样的呢？他不会认为财富的快乐是庸俗的，而学习的快乐，如果没有带来任何区别，对他来说都是空谈和胡扯吗？

格：非常正确。

苏：哲学家把其他的快乐与认识真理的快乐相比，你认为他会怎么看，而且在这种追求中，不断地学习，离快乐的天堂并不遥远？难道他不认为其他的快乐是必要的，因为如果没有必要，他宁愿不要这些快乐？

格：这一点毋庸置疑。

苏：那么，既然每个阶级的快乐和每个阶级的生活都有争议，问题不是哪个生活更光荣或不光荣，或更好或更坏，而是哪个更愉快或更无痛苦，我们怎么知道谁说的是真的呢？

格：我自己也说不清楚。

苏：好吧，但应该以什么为标准？有比经验、智慧和理性更好的吗？

格：不可能有更好的。

苏：然后，请思考。在这三个人中，哪一个对我们列举的所有快乐有最大的体验？热爱利益的人在了解基本真理的本质时，对知识的快乐的体验是否比哲学家对利益的快乐的体验更大？

格：哲学家有很大的优势。因为他从童年起就必然知道其他快乐的滋味。但热爱利益的人在他所有的经历中必然没有尝到——或者，我应该说，即使他愿意，也很难尝到学习和认识真理的甜头。

苏：那么热爱智慧的人比热爱利益的人有很大的优势，因为他有双重的经验？

格：是的，非常棒。

苏：同样，他对荣誉的乐趣有更多的经验，或者荣誉的爱好者对智慧的乐趣有更多的经验？

格：不，这三种人都按他们达到目的的比例受到尊敬。因为富人、勇士和智者都有他们的崇拜者，由于他们都得到了荣誉，他们都体验到了荣誉的乐趣。但只有哲学家才知道在对真实存在的认识中所获得的快乐。

苏：那么，他的经验将使他比任何人都能更好地判断？

格：要好得多。

苏：而他是唯一拥有智慧以及经验的人？

格：当然。

苏：此外，作为判断工具的能力并不为贪婪或野心家所拥有，而只为哲学家所拥有。

格：什么能力？

苏：理智，正如我们所说，决定权应该在他那里。

格：是的。

苏：而推理是他特有的工具？

格：当然。

苏：如果财富和利益是标准，那么，对利益爱好者的赞美或指责肯定是最值得信赖的？

格：是的。

苏：或者，如果荣誉或胜利或勇气，在这种情况下，雄心勃勃或好斗的人的判断将是最真实的？

格：很明显。

苏：但由于经验、智慧和理智是法官。

格：唯一可能的推论是，被智慧和理性的爱好者认可的快乐是最真实的。

苏：因此，我们得出的结果是，灵魂的智慧部分的快乐是三者中最愉快的，而我们中以智慧为主导原则的人拥有最愉快的生活。

格：毫无疑问，当智者认可自己的生活时，他说话是有权威的。

苏：法官确认什么是接下来的生活，以及接下来的快乐？

格：显然是战士和热爱荣誉的人。他比热爱利益的人更接近自己。

苏：最后来的是热爱利益的人？

格：非常正确。

苏：那么，在这场冲突中，正义的人已经连续两次战胜了不正义的人。现在是第三次审判，它是献给奥林匹亚的救世主宙斯的：一位圣人在我耳边说，除了智者的快乐，没有任何快乐是完全真实和纯粹的，所有其他的快乐都只是影子。这肯定会证明是最伟大和最决定性的失败？

格：是的，最伟大的。但你能解释你自己吗？

苏：我将制定主题，你应回答我的问题。

格：继续。

苏：那么，快乐不是与痛苦相对立的吗？

格：确实如此。

苏：还有一种中间状态，既不是快乐也不是痛苦？

格：有的。

苏：一种介于两者之间的状态，以及一种关于两者的灵魂的静止——这就是你的意思？

格：是的。

苏：你还记得人们在生病时说什么吗？

格：他们说什么呢？

苏：毕竟没有什么比健康更令人愉快。但他们在生病之前从不知道这是最大的快乐。

格：是的，我知道。

苏：而当人们遭受急性疼痛时，你一定听过他们说，没有什么比摆脱疼痛更愉快的了？

格：我有听说过。

苏：还有许多其他的痛苦案例，在这些案例中，仅仅是休息和停止痛苦，而不是任何积极的享受，都被他们颂扬为最大的快乐？

格：是的，当时他们很高兴，很满足于安息。

苏：同样，当快乐停止时，那种休息或停止将是痛苦的？

格：无疑。

苏：那么中间的休息状态将是快乐，也将是痛苦？

格：看来是这样。

苏：但是，两者都不是的东西能不能成为两者？

格：我应该说不是。

苏：而快乐和痛苦都是灵魂的运动，不是吗？

格：是的。

苏：但是，刚才显示的既不是静止也不是运动的东西，是在它们之间的一个平均值？

格：是的。

苏：那么，我们假设没有痛苦就是快乐，或者没有快乐就是痛苦，怎么可能是正确的呢？

格：不可能的。

苏：那么，这只是一种表象，而不是现实。也就是说，其余的是当下和与痛苦的东西相比的快乐，以及与愉快的东西相比的痛苦。但所有这些表象，在经过真正的快乐的考验时，都不是真实的，而是一种强加的？

格：这就是推论。

苏：看看另一类之前没有痛苦的快乐，你就不会再像现在这样认为，快乐只是痛苦的停止，或痛苦的快乐。

格：它们是什么，我在哪里可以找到它们？

苏：有许多这样的例子：以嗅觉的快乐为例，这种快乐非常大，而且之前没有任何的痛苦。它们在瞬间到来，当它们离开时，没有留下任何痛苦。

格：确实。

苏：因此，我们不要被诱导去相信，纯粹的快乐是痛苦的停止，或快乐的痛苦。

格：没有。

苏：不过，通过身体到达灵魂的更多和更剧烈的快乐一般都是这种类型——它们是对痛苦的缓解。

格：这倒是真的。

苏：对未来的快乐和痛苦的预期也有类似的性质？

格：是的。

苏：要不要我给你们举个例子？

格：让我听听。

苏：你是否认为在自然界中有一个上层和下层以及中间区域？

格：是的。

苏：如果一个人从下层到中层，他难道不会想象自己在往上走。而站在中层的人看到自己从哪里来，就会想象自己已经在上层，如果他从来没有见过真正的上层世界。

格：当然，他怎么能不这么想呢？

苏：但如果他再次被带回去，他会想象，而且是真的想象，他正在下降？

格：毋庸置疑。

苏：所有这些都会因他对真正的上层和中层及下层地区的无知而产生？

格：是的。

苏：那么你会不会觉得奇怪，那些对真理没有经验的人，因为他们对许多其他事情有错误的想法，也应该对快乐和痛苦以及中间状态有错误的想法。因此，当他们只是被引向痛苦时，他们会感到痛苦，并认为他们所经历的痛苦是真实的，同样地，当从痛苦引向中间状态时，他们坚信他们已经达到了满足和快乐的目标。他们不知道快乐，错误地将痛苦与没有痛苦进行对比,这就像将黑色与灰色而不是白色进行对比一样,你能对此感到奇怪吗?

格:不,确实如此。我应该更倾向于对相反的情况感到惊讶。

苏:这样看问题:饥饿、口渴等,是身体状态的不适应吗?

格:是的。

苏:而无知和愚昧是灵魂的禁忌?

格:确实如此。

苏:而食物和智慧是两者的相应满足?

格:当然。

苏:那么,从存在较少的事物中获得的满足感,还是从存在较多的事物中获得的满足感更真实呢?

格:很明显,存在更多的。

苏:在你的判断中,哪一类事物有更多的纯粹存在——那些食物、饮料、调味品和一切物质都是例子,还是包含真正的观点、知识和思想以及所有不同种类的美德的一类?以这种方式提问:哪种存在更纯粹——是与不变的、不朽的和真实的有关,并且具有这样的性质,在这样的性质中被发现。还是与可变的和必死的有关,在可变的和必死的中被发现,并且本身是可变的和必死的?

格:更纯粹的是那些与不变的东西有关的存在。

苏:而不变的本质是否与知识的程度相同?

格:是的,在同样的程度上的知识。

苏:真理的程度也是如此?

格:是的。

苏:反过来说,真理较少的东西也会有较少的本质?

格:必然的。

苏:那么,一般来说,那些为身体服务的事物比为灵魂服务的事物的真理和本质要少？

格：少得多。

苏：而身体本身的真理和本质不比灵魂少吗？

格：是的。

苏：充满了较多真实存在，实际上具有较多真实存在的，比那充满了较少真实存在，较少的真实存在实际上也具有更真实？

格：当然了。

苏：如果有一种被符合自然规律的东西所充满的快乐，那更多地被更多的真实存在所充满的，将更多地真正享受到真正的快乐。而参与较少的真实存在的，将更少地真正得到满足，并将参与一种虚幻的、较少的快乐？

格：毋庸置疑。

苏：那些不知道智慧和美德，而总是忙于贪食和感官的人，在卑微的地方下坠又上升。在这个地区，他们一生都在随意移动，但他们从未进入真正的上层世界。在那里，他们既不看，也没有找到他们的路，他们也没有真正充满真实的存在，他们也没有品尝到纯粹和持久的快乐。他们像牛一样，眼睛总是往下看，头俯在地上，也就是俯在餐桌上，他们养肥了，喂养了，繁殖了，在他们对这些快乐的过度热爱中，他们用铁制的角和蹄子互相踢打。他们因贪得无厌的欲望而互相残杀。因为他们用不实在的东西填满自己，而他们所填满的部分也是不实在的，是失禁的。

格：的确，苏格拉底，你把许多人的生活描述得像神谕一样。

苏：他们的快乐与痛苦交织在一起，怎么会有别的呢？因为它们仅仅是真实的影子和图画，是通过对比来着色的，它夸大了光明和阴暗，因此它们在愚蠢的人的头脑中植入了对自己的疯狂欲望。它们被争夺，就像斯特西克鲁斯说希腊人在特洛伊争夺海伦的影子一样，因为他们不

317

了解真相。

格：这样的事情一定会不可避免地发生。

苏：同样的情况难道不应该发生在灵魂的活力或激情的元素上吗？充满激情的人将他的激情付诸行动，无论是嫉妒和野心，还是暴力和争斗，或者愤怒和不满，如果他没有理由或理智地寻求获得荣誉和胜利以及满足他的愤怒，难道不是同样的情况吗？

格：是的，同样的情况也会发生在有活力的元素身上。

苏：那么，我们是否可以自信地断言，爱利益和爱荣誉的人，当他们在理性和知识的指导和陪伴下寻求他们的快乐，并追求和赢得智慧向他们展示的快乐时，他们也将拥有他们所能达到的最高程度的最真实的快乐，因为他们遵循真理。他们将拥有对他们来说最自然的快乐，如果对每个人来说最好的东西也是最自然的？

格：是的，当然。最好的是最自然的。

苏：而当整个灵魂遵循哲学原则，没有分裂，几个部分都是正义的，各司其职，分别享受它们所能享受的最好和最真实的快乐？

格：正是如此。

苏：但是，当另外两个原则中的任何一个占上风时，它就不能达到自己的快乐，而迫使其余的人去追求一种只是影子的、不属于他们自己的快乐？

格：确实如此。

苏：他们与哲学和理性之间的间隔越大，快乐就越奇怪，越虚幻？

格：是的。

苏：而离理性最远的，不就是离法律和秩序最远的吗？

格：很明显。

苏：而淫乱和暴虐的欲望，正如我们所看到的，距离最远？

格：是的。

苏：而皇家和秩序的欲望是最近的？

格：是的。

苏：那么，暴君将与真正的或自然的快乐保持最大的距离，而国王则是最小的？

格：当然。

苏：但如果是这样，暴君将活得最不愉快，而国王将活得最愉快？

格：不可避免地。

苏：你能知道分隔它们的间隔是多少吗？

格：你会告诉我吗？

苏：似乎有三种快乐，一种是真正的，两种是虚假的：现在，暴君的越轨行为达到了超越虚假的地步。他已经逃离了法律和理性的区域，与某些作为他的附属品的奴隶式的快乐住在一起，而他的劣势只能用一个数字来表示。

格：你是什么意思？

苏：我假设，暴君在离寡头的第三位。民主人士在中间？

格：是的。

苏：如果前面的内容是真实的，他就会与一个快乐的形象结合起来，而这个形象与寡头的快乐在真理上相差三倍？

格：是这样。

苏：寡头在皇室中排名第三。如果我们把皇室和贵族算作一个？

格：是的，他是第三名。

苏：那么，暴君是通过一个数字的空间来消除真正的快乐，这个数字是三乘三吗？

格：显而易见是。

苏：那么，由长度数量决定的暴虐的快乐的影子将是一个平面图形。

格：当然。

苏：如果你提高权力，一经平方再立方，就不难看出暴君与国王分开的时间间隔有多大。

格：是的。算术师会很容易地进行总结。

苏：换句话说，如果有人要想表示王者和僭主在真正快乐方面的差距，他在做完三次方计算之后会发现，王者的生活比僭主的生活快乐729倍，反过来说僭主的生活比王者的生活痛苦729倍。

格：多么奇妙的计算啊！在快乐和痛苦方面，正义和不正义之间的距离是多么巨大啊！

苏：然而，这是一个真实的计算，而且是一个几乎与人类生活有关的数字，如果人类与日夜、月和年有关。

格：是的，人的生命当然与它们有关。

苏：那么，如果善良和正义的人在快乐方面如此优于邪恶的和不正义的人，那么他的优越性在生活的适当性和美丽与美德方面将是无限的？

格：不可估量的大。

苏：好了，现在已经到了争论的这个阶段，我们可以回到把我们带到这里的那些话。不是有人说，不正义对被称为正义的完全不正义的人来说是一种收获吗？

格：是的，这句话说过了。

苏：那么现在，在确定了正义和不正义的力量和性质之后，让我们与他进行一次小小的对话。

格：我们该对他说什么呢？

苏：让我们为灵魂塑造一个形象，让他有自己的话语呈现在他眼前。

格：什么类型的？

苏：灵魂的理想形象，就像古代神话中的复合造物，如奇美拉或斯库拉或刻耳柏洛斯，还有许多其他的造物，其中两个或多个不同的性质被说成是联合为一体。

格：据说曾有过这样的联合。

苏：那么，你现在是否塑造了一个多头怪物的形式，有一圈各种野兽的头，被驯服的和野生的，他能够随意生成和蜕变的。

格：你认为艺术家有不可思议的能力。但是，由于语言比蜡或任何类似的物质更柔韧，让我们有你建议的这样一个模型。

苏：假设你现在做了第二个狮子的形状，第三个人的形状，第二个比第一个小，第三个比第二个小。

格：这是个比较容易的任务。我已经按你说的做了这些。

苏：现在加入他们，让三个人联合为一体。

格：这已经完成了。

苏：接着把它们的外表塑造成一个单一的形象，就像人的形象一样，这样，那些无法看清内部，只看到外壳的人就会相信这只野兽是一个人的生物。

格：我已经这样做了。

苏：现在，对于那些认为人类不正义是有利的，而正义是无利的人，让我们回答说，如果他是对的，那么对这种生物来说，宴请众多的怪物，加强狮子和狮子般的品质是有利的，但会让人饥饿，变得十分虚弱，因此，人有可能被拖来拖去，任由其他两种人的摆布。他不应该试图让它们相互熟悉或协调，而是应该让它们相互争斗，相互撕咬，相互吞噬。

格：当然，这就是批准不正义的人所说的。

苏：正义的支持者对他的回答是，他应该永远这样说话和行动，以某种方式让他内心的人对整个人类生物拥有最完整的掌控权。他应该像一个好的农夫一样看管这个多头的怪物，培养和造就温和的品质，防止野性的东西生长。他应该让狮子的心成为他的盟友，在对它们的共同照顾中，应该把几个部分彼此和自己结合起来。

格：是的，这正是正义的维护者所说的。

苏：因此，从每一个角度来看，无论是快乐、荣誉还是利益，赞同正义的人是正确的，说的是真理，而不赞同的人是错误的，是虚假的，是无知的？

格：是的，从每个角度看都是如此。

苏：来吧，现在，让我们温和地与不正义的人讲道理，他不是故意犯错。"亲爱的先生，"我们要对他说，"你对被视为高尚和卑鄙的事物有何看法？难道高贵的不是使野兽服从于人，或者说是服从于人中的神。而无耻的是使人服从于野兽吗？"他很难不说是的，现在他能说吗？

格：如果他考虑到我的意见就不会。

苏：但是，如果他同意到此为止，我们可以请他回答另一个问题："那么，如果一个人收到金银，条件是他要把自己最高贵的部分奴役给最坏的人，他将如何获利？谁能想象一个人为了钱而把自己的儿子或女儿卖给别人做奴隶，尤其是把他们卖给凶恶的人，无论他得到的钱有多少，他都会是受益者？有谁会说，他不是一个可悲的骗子，他无情地把自己神圣的生命卖给了最不敬神和最可憎的人？"埃里菲勒把项链作为她丈夫生命的代价，但她却在接受贿赂，以谋求更大的毁灭。

格：是的，更糟糕的是我将为他回答。

苏：脾气暴躁的人不是早就受到谴责了吗，因为在他身上，巨大的多种形式的怪物被允许过于逍遥。

格：很明显。

苏：固执和暴躁受到谴责，不是因为它使我们内部的狮性或龙性的力量增加和强壮到了太高的程度吗?

格:是的。

苏:奢侈和软弱被指责,因为它们放松和削弱了这个同样的生物,并使他成为一个懦夫?

格:非常正确。

苏:一个人如果把有活力的动物置于不守规矩的怪物之下,并且为了金钱(他永远也得不到足够的金钱),使他在年轻的时候就习惯于被人践踏在泥潭里,从狮子变成猴子,这样的人不是会被指责为谄媚和卑鄙吗?

格:的确。

苏:为什么卑鄙的工作和手工技艺是一种责难?只是因为它们意味着高级原则的自然弱点。个人无法控制他体内的生物,而不得不去讨好它们,他的主要研究是如何奉承它们。

格:似乎就是这样的原因。

苏:因此,我们希望把他置于一个像最好的人那样的统治之下,我们说他应该是最好的人的仆人,在他身上有神的统治。不是像色拉叙马霍斯认为的那样,对仆人造成伤害,而是因为每个人最好由住在他里面的神的智慧来统治。或者,如果这是不可能的,那就由一个外部权威来统治,以使我们尽可能地在同一个政体之下,成为朋友和平等的。

格:的确。

苏:这可以清楚地看出法律的意图,它是整个城市的盟友。也可以从我们对儿童行使的权威中看出,拒绝让他们自由,直到我们在他们身上建立起类似于国家宪法的原则,并通过培养这种高级元素在他们心中建立起像我们自己一样的护卫者和统治者,当这一切完成后,他们可以走自己的路。

格:是的,法律的目的是显而易见的。

苏：那么，我们从什么角度，基于什么理由可以说，一个人因不正义或不节制或其他卑鄙行为而获益，这将使他成为一个更坏的人，即使他通过邪恶获得金钱或权力。

格：根本不用从任何角度出发。

苏：如果他的不正义行为没有被发现，也没有受到惩罚，他能得到什么好处？不被发现的人只会变得更糟，而被发现并受到惩罚的人，其本性中的残暴部分被压制并被人性化。他身上的温和元素得到解放，他的整个灵魂因获得正义、节制和智慧而得到完善和提升，比身体因接受美丽、力量和健康的馈赠而得到的更多，因为灵魂比身体更尊贵。

格：当然。

苏：为了这个更崇高的目的，有悟性的人将把他的生命精力投入其中。首先，他将尊重那些在他的灵魂中留下这些品质的研究，而无视其他研究。

格：很明显。

苏：其次，他将规范自己的身体习惯和训练，他将不会屈服于野蛮和非理性的快乐，甚至将健康视为相当次要的事情。他的首要目标不是让他变得漂亮、强壮或健康，除非他可能因此获得节制，但他总是希望如此调理身体以保持灵魂的和谐。

格：他当然会，如果他想成为真正的音乐家的话。

苏：在获得财富的过程中，有一个秩序和和谐的原则，他也会遵守。他不会让自己被世界上愚蠢的掌声所迷惑，而累积财富，给自己带来无限的伤害？

格：当然不是。

苏：他要看他里面的城市，并注意其中没有发生混乱，如可能因过度富裕或匮乏而产生的混乱。根据这一原则，他将管理他的财产，根据他的能力获得或花费。

格：非常正确。

苏：出于同样的原因，他将欣然接受并享受他认为可能使他成为更好的人的荣誉。但那些可能扰乱他生活的私人或公共荣誉，他将会避免？

格：那么，如果这是他的动机，他就不会成为一个政治家。

苏：他绝对会的，在属于他自己的城市，他当然会，但在他出生的地方，也许不会，除非他有神圣的召唤。

格：我明白了。你的意思是他将成为我们作为创始人的国家的统治者，而这个国家只存在于理念中。因为我不相信地球上任何地方有这样一个城市？

苏：在天堂里，我想有一个它的模式，想看的人可以看，看了就可以在那里定居下来。但这样的人是现在存在还是将来才能存在，并不重要。因为他将按照那个城市的方式生活，与任何其他城市无关。

格：我想是的。

第十卷　生活的补偿

苏：确实还有许多其他的理由使我深信，我们在建立这个国家中的做法是完全正确的，特别是（我认为）关于诗歌的做法。

格：你指的是什么？

苏：拒绝模仿性的诗歌，这当然不应该被接受。因为我现在更清楚地看到，灵魂的各个部分已经被区分开来。

格：你是什么意思？

苏：悄悄地说，因为我不愿意让悲剧家和其他模仿者重复我的话，但我不介意对你说，所有的诗歌模仿都会破坏听众的理解力，而对其真实性质的了解是唯一的解药。

格：解释一下你的言论的目的。

苏：好吧，我要告诉你，虽然我从年轻的时候起就一直对荷马心存敬畏和爱戴，甚至现在也让我的嘴唇发颤，因为他是整个迷人的悲剧作家的领袖和导师。但对一个人的敬畏不能超过对真理的敬畏，因此我将大声说出真心话。

格：非常好。

苏：那就听我说，或者说，回答我。

格：说出你的问题。

苏：你能告诉我什么是模仿吗？因为我真的不知道。

格：那么，我应该知道一个可能的事情。

苏：为什么不呢？因为迟钝的眼睛往往比敏锐的眼睛更早看到一件事。

格：非常正确。但在你面前，即使我有任何微弱的想法，我也无法鼓起勇气说出它。你会自己去问吗？

苏：那么，我们是否应该以我们通常的方式开始询问。只要一些人有一个共同的名字，我们就认为他们也有一个相应的想法或形式：你明白吗？

格：明白。

苏：让我们举一个普通的例子。世界上有很多床和桌子，不是吗？

格：是的。

苏：但它们只有两种想法或形式，一种是床的想法，另一种是桌子的想法。

格：确实如此。

苏：它们中的任何一个的制造者都按照理念制造了一张床或一张桌子供我们使用——这是我们在这个和类似例子中的说话方式——但没有工匠制造理念本身：他怎么可能呢？

格：不可能的。

苏：还有一位工匠，我想知道你会怎么评价他。

格：他是谁？

苏：一个是所有其他工匠的作品的制造者。

格：多么不寻常的人啊！

苏：等一等，你就有更多的理由这样说了。因为这人不仅能造各种器皿，而且能造植物和动物，他自己和其他万物——天、地以及天之上和地之下的东西。他也造神。

格：他一定是个巫师，没有错。

苏：哦！你真是难以置信，是吗？你的意思是说，没有这样的制造者或创造者，或者从某种意义上说，所有这些东西都可能有一个制造者，但在另一种意义上却没有？你是否看到有一种方法可以让你自己创造它们？

格：什么方式？

苏：一个足够简单的方法。或者说，有许多方法可以迅速而容易地完成这一壮举，没有比把镜子转来转去更快的了——你很快就会在镜子里看到太阳和天堂，地球和你自己，以及其他动物和植物，以及我们刚才所说的所有其他事物。

格：是的，但它们只是表象。

苏：很好，你现在说到重点了。正如我所设想的那样，画家也是这样一个人——表象的创造者，不是吗？

格：当然了。

苏：但我想你会说，他创造的东西是不真实的。然而，在某种意义上，画家也创造了一张床？

格：是的，但不是一张真正的床。

苏：你不是说他也制造了，而不是根据我们的观点，作为床的本质的思想，而只是制造了一张特殊的床吗？

格：是的，我说过。

苏：那么，如果他不制造存在的东西，他就不能制造真正的存在，而只能制造一些存在的表象。如果有人说，床的制造者或任何其他工匠的作品有真正的存在，他就很难被认为是在说实话。

格：无论如何，哲学家们会说他说的不是实话。

苏：因此，他的作品也是对真理的不明确的表达。

格：这也难怪。

苏：假设现在根据刚才提供的例子，我们询问一下这个模仿者是谁？

格：如果你愿意的话。

苏：那么，这里有三张床：一张存在于自然界中，是由上帝制造的，我想我们可以这样说——没有其他人可以成为制造者？

格：没有。

苏：还有一个是工匠的工作？

格：是的。

苏：而画家的作品是第三张？

格：是的。

苏：那么，床有三种，有三位艺术家制造了它们。上帝，床的制造者，以及画家？

格：是的，他们有三个人。

苏：上帝，无论是出于选择还是出于需要，在自然界中只造了一张床，而且只有一张。上帝从来没有也永远不会造出两张或更多这样的理想之床。

格：这是为什么呢？

苏：因为即使他只做了两张，第三张还是会出现在他们身后，他们都会有这样的想法，那将是理想的床，而不是另外两张。

格：非常正确。

苏：上帝知道这一点，他希望成为一张真正的床的真正制造者，而不是一张特定的床的特定制造者，因此他创造了一张本质上只有一个的床。

格：所以我们相信。

苏：那么，我们应该把他说成是床的自然创造者或制造者吗？

格：是的，因为通过自然的创造过程，他是这个和其他所有事物的制造者。

苏：我们该怎么说木匠——他不也是床的制造者吗？

格：是的。

苏：但你会称画家为创造者和制造者吗？

格：当然不会。

苏：然而，如果他不是制造者，他与床的关系是什么？

格：我认为，我们可以公平地把他称为其他人所做的模仿者。

苏：很好，那么你把在自然界中排名第三的人称为模仿者？

格：当然。

苏：而悲剧诗人是一个模仿者，因此，像其他所有的模仿者一样，他在国王和真理之外的第三位？

格：看来是这样的。

苏：那么关于模仿者，我们是同意的。那么画家呢？我想知道他是否可以被认为是在模仿自然界中最初存在的东西，还是只模仿艺术家的创作？

格：后者。

苏：你仍需确定这一点。

格：你是什么意思？

苏：我的意思是，你可以从不同的角度看一张床，斜着看或直接看或从任何其他角度看，床会显得不同，但在现实中没有区别。一切事物也是如此。

格：是的，差异只是表面现象。

苏：现在让我再问你一个问题。绘画技艺的目的是什么——模仿事物的本来面目，还是模仿它们的外表，还是模仿现实？

格：模仿外表。

苏：那么模仿者，他离真理很远，他能做所有的事情，因为他轻轻地触及了其中的一小部分，而这部分是一个形象。比如说。一个画家会画一个鞋匠、木匠或任何其他艺术家，尽管他对他们的技艺一无所知。而且，如果他是一个好的画家，他可能会欺骗儿童或老实人，当他从远处给他们看他画的木匠时，他们会幻想他们在看一个真正的木匠。

格：当然。

苏：每当有人告诉我们，他找到了一个人，他知道所有的技艺，以及任何人都知道的所有其他事情，而且每件事情的准确程度都比其他任何人都高——无论谁告诉我们这些，我认为我们只能想象他是一个头脑简单的人，很可能被他遇到的某个巫师或演员欺骗了，他认为这个人无所不知，因为他自己无法分析知识和无知以及模仿的本质。

格：最为真实。

苏：因此，当我们听到有人说，悲剧家和作为他们领袖的荷马知道所有的技艺和人类的一切，美德和恶习，还有神圣的东西，因为好的诗人如果不了解他的主题，就无法创作出好的作品，而没有这种知识的人永远不可能成为一个诗人，我们应该考虑这里是否也可能有一个类似的错觉。也许他们可能遇到了模仿者，并被他们所欺骗。当他们看到他们的作品时，他们可能不记得这些作品不过是与真理相差三倍的模仿，而且可以在没有任何真理知识的情况下轻松完成，因为它们只是表象而不是现实？或者，他们可能是对的，诗人确实知道他们在许多人看来说得很好的那些东西？

格：这个问题应该通过各种方式加以考虑。

苏：现在你认为，如果一个人既能制作原作，又能制作图像，他会认真地把自己投入到图像制作的领域吗？他是否会让模仿成为他生活的主导原则，仿佛他的内心没有更高的东西？

格：我应该说不是。

苏：真正的艺术家，知道自己在模仿什么，会对现实感兴趣，而不

331

是对模仿感兴趣。会希望留下许多美好的作品作为自己的纪念。而且，与其说他是赞美的作者，不如说他是赞美的主题。

格：是的，这对他来说将是一个更大的荣誉和利益的来源。

苏：那么，我们必须向荷马提出一个问题。不是关于医学，也不是关于他的诗中只是附带提到的任何技艺。我们不打算问他或任何其他诗人，他是否像阿斯克勒庇俄斯那样治好了病人，或在他身后留下了像阿斯克勒庇俄斯那样的医学学校，或者他是否只谈医学和其他技艺的第二手资料。但我们有权知道关于军事战术、政治、教育的情况，这是他诗歌中最主要和最高尚的主题，我们可以公平地问他这些问题。"亲爱的荷马，"然后我们对他说，"如果你对美德的说法只在第二层，而不是第三层，不是形象的制造者或模仿者，如果你能够辨别什么追求使人在私人或公共生活中变得更好或更坏，请告诉我们有哪个国家在你的帮助下治理得更好？斯巴达的良好秩序要归功于利库古斯，其他大小城市也同样得到了别人的帮助。但谁说你对他们是个好的立法者，对他们有什么好处？意大利和西西里岛以卡伦达斯为荣，还有梭伦在我们中间享有盛名。但哪个城市对你有什么可说的？荷马可以说出来吗？"

格：我认为不是。甚至连荷马的崇拜者们也没有假装他是个立法者。

苏：那么，在他活着的时候，是否有任何战争记录是由他成功进行的，或者是由他的顾问帮助进行的？

格：没有。

苏：或者有任何他的发明，适用于技艺或人类生活，如迈尔斯人的泰勒斯或斯基泰人的阿纳查西斯，以及其他聪明人所设想的，都归于他？

格：绝对没有这样的事情。

苏：但是，如果荷马从未做过任何公共服务，那么他私下里是否是任何的指导者或老师？在他的一生中，是否有喜欢与他交往的朋友，并将荷马式的生活方式传给后人，就像毕达哥拉斯那样，他的智慧深受人们的喜爱，他的追随者至今仍因以他的名字命名的教团而颇受关注？

格：没有任何关于他的记录。因为，苏格拉底，克里昂夫洛斯，荷马的同伴，那个肉体的孩子，他的名字总是让我们发笑，如果像所说的那样，荷马在世时被他和其他人大大忽视，那么他的愚蠢可能会受到更正义的嘲弄？

苏：是的，这就是传统。但是你能想象吗，格劳孔，如果荷马真的能够教育和改善人类——如果他拥有知识而不仅仅是一个模仿者——你能想象吗，他不会有很多追随者，并且受到他们的尊敬和爱戴？阿布德拉的普罗塔哥拉和开奥斯的普罗迪科斯以及其他许多人，只需对他们同时代的人轻声说："除非你任命我们为你的教育部长，否则你将永远无法管理自己的家或自己的国家"——他们这种巧妙的手段在使人们喜爱他们方面产生了巨大的效果，以至于他们的同伴都要把他们扛在肩上。可以想象，如果荷马或赫西俄德的同时代人真的能够使人类变得有美德，他们会允许他们中的任何一个人作为狂想家到处走动吗？难道他们不会像对待黄金一样不愿意与他们分开，并迫使他们留在家里与他们在一起？或者，如果主人不愿意留下，那么门徒们就会跟着他们到处跑，直到他们得到足够的教育？

格：是的，苏格拉底，我想这是非常正确的。

苏：那么，我们难道不可以推断，所有这些诗人，从荷马开始，都只是模仿者。他们模仿美德和类似的形象，但他们从未达到真理？诗人就像一个画家，正如我们已经注意到的，他会把一个鞋匠画得很像，尽管他对鞋匠一无所知。他的画对那些不比他更了解，只凭颜色和数字判断的人来说已经很不错了。

格：相当如此。

333

苏：同样，诗人用他的语言和短语可以说是涂抹了几种技艺的色彩，他自己对它们的性质的理解只足以模仿它们。而其他和他一样无知的人，只根据他的语言来判断，他们认为如果他用韵律、和谐和节奏来谈论制鞋、军事战术或其他任何东西，他就说得很好，这就是旋律和节奏在本质上具有的魅力的影响。我想，你一定反复观察过，当诗人的故事被剥去音乐的色彩，用简单的散文朗诵时，会显得多么苍白。

格：是的。

苏：他们就像从未真正美丽过的面孔，只是绽放过。而现在青春的花朵已经从他们身上消失了？

格：正是如此。

苏：这里是另一个要点。形象的模仿者或制造者对真正的存在一无所知。他只知道表象。我说的不对吗？

格：是的。

苏：那么就让我们有一个清晰的认识，而不是满足于半点解释。

格：进行。

苏：对于画家，我们说他会画缰绳，也会画嚼子？

格：是的。

苏：皮具和铜器的工人要做这些东西呢？

格：当然。

苏：但画家知道马齿和缰绳的正确形状吗？不，甚至连制造它们的黄铜和皮革工人也不知道。只有知道如何使用它们的骑手才知道它们的正确形状。

格：最为真实。

苏：我们是不是也可以这样说所有的事情呢？

格：什么？

苏：有三种技艺与所有事物有关：第一种是使用，第二种是制造，第三种是模仿?

格:是的。

苏:每种结构,不管是有生命的还是无生命的,以及人的每一种行为,其卓越或美丽或真实,都与自然或艺术家对它们的用途有关。

格:确实如此。

苏:那么,它们的使用者必须对它们有最丰富的经验,他必须向制造者指出在使用过程中形成的好的或坏的品质。例如,吹笛子的人将告诉制笛人他的哪支笛子令演奏者满意。他将告诉他应该如何制造它们,而对方将听从他的指示?

格:当然了。

苏:一个人知道,因此对笛子的好坏说得很有权威,而另一个人则听从他的建议,会按照他的吩咐去做?

格:确实如此。

苏:乐器是一样的,但关于它的优劣,制造者只能达到一个正确的信念。而这一点,他将从知道的人那里获得,通过与他交谈,被迫听他说什么,而使用者会具有这和知识吧?

格:确实如此。

苏:但模仿者会有这两种情况吗?他能从使用中知道他的画是否正确或漂亮吗?或者他能从被迫与另一个知道并给他指示应该画什么的人交往中得到正确的意见吗?

格:也没有。

苏:那么他就不会有真正的意见,就像他不会有关于他的模仿品的好坏的知识?

格:我想不会。

苏:模仿的艺术家对自己的创作而言,会处于最优异的状态?

格:不,恰恰相反。

苏：而他仍然会在不知道一件事的好坏的情况下继续模仿，因此可以预期他只模仿那些在无知的众人看来是好的的东西？

格：就是这样。

苏：那么到目前为止，我们都非常同意，模仿者对他所模仿的东西没有任何值得一提的知识。模仿只是一种游戏或运动，而悲剧诗人，无论他们是用抑扬格还是用史诗格，都是最高程度的模仿者？

格：非常正确。

苏：现在告诉我，我恳求你，难道我们没有发现模仿是与那些与事实相差三倍的东西有关吗？

格：当然。

苏：那么，模仿所针对的人的能力是什么呢？

格：你是什么意思？

苏：我将解释。在近处看时很大的身体，在远处看时显得很小？

格：确实如此。

苏：同样的物体，在水面上看是直的，在水中看是弯的。凹的变成凸的，这是由于视觉容易产生错觉。因此，每一种混乱都在我们内心显现出来。这就是人类心灵的弱点，通过光和影以及其他巧妙的装置进行的魔术和欺骗的技艺，对我们产生了像魔术一样的效果。

格：确实如此。

苏：测量、编号和称重的技艺来拯救人类的理解力——这就是它们的魅力——表面上的大或小、多或重，不再能主宰我们，而是在计算、测量和重量面前让位？

格：最为真实。

苏：而这，肯定是灵魂中计算和理性原则的工作？

格：是的。

苏：而当这一原则衡量和证明一些事物是平等的，或一些事物比其他事物大或小的时候，就会出现明显的矛盾了。

格：确实如此。

苏：但我们不是说这样的矛盾是不可能的吗——同一个能力不可能在同一时间对同一事物有相反的意见？

格：非常正确。

苏：那么，灵魂的那部分具有违背尺度的意见的人与具有符合尺度的意见的人是不一样的？

格：确实如此。

苏：而灵魂的更好部分可能是相信测量和计算的那部分？

格：当然。

苏：而与它们相对立的是灵魂的低级原则之一？

格：毋庸置疑。

苏：这就是我所要得出的结论，当我说绘画，以及一般的模仿，在做他们自己适当的工作时，都与真理相去甚远，是我们内心同样远离理性的原则的同伴与伴侣，他们没有以真理或健康为目标。

格：正是如此。

苏：模仿的技艺是一个下等人，他们与下等人结婚，并有下等人的后代。

格：非常正确。

苏：这是否只限于视觉，还是也延伸到听觉，实际上与我们所说的诗歌有关？

格：诗歌大概也是如此。

苏：不要依赖从绘画的类比中得出的概率。但让我们进一步研究，看看诗歌模仿所涉及的能力是好是坏。

格：通过各种方式。

苏：我们可以这样陈述这个问题：模仿人的行为，不管是自愿的还是非自愿的，在这些行为上，正如他们所想象的，产生了一个好的或坏的结果，他们相应地感到高兴或悲伤。还有别的吗？

格：不，没有别的了。

苏：但是，在所有不同的情况下，人是否与自己保持一致，或者说，正如在视线的例子中，他对同样的事情的看法是混乱和对立的，在这里，他的生活中是否也有争斗和不一致？虽然我不需要再次提出这个问题，因为我记得所有这些都已经被承认了。而且我们已经承认灵魂充满了这类以及在同一时刻发生的万千类似的对抗？

格：而我们是对的。

苏：是的，到目前为止，我们是正确的。但有一个遗漏，现在必须加以弥补。

格：遗漏的是什么？

苏：我们不是在说，一个好人，如果不幸失去了他的儿子或其他最珍贵的东西，会比其他人更冷静地承受这种失去吗？

格：是的。

苏：但他会不会没有忧伤，或者我们应该说，虽然他不能不忧伤，但他会克制自己的忧伤？

格：后者是更真实的说法。

苏：告诉我：当他被他的同僚看到时，还是当他独自一人时，他是否更有可能挣扎和坚持对抗他的悲伤？

格：他是否被看到，会有很大的不同。

苏：当他自己一个人的时候，他不会介意说或做许多事情，而这些事情他都会羞于让任何人听到或看到他做。

格：确实如此。

苏：在他身上有一种法律和理智的原则要他抵制，也有一种对他的不幸的感觉，迫使他放纵自己的悲哀？

格：确实如此。

苏：但是，当一个人从两个相反的方向被吸引到同一个目标，正如我们所确认的，这必然意味着他身上有两个不同的原则？

格：当然。

苏：他们中的一个人准备遵循法律的指导？

格：你是什么意思？

苏：法律会说，在苦难中忍耐是最好的，我们不应屈服于不耐烦，因为不知道这种事情是好是坏。而且不耐烦也得不到任何好处。另外，因为没有一件事情是严重的，而悲伤会阻碍当下最需要做的事情。

格：最需要的是什么？

苏：我们应该对所发生的事情进行思考，当骰子被掷出后，以理智认为最好的方式来安排我们的事务。而不是像摔倒的孩子一样，紧紧抓住被击中的部分，浪费时间来发出嚎叫，而是始终让灵魂习惯于立即采用补救措施，使生病和倒下的东西站起来，用治疗的技艺驱逐悲伤的哭泣。

格：是的，这就是迎接命运攻击的真正方法。

苏：是的，而更高的原则已经准备好遵循这个理性的建议？

格：很明显。

苏：而另一个原则，它使我们倾向于回忆我们的烦恼和哀叹，而且永远都不够，我们可以称之为非理性的、无用的和懦弱的？

格：的确，我们可以。

苏：而后者——我指的是叛逆的原则——难道不是提供了大量的模仿材料吗？而明智和平静的气质，总是近乎平和的，不容易被模仿，或在模仿时不容易欣赏，特别是在公共节日里，当混乱的人群聚集在剧院里的时候。因为所代表的感情是他们所不熟悉的。

格：当然。

苏：那么，以受欢迎为目的的模仿型诗人，其本质不是为了取悦或影响灵魂中的理性原则，他更喜欢激情和适度的脾气，因为这很容易被模仿？

格：很明显。

苏：现在我们可以公平地把他放在画家身边，因为他在两个方面与画家相似：首先，由于他的创作具有较低程度的真实性——他与画家相似，涉及灵魂的低级部分。因此，我们拒绝让他进入一个有秩序的国家是正确的，因为他唤醒并滋养和加强了感情，损害了理性。就像在一个城市里，邪恶的人被允许拥有权威，而善良的人被排除在外一样，正如我们所认为的，在人的灵魂中，模仿型诗人的体内植入了邪恶，因为他放纵了非理性的天性，这种天性没有大与小的辨别力，而是认为同一件事在某个时候很伟大，在另一个时候很渺小，他是一个图像的制造者，与真理相去甚远。

格：正是如此。

苏：但我们还没有提出我们的指控中最沉重的罪名：诗歌具有伤害善良的人的力量（没有受到伤害的人很少），这肯定是一件可怕的事情。

格：是的，当然，如果产生的效果是你说的那样。

苏：你听一下再判断吧。我想，我们中最好的人，当我们听荷马或某位悲剧家的一段话时，他扮演了一些可怜的英雄，他在长篇大论中诉说着他的悲伤，或哭泣着，捶打着他的胸膛——你知道，我们中最好的人喜欢同情，并对最能激起我们情感的诗人的卓越表现感到狂喜。

格：是的，我当然知道。

苏：但是，当我们自己的任何悲伤发生在我们身上时，那么你可以看到，我们以相反的品质为荣——我们渴望安静和忍耐。这是男人的部分，而在朗诵中让我们高兴的另一部分，现在被认为是女人的部分。

格：非常正确。

苏：现在我们赞美和钦佩另一个人，而他所做的是我们任何一个人都会厌恶和羞愧的事，这难道是正确的吗？

格：不，这当然是不合理的。

苏：不，从一个角度来看，相当合理。

格：什么观点？

苏：如果你考虑到，当遇到不幸时，我们会感到一种自然的饥渴和欲望，想通过哭泣和哀叹来缓解我们的悲伤，而这种在我们自己的灾难中被控制住的感觉会被诗人所满足和愉悦。——我们每个人的美好天性，没有经过理性或习惯的充分训练，允许同情的因素爆发，因为悲伤是别人的。旁观者认为，赞扬和怜悯任何一个来告诉他他是多么好的人，并为他的麻烦大惊小怪的人，对他来说不会有什么耻辱。他认为快乐是一种收获，他为什么要傲慢无礼，而失去这一点，也失去了这首诗？很少有人会像我想象的那样，反思从其他人的邪恶中，会有一些邪恶的东西传递给自己。因此，在看到别人的不幸时聚集起来的悲伤感，在我们自己身上却很难压制。

格：多么真实啊！

苏：荒唐的事情不也是这样吗？有些笑话你自己听到也会感到羞耻，然而在喜剧舞台上，或者在私下里，当你听到这些笑话时，你会被它们大大地逗笑，而根本不会对它们的不体面感到厌恶。——怜悯的情况又出现了。——人的本性中有一种倾向于引起笑声的原则，这种你曾经因为害怕被认为是小丑而用理智克制的东西，现在又被释放出来了。在剧院里刺激了可笑的能力之后，你在家里不知不觉地被出卖了，变成了扮演喜剧诗人的人。

格：非常正确。

苏：淫欲和愤怒以及所有其他情感、欲望、痛苦和快乐也可以这样说，它们被认为与每一个行为都是不可分割的，在所有这些行为中，诗

341

歌都在喂养和浇灌激情，而不是使它们干涸。她让它们统治，尽管它们应该被控制，如果人类要在幸福和美德中不断增长的话。

格：我不能否认这一点。

苏：因此，格劳孔，每当你遇到任何一个讴歌荷马的人宣称他是希腊的教育家，他对教育和人类生活的安排是有益的，你应该反复学习他，了解他，按照他的观点来调节你的整个生活，我们可以爱戴和尊敬那些说这些话的人——就他们的理解力来说，他们是优秀的人。我们愿意承认荷马是最伟大的诗人，是悲剧作家中的第一人。但我们必须坚定我们的信念，即对诸神的赞美和对名人的赞美是唯一应该被允许进入我们国家的诗篇。因为如果你超越了这一点，允许蜜蜂进入，无论是史诗还是抒情诗，那么不是法律和人类的理性——人们一致认为是最好的，而是快乐和痛苦将成为我们国家的统治者。

格：这是最真实的。

苏：现在，既然我们又回到了诗歌的话题上，那么就让我们的这一辩护来说明我们以前的判断是合理的，我们把一种具有我们所描述的倾向的技艺送出了国门。因为理性迫使我们这样做。但是，为了不让她指责我们苛刻或缺乏礼貌，让我们告诉她，自古以来在哲学和诗歌之间存在着争吵。这有许多证据，比如说"吼叫的猎犬向它的主人嚎叫"，或者说"在傻瓜的虚妄谈话中大显身手"，以及"圣人的暴徒绕过宙斯"，"微妙的思想家毕竟是乞丐"。还有无数的其他迹象表明它们之间夙有敌意。尽管如此，让我们向为娱乐而写作的诗歌和戏剧保证，只要她能证明她有资格存在于一个秩序良好的国家，我们就会很高兴地接待她——我们非常清楚她的魅力。但我们不能因此而出卖事实。我敢说，格劳孔，你和我一样被她迷住了，特别是当她出现在荷马的时候？

格：是的，的确，我非常高兴。

苏：那么，我是否可以建议允许诗歌从流放地返回，只要满足这个条件——她要用抒情诗或其他诗句为自己辩护？

格：当然。

苏：我们还可以允许那些热爱诗歌但不是诗人的捍卫者用散文为她说话：让他们不仅证明她是令人愉快的，而且对国家和人类生活是有益的，我们将以友好的精神倾听。因为如果能证明这一点，我们肯定是受益者，我是说，如果诗歌有用途，也有快乐？

格：当然，我们将是受益者。

苏：如果她的辩护失败了，那么，我亲爱的朋友，就像其他人一样，他们迷恋某种东西，但当他们认为他们的欲望与他们的利益相抵触时，就会对自己加以约束，我们也必须以恋人的方式放弃她，尽管不是没有挣扎过。我们也是被高贵的国家教育植入我们心中的那种对诗歌的热爱所激发的，因此我们希望她能以最好和最真实的面貌出现。但只要她不能为自己辩护，我们的这个论点就会成为我们的魅力，我们会在听她的曲子时对自己重复这个论点。这样我们就不会落入对她的幼稚的爱，这种爱吸引着许多人。无论如何，我们很清楚，像我们所描述的这样的诗歌是不能被认真视为达到真理的。听她说话的人，担心他内心城市的安全，应该警惕她的诱惑，把我们的话作为他的法律。

格：是的，我非常同意你的看法。

苏：是的，我亲爱的格劳孔，因为一个人是好是坏，这个问题关系重大，比表面上更重要。如果一个人在荣誉、金钱或权力的影响下，或者在诗歌的刺激下，忽视了正义和美德，那他会有什么好处？

格：是的，我已经被这个论点说服了，因为我相信任何其他人都会被说服。

苏：然而，却没有提到等待美德的最大奖赏和奖励。

格：什么，还有没有更大的？如果有的话，它们一定是具有难以想象的大。

343

苏：为什么，在短时间内有什么是大的？整整三十年的时间，与永恒相比，肯定只是一件小事？

格：不如说是"什么都没有"。

苏：而一个不朽的生命是否应该认真地考虑这个小空间而不是整体？

格：当然在整体上。但你为什么要问？

苏：你难道不知道，人的灵魂是不朽的、不灭的吗？

〔格劳孔惊讶地看着我。〕

格：不，天啊。那你真的准备坚持这样做吗？

苏：是的，我应该是，你也是——要证明这一点并不困难。

格：我看到了一个很大的困难。但我想听你说说你如此轻描淡写的这个论点。

苏：那就听好了。

格：我正在听。

苏：有一种东西你称之为善，另一种东西你称之为恶？

格：是的。

苏：你是否同意我的想法，即腐蚀和破坏的因素是邪恶的，而拯救和改善的因素是善的？

格：是的。

苏：你承认每件事情都有好的一面，也有坏的一面。就像眼疾是眼睛的恶，也是全身的病。就像玉米的发霉，木材的腐烂，或铜和铁的生锈：在每件事情上，或几乎在每件事情上，都有内在的恶和疾病？

格：是的。

苏：任何被这些邪恶所感染的东西都会变得邪恶，最后完全消散和死亡？

格：确实如此。

苏：每个人固有的恶习和邪恶就是每个人的毁灭。如果这还不能毁灭他们，就没有其他东西能毁灭他们。因为善当然不会毁灭他们，同样，既非善也非恶的东西也不会毁灭他们。

格：当然不是。

苏：那么，如果我们发现任何具有这种内在的腐败的性质不能被溶解或破坏，我们就可以肯定，这样的性质是没有破坏的。

格：这可能是假设。

苏：好吧，难道就没有腐蚀灵魂的邪恶吗？

格：是的，有我们刚才回顾的所有邪恶：不义、放纵、懦弱、无知。

苏：但是，这些是否会溶解或摧毁灵魂呢？在这里，不要让我们陷入这样的错误，即认为不正义和愚蠢的人，当他被发现时，会因为自己的不正义而灭亡，这是灵魂的恶。以身体为例，身体的邪恶是一种疾病，它使身体浪费、减少和消灭。而我们刚才所说的所有东西都是通过它们自己的腐败附着在它们身上并继承到它们身上，从而使它们毁灭的。这难道不是真的吗？

格：是的。

苏：以同样的方式考虑一下灵魂。存在于灵魂中的不正义或其他邪恶是否会浪费和吞噬她？它们是否附着在灵魂上并继承在她身上，最后使她死亡，从而使她与身体分离？

格：当然不是。

苏：然而，假设任何东西可以通过外部的邪恶的影响从外部灭亡，而这些东西不能通过自身的腐败从内部毁灭，这是不合理的。

格：是的。

苏：考虑一下，格劳孔，即使是食物的坏，无论是变质、腐烂，还是其他任何坏的品质，只要局限于实际的食物，都不应该破坏身体。虽然，如果食物的坏处把腐败传给身体，那么我们应该说，身体已经被自身的腐败所破坏，这就是由疾病带来的。但是，身体是一种东西，可以被食物的坏处所破坏，这是另一种东西，而且不产生任何自然感染，这一点我们应该绝对否认？

格：非常正确。

苏：而且，根据同样的原则，除非一些身体上的邪恶可以产生灵魂的邪恶，否则我们决不能假设，作为一种东西的灵魂可以被任何仅仅属于另一种东西的外部邪恶所消解？

格：是的，有道理。

苏：那么，让我们反驳这个结论，或者，在它没有被反驳的时候，让我们永远不要说发烧，或任何其他疾病，或用刀架在喉咙上，甚至把整个身体切成最细小的碎片，可以摧毁灵魂，直到她自己被证明由于这些事情对身体的影响而变得更加不圣洁或不正义。但灵魂，或任何其他东西，如果不被内部的邪恶所摧毁，可以被外部的毁灭，是任何人都不能肯定的。

格：当然，没有人会证明人的灵魂因死亡而变得更加不正义。

苏：但是，如果有人宁愿不承认灵魂的不朽，也要大胆地否认这一点，并说垂死的人确实变得更加邪恶和不正义，那么，如果说话的人是对的，我想，不正义就像疾病一样，必须被假定为对不正义者是致命的。而那些得了这种病的人，是由于邪恶所具有的自然固有的破坏力而死亡的，这种破坏力迟早会杀死他们，但其方式与目前恶人在他人手中接受死亡作为其行为的惩罚的方式完全不同？

格：不，在这种情况下，不正义如果对不正义的人来说是致命的，那么对他来说就不是那么可怕了，因为他将被从邪恶中解救出来。但我更怀疑事实恰恰相反，如果不正义有能力谋杀他人，它就会让谋杀者活着——是的，而且还很清醒。她的住处与死亡之家相去甚远。

苏：诚然，如果灵魂固有的自然恶习或邪恶无法杀死或毁灭她，那被指定为毁灭其他身体的东西也很难毁灭灵魂或其他东西，除了它被指定为毁灭的东西。

格：是的，这几乎不可能。

苏：但是，不能被邪恶摧毁的灵魂，无论是内在的还是外在的，都必须永远存在，如果永远存在，就必须是不朽的？

格：当然。

苏：这就是结论，而且，如果是一个真实的结论，那么灵魂必须始终如一，因为如果没有人被毁灭，他们的数量就不会减少。它们也不会增加，因为不朽的本性的增加必须来自必死的东西，因此所有的东西都会以不朽而告终。

格：非常正确。

苏：但这一点我们无法相信——理性不允许我们这样做——就像我们无法相信灵魂在她最真实的本性中充满了多样性、差异性和不相似性。

格：你是什么意思？

苏：正如现在所证明的那样，灵魂是不朽的，一定是最美好的构成，不可能由许多元素组成？

格：当然不是。

苏：她的不朽已经被前面的论证所证明，还有许多其他的证明。但要看到她真正的样子，而不是像我们现在看到的那样，被与身体的交流和其他痛苦所破坏，你必须用理性的眼光来看待她，在她最初的纯洁中。然后她的美就会被揭示出来，正义和不正义以及我们所描述的所有事情就会更清楚地表现出来。到目前为止，我们已经说出了关于她目前所呈现的真相，但我们还必须记住，我们所看到的她只是处于一种可以与海神格劳库斯相比的状态，他的原始形象很难被辨认出来，因为他的肢体被海浪以各种方式打断、压碎和损坏，海藻、贝壳和石头的外壳已经长在上面，所以他更像一些怪物，而不是他自己的自然形态。而我们所看到的灵魂也处于类似的状态，被一万种弊病所毁坏。但不是那里，格劳孔，我们不能看那里。

格：然后在哪里？

苏：在她对智慧的热爱。让我们看看她影响了谁，以及她因与不朽的、永恒的和神圣的近亲而寻求什么样的社会和交谈。还有，如果她完全遵循这一高级原则，被神圣的推动力带出她现在所在的海洋，脱离石头、贝壳和土石之物，这些东西在她周围疯狂地涌现，因为她以土为食，并被所谓的今生的美好事物所淹没，她会变得多么不同。那么你就会看到她的本来面目，知道她是只有一种形状还是多种形状，或者她的本质是什么。关于她的情感和她在今生所采取的形式，我想我们现在已经说得够多了。

格：的确。

苏：这样一来，我们就满足了论证的条件。我们没有引入正义的奖赏和荣耀，正如你所说的，在荷马和赫西俄德那里可以找到。但正义本身已经被证明是对灵魂最好的。让一个人做正义的事，不管他是否有古阿斯的戒指，甚至除古阿斯的戒指之外，他还戴上了哈迪斯的头盔。

格：非常正确。

苏：现在，格劳孔，进一步列举正义和其他美德在生前和死后从神和人那里给灵魂带来的回报有多少，有多大，是无妨的。

格：当然不是。

苏：那么，你会不会把你在争论中借来的东西还给我呢？

格：我借到了什么？

苏：假设正义的人显得不正义，不正义的人显得正义，因为你认为，即使案件的真实情况不可能逃过神和人的眼睛，但为了论证的需要，还是应该承认这一点，以便将纯粹的正义与纯粹的不正义进行权衡。你还记得吗？

格：如果我忘记了，我应该受到很大的责备。

苏：那么，既然事情已经决定了，我代表正义要求，她被神和人所看重的、我们承认是她应得的评价，现在应该由我们恢复给她。既然她已经被证明能赋予现实，而不是欺骗那些真正拥有她的人，那么就让我们把从她那里拿走的东西还给她，这样她就能赢得那只也属于她的、她给予自己的手掌。

格：这个要求是正义的。

苏：首先，这是你必须归还的第一件事——正义和不正义的本性都是众神真正知道的。

格：同意。

苏：如果他们都知道，一个必须是神的朋友，另一个是神的敌人，这一点我们一开始就承认了？

格：确实如此。

苏：诸神的朋友可能会被认为从他们那里得到一切最好的东西，只有以前的罪孽所带来的必然后果除外？

格：当然。

苏：那么，这一定是我们对正义的人的概念，即即使他处于贫穷或疾病，或任何其他看似不幸的情况下，所有事情最终都会为他的生与死带来好处；因为诸神会照顾任何一个渴望成为正义的人，并通过追求美德，在人所能达到的范围内与神相似？

格：是的，如果他像上帝一样，肯定不会被他忽视。

苏：而不正义的人，难道不应该是相反的吗？

格：当然。

苏：那么，这就是诸神给正义者的胜利之掌？

格：这是我的信念。

苏：那么他们从人那里得到了什么呢？看看事情的真实情况，你就会发现，聪明的不正义者就像跑步者一样，从起点到终点跑得很好，但却没有从终点再跑回来。他们以很大的速度出发，但最后只显得很愚蠢，灰溜溜地退出，没有戴上皇冠。但真正的跑步者却跑到了终点，得到了奖品，被加冕。正义的人也是这样。他在整个人生的每一个行动和场合中都坚持到最后，就会得到好的评价，并得到人们所要给予的奖赏。

格：确实如此。

苏：现在你必须允许我对正义者重复你对幸运的不正义者所给予的祝福。我将对他们说，就像你对其他人说的那样，随着年龄的增长，如果他们愿意，他们将成为自己城市的统治者。他们与自己喜欢的人结婚，并将婚姻交给自己愿意的人。你对其他人说的一切，我现在对他们说。另一方面，对于那些不正义的人，我说更多的人，即使他们在年轻时逃过一劫，但最后还是被发现了，在他们的过程结束时显得很愚蠢，当他们年老，变得悲惨时，受到陌生人和公民的嘲笑。他们被鞭策，受到一切你正确地称之为野蛮的那些处罚。正如你真正所说的那样，他们将被拷打，被烧掉眼睛，正如你所说的。你可能认为我已经重复了你所讲的恐怖故事的其余部分。但你能不能让我假设，在不重复的情况下，这些事情是真的？

格：当然，你说的都是真的。

苏：那么，这些都是神和人在今生赐给正义者的奖品、薪俸和馈赠，此外还有正义本身提供的其他美好事物。

格：是的，而且他们是公平和持久的。

苏：然而，所有这些无论是在数量上还是在重要性上，与那些等待正义和不正义的人死后的其他补偿相比，都不算什么。你们应该听一听，这样一来，正义和不正义的人都会从我们这里得到论据，对他们所欠下的债务的全部偿还。

格：说吧。没有什么事情是我更愿意听的。

苏：好吧，我给你讲个故事。不是奥德修斯给英雄阿尔喀诺俄斯讲的故事，但这也是一个英雄的故事，厄洛斯是阿米尼乌斯的儿子，出身于潘菲利亚。他在战斗中被杀，十天后，当死者的尸体被运走时，已经处于腐烂状态，他的尸体被发现，却没有腐烂，就被运回家埋葬。第十二天，当他躺在葬礼堆上时，他恢复了生命，并告诉他们他在另一个世界看到的情况。他说，当他的灵魂离开身体时，他和一大群人一起去旅行，他们来到一个神秘的地方，那里有两个地洞。它们紧挨着，在它们的对面是上面的天堂的另外两个地洞。在中间的空间里，有法官坐着，他们命令正义的人，在对他们作出判决后，把他们的判决捆绑在他们面前，从右手边的天路上去。同样，不正义的人也被他们命令从左手边的路下去，这些人也带着他们行为的标志，但系在他们的背上。他走近了，他们告诉他，他将成为向人们传递另一个世界的报告的使者，他们让他听到和看到在那个地方将听到和看到的一切。然后，他看到一边的灵魂在上天入地的开口处离开，当他们被宣判的时候。在另外两个开口处，其他的灵魂，有些从地上升起，风尘仆仆，旅途劳顿，有些从天堂降落，干净明亮。他们似乎是经过长途跋涉才到达的，他们高兴地走到草地上，像过节一样在那里安营扎寨。那些相识的人相拥而谈，从地上来的灵魂好奇地询问上面的事情，从天上来的灵魂询问下面的事情。他们互相讲述了路上发生的事情，从下面来的人因为想起他们在地底下的旅程中所忍受和看到的事情而哭泣和悲伤（现在的旅程持续了一千年），而从上面来的人则描述了天堂的快乐和难以想象的美丽的景象。格劳孔，这个故事要讲得太长了。但总的来说是这样的——他说，他们对任何人做的每一件错事，都会遭受十倍的痛苦，也就是说一百年惩罚一次——这被认为是人的生命长度,而这样的惩罚在一千年中要惩罚十次。例如,如果有人是许多人死亡的原因,或背叛或奴役城市或军队,或犯有任何其他邪恶的行为,对于他们的每一个和所有的罪行,他们受到十倍的惩罚,而恩惠、正义和圣洁的回报也是同样的比例。我几乎不需要重复他所说的关于幼童几乎一出生就死亡的话。对神和父母的虔诚和不虔诚,以及对杀人犯,都有他描述的其他更大的报应。他提到,当一个精灵问另一个精灵:"阿尔迪埃乌斯在哪里?"(现在这个阿尔迪埃乌斯生活在厄洛斯时代之前的一千年:他曾是潘菲利亚某个城市的暴君,并杀害了他年迈的父亲和他的哥哥,据说还犯下了许多其他可憎的罪行)另一个灵魂的回答是:"他没有来这里,也不会来。"他说:这就是我们自己看到的可怕景象之一。我们在洞口,完成了所有的经历,正准备返回,突然阿尔迪埃乌斯和其他几个人出现了,其中大部分是暴君。除了暴君,还有一些曾是大罪犯的个人。他们自以为正要回到上层世界,但只要这些无可救药的罪人或没有受到充分惩罚的人想上去,口中就会发出怒吼。这时,站在一旁听到声音的火热的野人就把他们抓起来带走了。阿尔迪埃乌斯和其他人被绑住头和手脚,丢在地上,用鞭子剥他们的皮,在路边拖着他们,把他们像羊毛一样梳在荆棘上,向路人宣布他们的罪行,说他们被带走了,要被扔进地狱。他说,在他们所忍受的所有恐怖中,没有一个比得上他们每个人在那一刻所感到的恐怖,因为他们怕听到那声音。当一片寂静时,他们一个个带着极大的喜悦升了上去。他说,这些是惩罚和报应,还有同样大的祝福。

他说,他们来到一个地方,在那里他们可以从上面看到一条光线,像柱子一样笔直,穿过整个天堂和大地,颜色类似于彩虹,只是更亮更纯。又走了一天,他们来到这个地方,在那里,在光的中间,他们看到天堂锁链的末端从上面被放下来。因为这光是天的腰带,把宇宙的圆圈固定在一起,就像三轮车的底梁。从这些末端延伸出必然性的主轴,所有的旋转都在其上进行。这个主轴的轴和钩是由钢制成的，轮子部分由钢制成，部分由其他材料制成。锭子的形状与地球上使用的锭子一样。对它的描述意味着有一个大的空心锭子，它被完全挖出来，在这里面装上另一个较小的锭子，一个个嵌套下去，总共有八个，像容器一样相互配合。这些锭子在上面显示其边缘，在其下面一起形成一个连续锭子。这个轮子被主轴穿透，主轴从第八个轮子的中心被拉回。第一轮和最外面的轮子的边缘最宽，而七个内轮则较窄，比例如下——第六轮的大小比第一轮窄，第四轮比第六轮窄，然后是第八轮，第七轮是第五轮小，第五轮是第六小，第三轮是第七小，最后和第八轮是第二小。最大的（恒星带）缀有闪亮的群星，第七轮（太阳）是最亮的。第八轮（月亮）由第七轮的反射光着色。第二（土星）和第五轮（水星）的颜色彼此相似，比前面的更黄。第三轮（金星）的光最白。第四轮（火星）的光红色的。第六轮（木星）的白色较暗。现在，整个纺锤有同样的运动。但是，当整个纺锤朝一个方向旋转时，七个内圈向反方向缓慢移动，其中最迅速的是第八轮。其次是第七轮、第六轮和第五轮，它们一起移动。根据这种反向运动的规律，第三迅速的似乎是第四轮。第四迅速的似乎是第三轮，第二迅速的是第五轮。纺锤在"必然女神"的膝盖上转动。在每个圆圈的上表面有一个海妖，她们跟着一起转圈，同音吟唱一曲颂歌。八个人在一起形成一个和谐调。在周围，以相等的间隔，有另一个唱诗队，有三个人，每个人都坐在自己的宝座上。这些就是命运女神、必然女神的女儿，拉克西丝、克洛托和阿特洛波斯，她们身穿白袍，头上戴着头饰，她们用自己的声音为海妖的和声伴奏，拉克西丝唱的是过去，克洛托唱的是现在，阿特洛波斯唱的是未来。克洛托不时地用她的右手帮助旋转轮子或纺锤的外圈，阿特洛波斯用她的左手触摸和引导内圈，拉克西丝依次握住其中一个，两手交替施展。当厄洛斯和灵魂到达时，他们的职责是立即去找拉克西丝。但首先来了一位神使，把他们按

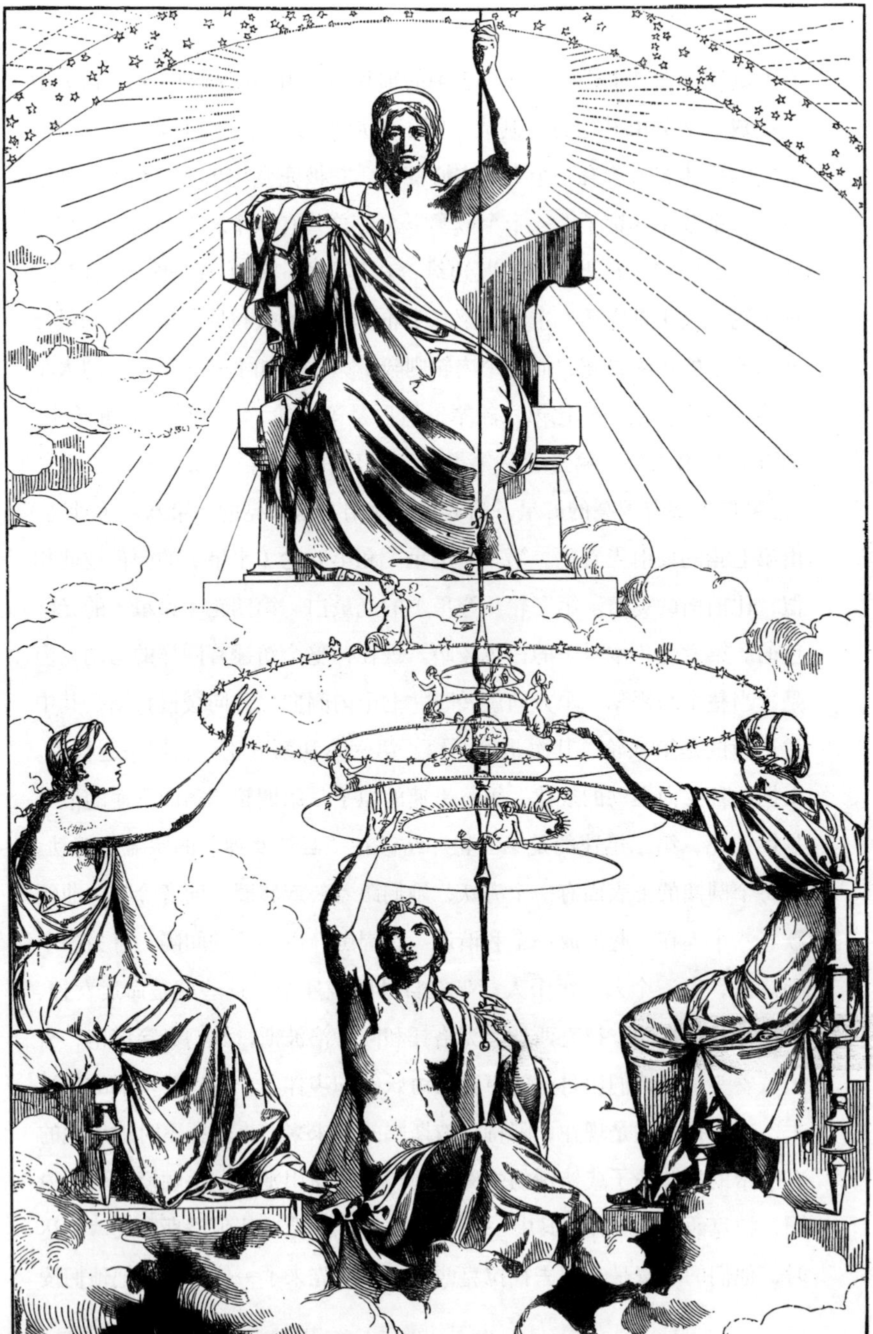

顺序安排好。然后他从拉克西丝的膝盖上拿了命运之签和生命样本，登上一个高高的讲坛，讲了如下的话。请听必然女神之女拉克西丝的训教，凡人的灵魂，请看一个新的生命和死亡的循环。你的命运不会被分配给你，但你将亲自选择自己的命运。让抽到头签的人拥有第一选择权，他所选择的生活将是他的命运。美德是自由的，当一个人尊重或不尊重她时，他将拥有更多或更少的美德。责任在选择者身上——上帝是正义的。当神使这样说的时候，他在他们中间无差别地撒了签，他们每个人都拿起了落在他附近的阄，除了厄洛斯自己（他不被允许），每个人在拿起他的签的时候都察觉到了他得到的号码。然后神使在他们面前的地上放置了生命样本。生命的数量比在场的灵魂更多，而且是各种类型的。有各种动物的生命，也有各种状况的人的生命。其中有暴政，有的暴政持续了暴君的一生，有的暴政在中间中断，在贫穷、流放和乞讨中结束。还有名人的生活，有些人因其外形和美貌以及他们的力量和游戏中的成功而闻名，或者，同样，因其出生和其祖先的品质而闻名。有些人则因相反的品质而闻名。妇女也是如此。然而，她们身上没有任何明确的特征，因为灵魂在选择新的生活时，必然会变得不同。但也有其他各种品质，而且都是相互混合的，也有财富和贫穷、疾病和健康的因素，也有卑劣的状态。我亲爱的格劳孔，这里是我们人类状态的最大危险。因此，应该采取最大的谨慎。让我们每个人离开其他各种知识，只寻求和追随一件事，如果有可能的话，他可以学习，可以找到一些人，使他能够学习和辨别善恶，从而在他有机会的时候，随时随地选择更好的生活。他应该考虑所有这些被单独和集体提到的东西对美德的影响。他应该知道在一个特定的灵魂中，当美丽与贫穷或财富结合在一起时，会产生什么样的效果，高贵和卑微的出生，私人和公共的地位，力量和软弱，聪明和迟钝，以及灵魂的所有自然和后天的礼物，以及它们结合在一起时的运作，会产生什么样的后果。然后，他将审视灵魂的本质，从对所有这些品质的考虑中，他将能够确定哪个更好，哪个更坏。于是他将作出选择，给会使他的灵魂更不正义的生活冠以邪恶之名，给会使他的灵魂更正义的生活冠以善良之名。其他一切他都将不予理会。因为我们已经看到并知道，这是生前和死后的最佳选择。一个人必须带着对真理和正义的坚定信念进入下面的世界，在那里他也可以不被财富的欲望或其他邪恶的诱惑所迷惑，以免在遇到暴政和类似的恶行时，他对别人造成不可弥补的伤害，自己也会遭受更严重的伤害。但让他知道如何选择中庸之路，尽可能避免任何一个极端，不仅在今生，而且在所有即将到来的日子。因为这才是幸福之道。

根据来自另一个世界的使者的报告，这是神使当时所说的：即使是最后的来者，如果他明智地选择并将勤奋地生活，也被指定有一个幸福的、并非不理想的存在。首先选择的人不要粗心，最后选择的人也不要绝望。当他说完后，首先选择的人站了出来，在一瞬间选择了大暴君的生活。他的思想被愚昧和感性所蒙蔽，在选择之前没有想清楚整个问题，一开始就没有意识到他注定要在其他恶行中吞噬自己的孩子。但当他有时间思考，并看到抽签结果时，他开始捶胸顿足，为自己的选择哀叹，忘记了先知的宣告。因为他没有把自己的不幸归咎于自己，而是指责机会和神灵，以及一切而非自己。现在，他是那些来自天堂的人之一，在以前的生活中，他住在一个有秩序的国家，但他的美德只是一个习惯问题，他没有哲学。其他人也是如此，他们中更多的人来自天堂，因此他们从未接受过试验的教育，而那些来自人间的朝圣者，他们自己受苦，也看到别人受苦，就不急于选择。由于他们没有经验，也因为抽签是个机会，许多灵魂用好的命运换取恶的命运，或用恶的命运换取好的命运。因为如果一个人在来到这个世界时，从一开始就致力于追求智慧，并在抽签中获得适度的幸运，那么，正如使者所报告的，他可能在这里获得幸福，而且他到另一个世界的旅程和回到这个世界，将是顺利和如天堂般的。他说，最令人好奇的是这种景象——悲伤、可笑和奇怪。因为在大多数情况下灵魂的选择是基于他们前世的经历。他看到曾经是奥菲斯的灵魂出于对女性种族的敌意而选择了天鹅的生活，他讨厌由女人所生，因为她们曾是他的凶手。他还看到塞缪洛斯的灵魂选择了夜莺的生活。另一方面，鸟类，像天鹅和其他音乐家一样，想要成为人类。获得第二十位抽签的灵魂选择了狮子的生命，这就是泰拉蒙之子阿贾克斯的灵魂，他不愿意做人，因为他记得在关于武器的审判中对他的不公平待遇。接下来是阿伽门农，他选择了鹰的生命，因为他和阿贾克斯一样，因为自己的痛苦而憎恨人性进行到大约一半时，轮到了阿泰兰泰，她看到做一个运动员的巨大荣誉时不禁选择了运动员的生活。在她之后，帕诺普斯的儿子埃佩乌斯的灵魂变成了一个拥有精妙技术的女人。在最后选择的人中，小丑特尔西特的灵魂变成了猴子的模样。奥德修斯的灵魂也来了，他还没有做出选择，而他抽到的签恰好是他们所有人中的最后一个。他现在回忆起以前的劳作，使他失去了野心，他在相当长的时间里到处寻找一个无忧无虑的人的生活。他好不容易才找到了这个，它就在身边，却被其他人忽视了。当他看到它时，他说，如果他抽到的是第一而不是最后，他也会这样做，他很高兴能得到它。不仅人变成了动物，而且我还必须提到，有一些被驯服的和野生的动物互相转化，变成了对应的人性——善良的灵魂变成了温和的，邪恶的灵魂变成了野蛮的，有各种各样的组合。

所有的灵魂现在都选择了他们的生命，他们按照选择的顺序去找拉克西丝，拉克西丝派他们各自选择的天才和他们一起去，作为他们生命的护卫者和选择的实现者。这位天才先把灵魂带到克洛托，把他们拉到她的手所推动的纺锤的旋转中，从而批准了每个人的命运。然后，当他们被固定在这上面时，把他们带到阿特洛波斯，后者旋转着线，使他们的命运不可逆转，从那里他们没有转过身来，在必然女神的王座下通过。当他们全部通过后，他们在烈日下行进到遗忘平原，那是一片没有树木和青草的荒芜之地。然后在傍晚时分，他们在无念之河边安营扎寨，那河水没有容器可以盛放。他们都必须喝一定数量的河水，那些没有智慧的人喝的比需要的多。每个人喝的时候都忘记了所有事情。在他们休息之后，大约在半夜时分，发生了雷雨和地震，然后在一瞬间，他们以各种方式被驱赶到他们的出生地，就像星星在飞。厄洛斯受到禁制，无法喝水。但他是以什么方式或通过什么手段回到身体里的，他说不上来。只是在早晨，突然醒来，发现自己躺在火堆上。

因此，格劳孔，故事已经被保存下来了，没有亡佚，如果我们顺从所讲的话，也会拯救我们。我们将安全地通过勒塞之河，我们的灵魂也不会被玷污。因此，我的建议是，我们要永远坚守天路，永远追随正义和美德，考虑到灵魂是不朽的，能够忍受各种善和恶。让我们永远坚持走向上的路，追求正义和智慧。这样我们才可以得到我们自己的和神的爱，无论是今世活在这里还是在我们死后（像竞赛胜利者领取奖品那样）得到报酬的时候。我们今生和我们所描述的千年朝圣之路都会顺利。

图书在版编目（CIP）数据

理想国 /（古希腊）柏拉图著；丁伟译. — 广州：
广东人民出版社，2024.1
　　ISBN 978-7-218-17011-4

Ⅰ.①理… Ⅱ.①柏…②丁… Ⅲ.①《理想国》
Ⅳ.①B502.232

中国国家版本馆CIP数据核字（2023）第193937号

LI XIANG GUO
理　想　国

［古希腊］柏拉图 著　　丁　伟 译　　　　　版权所有　翻印必究

出 版 人：肖风华

责任编辑：钱飞遥
产品经理：周　秦
责任技编：吴彦斌
监　　制：黄　利　万　夏
特约编辑：曹莉丽　高　翔
营销支持：曹莉丽
装帧设计：紫图图书ZITO

出版发行：广东人民出版社
地　　址：广东省广州市越秀区大沙头四马路10号（邮政编码：510199）
电　　话：（020）85716809（总编室）
传　　真：（020）83289585
网　　址：http://www.gdpph.com
印　　刷：艺堂印刷（天津）有限公司
开　　本：880mm×1230mm　1/32
印　　张：12.25　字　数：265千
版　　次：2024年1月第1版
印　　次：2024年1月第1次印刷
定　　价：59.90元

如发现印装质量问题，影响阅读，请与出版社（020-85716849）联系调换。
售书热线：（020）87716172

***

地球万事万物，在天堂都有理想版本，
其重要性不在于他们是否真实存在，
而在我们无瑕的追求。

*